让法律被信仰

两江经济法治文丛

两江经济法治文丛

岳彩申 总主编

强制性产品认证的经济法规制

高国钧 著

Regulation Research on Compulsory Product Certification System under the Economic Law Perspective

法律出版社 LAW PRESS · CHINA

两江经济法治文丛

总　　序

随着我国经济体制改革的不断深化，经济法治建设面临着一系列重大理论与实践问题，急需从理论上展开深入探讨并提出有效的解决对策。“两江经济法治文丛”紧扣中国经济法治建设的主线，围绕如何实现政府与市场关系的法制化、如何发挥市场配置资源的决定性地位等重大理论与实践问题，力求通过出版一批具有前沿性和创新性的著作，寻求经济法治理论的创新，为中国市场经济法治建设提出对策建议。

“两江经济法治文丛”是重庆市“两江学者”特聘教授岗位推动学科建设的平台，是服务重庆及全国经济与法治建设的系列成果。“两江学者”计划作为重庆市最高层次人才计划，被公认为“重庆院士工程”，是重庆市高层次人才队伍建设工程重大专项。在重庆市委人才工作领导小组领导下，由市委组织部、市人力社保局牵头，市教委、市科委等市级有关单位共同实施，在全市重点产业、重点学科、重点建设领域设立100个特聘岗位，以带动全市重大项目、支柱产业和优势学科发展。其中，应用技术领域60个，基础研究领域25个，人文社科领域15个。该计划面向海内外延揽一流精英，造就一批高水平创新团队，培育一批高层次学术技术领军人才，提升重庆核心竞争力，打造内陆开放高地和西部人才中心。西南政法大学经济法学科经过几代人的不懈努力，在科学研究、人才培养、服务社会及文化传承方面取得了突出成就，2003年和2007年两次被确定为国家重点学科，2011年入选设立“两江学者”岗位的单位，2013年我有幸受聘为“两江学者”岗位特聘教授。

为实现“两江学者”计划及特聘教授岗位设置的目标，“两江经济法治文丛”以推动经济法学科建设和服务重庆及全国经济社会发展为目标，选择西南政法大学经济法学科教师及博士的优秀著作出版，重点资助专门研究经济法基本理论、财税金融法、竞争法、消费者保护法、农村经济法制等领域重大问题的优秀著作。文丛的出版坚持前沿性、科学性、现实性和针对性的原则，突出问题导向，采用灵活多样的著作形式，不仅包括个人专著，还包括合著、论文集等形式。根据申请出版的书稿质量，坚持择优资助和宁缺毋滥的原则，每年资助出版著作2~5部。

我们期待“两江经济法治文丛”的出版能为重庆及我国经济法治建设添砖加瓦，同时也欢迎各界朋友不吝赐教，对文丛的出版提出宝贵建议和意见。

岳彩申

2015年6月3日

序　一

产品质量安全规制已经成为我国当前经济社会发展的一项重要工作。然而近几年来,“三鹿奶粉”“山东疫苗”等一系列重大产品质量安全事件的发生,严重影响了人们的身体健康、财产安全以及中国制造的国际形象,随之而来的认证信用危机成为一个阻碍国家经济社会健康有序发展的社会性问题,折射出当前我国宏观质量安全规制体系面临的挑战和困境。

在经济新常态背景下,国务院提出“互联网+行动计划”,电子商务等新领域的产品质量规制尤显重要。特别是当前党中央提出“五大发展”理念和供给侧结构性改革,为经济发展提质增效指明了方向。对产品质量安全提出了更新、更高的要求。强制性产品认证缘起于近代产业革命,是指政府为保障产品安全、公共安全,维护消费者利益,打击和预防侵权假冒伪劣违法行为,由政府指定特定机构依照法定程序判定产品是否符合技术标准的市场准入制度。对于强制性产品认证法律制度而言,我国属于“后发型”国家。然而,随着新时代中国特色社会主义市场经济的发展及“一带一路”倡议的提出,我国强制性产品认证及许可证法律制度开始面临许多的质疑、诘问。

高国钧博士的专著《强制性产品认证的经济法规制》对这些问题作出了自己的回答。认证认可是我国市场经济运行的一项基础性制度安排。该书选择强制性产品认证为研究主题,坚持学术研究的问题导向,尝试在“国家—社会中间层—市场”的分析框架下,对其基本内容及运行机制进行“全景式”研究,以风险社会为切入点,以认证权为逻辑起点,以解决“认证有效性”为主线,以规范化为研究重心,探究强制性产品认证制度的基本范畴、理论基石,检视并总结市场体制深化改革背景下我国强制性产品认证制度运行的规律、特征及存在问题,并细致考察域外认证制度发展的模式、范围、特征及趋势。在经济法的视野下，做了一个一般性和基础性的制度研究，澄清和巩固了认证机构的经济法主体角色、地位，努力探寻发生认证有效性不足问题的内在机理及该问题多年悬未解决的根源，从宏观上研判我国强制性产品认证制度创新与完善的路径选择，从微观上明晰政府规制认证有效性的策略工具及责任实现机制。

该书系统剖析了我国强制性产品认证制度发展的内在规律和发展逻辑，很多研究内容和论证方式颇具新意。其中，有关认证的历史背景与发展渊源的研究，清晰地再现了这一制度的“源”与“流”，消弭了对制度发展历史的若干误解，阐释了认证制度历史与现实的动因及意义，从权力与权利的分野与耦合角度揭示了认证权的权源、本质属性。同时，该书从政府与市场的关系视角、主体间“多元治理”视角、法律与伦理交融视角，分别择取了公共治理、社会中间层、法律道德性等理论，阐明了强制性产品认证制度的该当性。该书在概述世界主要国家放松规制、行政权社会转向之背景的基础上，在认证主权理念的统摄下，探讨了合格评定法的立法框架及重点，分析了强制性标准的法律地位、走向，建设性地提出了修订《标准化法》的立法导向、基本原则及建议，有力地推动了我国强制性产品认证法治化建设进程。作者首次提出了认证权并深入论证之，揭示了干预的正当性，综合运用实证分析方法和规范分析方法，极大地拓展了该领域研究的深度和广度。在法律对策方面，关于经济法语境下连带责任的认定及实现、黑名单制度等的运用研究，在我国学界均属于较为前沿和开创性的研究。

该书作者高国钧是我指导的博士研究生，自2010年始在我的指导下，围绕市场规制法问题展开专门研究。他从事中学教育多年，谦虚好学，刻苦钻研，几经波折，毕业后从事大量的一线市场执法工作，在工作中勤于思考和习作，逐渐对学术研究产生了浓厚的兴趣，积极参加学术交流活动，利用各种场合向前辈同行虚心请教，令人印象深刻。

认证的公益性与自利性的冲突与矛盾，决定了对其进行法律规制的必要性和紧迫性。该书提出的政策建议有针对性，可操作性强，为中国产品质量安全监管工作提供了较好的理论指导和实践参考。在电商、代购等新型商业模式不断涌现的情况下，该书提出的政策建议对于探索新形势下执法打假工作具有重要价值。诚然,该书的研究也有一些不足和尚待完善的地方,如联盟标准的反垄断等,这也许能为后续学者提供更新的研究主题。该书是作者的第一本学术著作,也是他在学术道路上迈出的最坚实一步。作为导师,对该书的出版表示衷心的祝贺,也期待他有更多、更有影响力的成果面世!

是为序!

岳彩申*

* 西南政法大学副校长、教授、博士生导师,西南政法大学经济法研究中心主任,中国法学会银行法学研究会副会长,中国法学会经济法研究会常务理事。

序　二

我与高国钧博士初识于中国经济法学2008年广州会议，其时，国钧刚到广州参加工作不久，那时他整日忙于打假案件查处，在繁忙的工作之余，萌生了考博的念头。看到他谦虚好学，而且正好我所关注的弱者权利保护涉及消费者保护，特别是产品质量问题对此问题在《信息、权利与交易安全：消费者保护研究》（北京大学出版社2008年版）一书中有所论述。当时他在《中国质量技术监督》等期刊上发表了多篇实务类的论文，这些论文结合具体案例尝试学理探讨，并且多篇论文获得中央有关部门的表彰，我觉得他有进一步深造博士学位的潜质，就在报考的时候写了封推荐信。此后，我们通过短信、电话、电子邮件等方式断断续续地保持着联系。

2012年我邀请他参加深圳市社会科学联合会主办的"市场经济与质量法治：现状、问题及对策"学术沙龙，他在会议上提出政府干预权、消费者知情权、企业公平竞争权的互动与协调理论，令人耳目一新。后来，在2014年、2015年，我又陆续邀请他参加与美国耶鲁大学中国法研究中心、美国食品药品监督管理局（FDA）进行有关食品安全风险交流的论坛及国家社科基金课题。每次国钧都能如期赴会，材料和案例准备充分，发言主动，观点鲜明。同时他极力推荐业内执法骨干精英进行交流、调研，大力支持我校的学术论坛和国际交流活动，这令我十分感动。2015年年末，我又在河北省保定市召开的第二十三届中国经济法年会上再次见到他。

近日，收到国钧寄来的书稿《强制性产品认证的经济法规制》，他约我写一篇序言并提出修改意见。对于这部书稿的主题，我并不陌生，因为这正是我长期关注的焦点，这是基于外部信用担保的消费保障体制方面的一项重要制度，这项制度在当下认证信用危机弥漫、产品质量严峻的情势下,非常值得研究。

强制性产品认证既是中国特色的技术贸易壁垒制度,也是一项重要的市场准入制度,它可以减少行政机关的规制负担和抽检压力。在国家干预与社会自治之间,认证机构既有中介服务组织的一般特征,又有自身的特异性。多年来,认证的"有效性"颇受诟病,认证标志的"安全性"与"消费导向"价值尚未得到社会普遍认可。在本质上,在产品质量治理方面,政府面临的并非单向式简单干预,而是复合式、多层次干预,政府既要直面规制微观市场以维护市场秩序,又要对认证主体实行干预。传统的政府经济干预理论并不完全适用强制性产品认证制度,对这种"混合规制",主流经济法理论尚未予以恰当的重视,已有的探讨大多局限于认证对政府、市场的作用及影响。强制性产品认证制度很重要,但也存在很多问题,这已对我国市场秩序、经济法律制度研究构成极大挑战。在社会诚信体系尚不完善的环境中,如何从法律制度上进一步健全中国产品质量安全规制体系,防止和杜绝质量安全事件的发生,确保人身、财产安全,切实提高中国制造整体水平,显得尤为紧迫和重要。换言之,什么形式和内容的法律规制能使我国强制性产品认证系统最有效率地履行其支持市场系统的应然功能呢?

国钧的著作《强制性产品认证的经济法规制》正是立足于提炼我国强制性产品认证制度存在的缺陷和不足并加以克服。难能可贵的是,他的研究不落窠臼,并没有仅仅停留在制度表面的弊端和对策层面,而是别出心裁、高屋建瓴地提出制度的动力机制,"从具体到抽象、从一般到特殊、从国外到国内"的逻辑思路值得肯定。该著作运用社会学、信息经济学、制度经济学等多学科视角进行理论研究,资料丰富、数据翔实、案例生动、脉络清晰,通过深入、系统地剖析和阐释,归纳了域外及我国认证制度的基本特征,并从宏观、微观两个方面提出建设性的意见和对策。特别是跳出部门监管的局限性,提出以合格评定法统揽中国产品质量规制,这在我国目前有关强制性产品认证的研究中较为新颖,符合学术的思想性和实践性标准。相对于我国目前仅关注制度供给不足的研究而言,这一研究无疑具有较强的开拓性,填补了该领域的空白。

我相信,国钧博士的这一研究成果,一定能够丰富和深化我国市场准入制度的研究。特别是在当下全面建设小康社会、建设法治政府、建设新经济格局及大部制改革过程中，这一研究成果对于保障消费者福利及改革产品监管方向和重心等方面都很有参考价值。

值此著作付梓之际，谨向国钧表示诚挚的祝贺！学无止境，也期待他能够在市场规制法律研究方面更上一层楼，在具体指导行政执法方面取得更大成就！

应飞虎*

* 广州大学教授、博士生导师，第六届全国十大杰出青年法学家，享受国务院特殊津贴的专家。

目　　录

绪　论

一、研究背景

（一）经济背景

作为现代生产性服务业，认证是社会化大生产专业分工的产物，它在英国、德国等一些发达国家已逾百年。随着社会主义市场经济的不断发展，中国已形成以瑞士通用公证行（Societe Generale de Surveillance S. A，SGS）、英国天祥集团（Intertek，ITS）、德国莱茵集团（Technischer überwachüngs Verein，TüV）为代表的全球著名外资检测认证机构，以华测检测认证集团股份有限公司（Centre Testing International，CTI）为代表的民营检测机构和以中国检验认证（集团）有限公司（China Certification & Inspection Group，CCIC）为代表的国有认证机构多方角逐的竞争格局，我国已成为全球最具活力的检验检测认证市场。

"十二五"期间，认证认可之于我国经济贡献率由 0.910%提升到 1.057%。[①] 截至 2018 年 6 月，我国累计颁发的有效认证证书 175 万张，获证组织 60 余万家；我国已加入 21 个认证认可国际组织，签署 13 份多边互认协定和 118 份双边合作协议，国际互认范围覆盖全球经济总量 90%以上的经济体。目前我国有检验检测认证机构 3 万余家，从业人员

---

① 国家认监委认证认可技术研究所：《认证认可对国民经济和社会发展贡献率持续测算研究》，载认证认可技术研究所网：http://www.cqn.com.cn/news/zgzlb/disi/915801.html，最后访问日期：2019 年 3 月 8 日。经科学测算，2006~2012 年认证认可对我国国民经济贡献率分别为 0.767%、0.814%、0.785%、0.909%、0.910%、0.880%、0.912%，2008~2012 年认证认可对我国社会发展的贡献率分别为 0.326%、0.334%、0.338%、0.337%、0.338%。

110余万人,服务产值突破2300亿元。① 截至2019年3月,中国国家认证认可监督管理委员会(Certification and Accreditation Administration of the People's Republic of China,CNCA)指定认证机构26家,认证目录产品19大类142种产品,发布了7个强制性产品认证(Compulsory Product Certification,CCC)通用规则和46个产品规则,颁发CCC证书64.3万张,获证企业73569家。抽查合格率由制度实施前的不足10%提升至90%,电商平台抽查合格率达95%,CCC认证结果被一些国家作为产品进口通关指标之一,我国正在由认证大国向认证强国迈进。②

随着我国改革开放和贸易全球化进程的加快,强制性产品认证制度得以在我国勃兴和发展。认证,它上连标准,下接市场,微观作用于各类组织体内部的生产经营行为,广泛作用于生产、交换和消费等经济活动,是质量保证、克减市场信息失灵、降低交易费用、促进经济结构转型升级和国际贸易便利化的一种基本手段。在参与全球产业链上,除了资本的转移,在新的成本和劳动力结构条件下,我国需要激励能不断提升生产率和附加值的经济活动,以进一步提高经济质量安全发展水平,缩小技术贸易壁垒的影响。在全球合格评定互认机制作用下,企业拿到权威认证机构的认证证书,就意味着其提供的产品和服务是可靠可信的。在国际贸易中,"认证"已俨然成为敲门金砖、"通行证""信用证""体检证",是进军国际市场的"入场券",所谓"一证在手,走遍全球"。随着我国法律、政策对认证行业的重视,认证认可在国民经济中的地位和作用日益显著。2015年3月国家发展和改革委员会、外交部、商务部联合发布《推动共建丝绸之路经济带和21世纪海上丝绸之路的愿景与行动》,将认证认可工作纳入"一带一路"倡议"贸易畅通"的合作重点,指出"一带一路"沿线国家宜加强信息互换、监管互认、执法互助的海关合作,以及检验检疫、认证认可、标准计量等方面的双多边合作,推动世界贸易

---

① 《传递市场信任 服务市场监管——国家认监委推动认证认可工作发展综述》,载中国国家认证认可监督管理委员会网:http://www.cnca.gov.cn/xxgk/jgdt/201806/t20180612_56703.shtml,最后访问日期:2019年3月18日。

② 《认证认可检验检测基本情况》,载中国国家认证认可监督管理委员会网:http://www.cnca.gov.cn/rdzt/2019/qgh/hyzl/201902/t20190227_57090.shtml,最后访问日期:2019年3月18日。

组织(World Trade Oganization,WTO)《贸易便利化协定》的生效和实施。①

(二)政治背景

习近平总书记在中国共产党第十九次全国代表大会上指出,我国经济已由高速增长阶段转向高质量发展阶段,必须坚持和完善中国特色社会主义制度,不断推进国家治理体系和治理能力现代化,坚决破除一切不合时宜的思想观念和体制机制弊端,突破利益固化的樊篱,吸收人类文明有益成果,构建系统完备、科学规范、运行有效的制度体系,充分发挥我国社会主义制度优越性。

党中央、国务院将质量治理摆到前所未有的位置,认证认可的地位和作用日益提升,认证认可相继写入"十三五"规划纲要、《中国制造2025》和中央一号文件及政府工作报告。2016 年中央经济工作会议和 2017 年全国"两会"明确提出"扩大内外销产品'同线同标同质'实施范围","清理工业产品生产许可证,向国际通行的产品认证管理转变"。2017 年 9 月中共中央、国务院印发《关于开展质量提升行动的指导意见》,明确要求完善国家合格评定体系,完善能力认可制度,夯实国家质量基础设施。这是我国首份以中共中央、国务院名义出台的质量工作纲领性文件,它将质量强国战略放在更加突出的位置,具有里程碑意义。国务院第 185 次常务会议专题研究推进质量认证体系建设,把质量认证作为推进供给侧结构性改革和"放管服"改革的重要举措,要求加强质量监管,营造公平竞争市场环境,促进中国制造提质升级。2018 年 1 月,国务院印发《关于加强质量认证体系建设促进全面质量管理的意见》(国发〔2018〕3 号),就质量认证体系建设做出顶层设计,为新时代认证认可工作指明了方向。党的十九届三中全会《深化党和国家机构改革方案》明确国家市场监督管理总局"统一管理计量标准、检验检测、认证认可工作","国家认证认可监督管理委员会职责划入市场监督管理总局,对外保留牌子"。党中央、国务院密集出台相关政策文件,表明我国认证认可事业面临最好的历史发展机遇。

---

① 游艳玲:《推进一带一路建设　认证认可在"路"上》,载《质量与认证》2015 年第 6 期。

当前,以发证、审批替代监管,重许可、轻监管的现象仍实际存在。随着国家治理体系改革、政府职能转变及行政审批权之削减和下放,行政机关不宜再直接干预微观经济活动,其行政许可性质的审批权应逐渐让渡于认证机构等社会"非政府"组织,认证结论在政府采购、招投标及产品质量规制、市场准入中将得到进一步的采信和运用。在资质准入方面,在许可和认证之间尚存在一定的交叉重叠,但总体而言,充分利用中立的、公正的、权威的第三方认证技术、管理资源是不可阻挡的历史潮流,认证逐渐取代、融合生产许可制度是必然趋势。

作为市场经济国家的基础性制度,强制性产品认证的内在动力来源于政府、生产者与消费者对于安全、效率与秩序的价值追求。随着经济全球化的发展,世界范围内产生了众多的认证机构,其认证服务广泛渗透经济、社会、环境、政府管理、教育及人权保障,逐渐成长为重塑世界秩序的引导者。基于中立、客观、专业立场及"平民主义"精神,认证的理念、内容与方式具有普适性与超国家性,具有克服外部性、节约交易成本的作用,甚至在某些方面认证能够替代政府规制市场,事实上承担着干预主体的角色,并推动政府职能朝"简政放权"的方向转变。

与普通自愿性认证相比,CCC 认证多了强制执行的特殊属性,这源于法律赋予的强制效力。强制性产品认证制度有助于政府从烦琐的微观事务中解脱出来,提高行政效率,降低行政成本与风险,加强经济运行的宏观调控,对重点市场、重点行业、特殊产品进行事中和事后规制,更好地实现政府与认证机构的"伙伴型"协同治理。党的十八届中央委员会第四次全体会议公报指出,要推进多层次社会治理、发挥社会组织在治理中的积极作用。强制性产品认证制度,实际上就是在国家干预下实现质量问题的公域之治,与"多元共治"的发展路径存在内在契合性,是促进国家治理体系和治理能力现代化的重要组成部分。中国共产党在第十八届三中全会"市场决定论"时代背景下,弱化行政审批,客观上需要某种制度来替代,而强制性产品认证在规制市场方面,由于其中立、专业、客观特质而具备独特的比较优势。

(三)社会背景

近年来,"牙防组风波""欧典地板门""锦湖轮胎事件""乐清纸糊电器 CCC 认证案"等一系列事件使以守护质量安全大堤为己任的认证中介机构的公信力、权威性大打折扣。新近曝光的责任主体大多获得各种形式的认证。比如，在食品安全方面，在2014年我国台湾地区“9·4地沟油”事件中，强冠公司贩售以馊水油、动物尸油等为原料制成的“全统香猪油”，其所含致癌物超出我国台湾地区与欧盟标准值3倍，波及1247家企业、208项产品，该公司及下游厂商均持有GMP（Good Manufacturing Practices，生产质量管理规范）、ISO（International Organization for Standardization，国际标准化组织）、HACCP（Hazard Analysis Critical Control Point，危害分析与关键控制点）等安全认证。在安全生产方面，2014年昆山“8·2”特大爆炸事故造成死伤260人，直接经济损失3.51亿元，涉事企业昆山中荣金属制品有限公司通过ISO14001：2004、TS16949：2002体系认证及美国OEM（Original Equipment Manufacturer，贴牌生产）认证。佛山“12·31”爆炸事故造成18人死亡、30余人重伤，涉事企业广东富华机械集团被认定为国家级高新技术企业，通过ISO9002体系认证、挪威船级社（DNV）ISO9001认证、TS16949认证。据统计，2003年以来，原全国质检系统共查处认证违法案件3万多起。虚假认证，包括认证技术评价机构的“失信认证”、获证企业的“虚假认证”①及交织其中的认证合谋，正日益成为阻碍认证行业及市场经济健康发展的毒瘤。保障认证信息的真实性、有效性，既是认证行业的生命线，也是认证主体的基本法律义务。一方面，认证主体不实认证、认证合谋、市场主体花钱买证等认证“形式主义”尚未予以根治；另一方面，认证程序、认证模式、认证单元、认证收费制度规定不尽合理，导致强制性认证产品合格率不高，认证有效性不强，消费安全面临极大隐患。

据原国家工商总局于2015年1月公布的2014年下半年网络交易商品定向监测结果显示，在天猫、京东、一号店、唯品会、淘宝网等知名电商平台中，淘宝网的正品率最低，仅为37.25%。在“互联网+”时代和“大众创业、万众创新”的时代浪潮中，电商平台约有15亿海量商品和千万商家，建立可靠的电子商务质量管控体系已构成对政府传统的质量管

---

① 国家认监委认证认可技术研究所、中国科学技术发展战略研究院编著：《中国认证认可国际化发展研究》，中国标准出版社2009年版，第87页。

理模式和平台自身能力的极大挑战。2015年5月由国家认监委信息中心、上海质量体系审核中心、方圆标志认证集团产品认证有限公司、中国质量认证中心、杭州万泰认证有限公司、中国信息安全认证中心、中国合格评定国家认可中心编制的《B2C电子商务(商品类)交易服务认证要求》技术规范及附录《在线销售商服务管理要求评价工具》《B2C电子商务(商品类)交易服务定量评价指标体系与基准》已通过备案审查,《B2C电子商务(商品类)交易服务认证要求》以在线销售商为评价对象,以第三方认证的形式进行服务质量分等分级。2015年12月国家认监委推出了"云桥"认证认可信息服务共享平台,阿里巴巴可通过这个平台获取CCC认证信息数据,从而对CCC认证目录内商品实施全流程的精准管控。2002年以来,国务院和原国家质量监督检验检疫总局(以下简称国家质检总局)、国家认监委多次组织"严打"和专项检查,整治非法认证,然而,实际执法效果并不佳,"认证有效性"不高问题长期得不到根本解决,具体表现在以下方面:在强制性认证领域,企业逃避认证,"大证盖小证",不申请扩展认证;①经认证后,企业不按认证要求从事生产经营活动;获CCC认证产品存在不一致性问题;认证证书注销、撤销或者暂停期间,产品继续出厂销售;伪造、冒用、转让认证标志等;认证机构渎职、滥用认证权,认证机构、检查机构和实验室出具虚假认证结论或认证结论严重失实。在自愿性认证领域,企业与认证机构合谋造假,企业花钱买证,认证机构"心照不宣"地配合,咨询公司和认证公司相互勾结,形成利益链,认证证书非法买卖、超范围认证、咨询认证"一条龙"、虚假不实认证等违法行为依然猖獗。② 2018年7月,张茅要求"加强认证认可、检验检测工作,着力解决认证领域违法操作、虚假认证、买

---

① 陈锦平:《强制性认证产品违法行为认定及其处理的思考》,载《中国质量技术监督》2010年第5期。

② 参见毛伟豪等:《认证,还是认钱?——新华社记者调查暗访认证市场》,载《质量与认证》2014年第7期。该文认为,目前违法认证顽疾依然严重,ISO9001认证"给钱就能做",CCC认证"不给钱,只能等着小卡卡",在企业质量管理认证、玩具产品认证、农产品有机认证等领域,"认证变认钱"的"钱规则"盛行,弄虚作假、索要红包司空见惯,一些认证已沦为部分企业自我美化的"假面具"。对认证从业人员来讲,本应是严肃、严谨、公正、公平的认证工作却成了一条新的"快速生财之道"。

证卖证等违法问题,提升认证认可的公正性”。①

如果认证没有真正起到引导消费、降低信息不对称、保障安全的作用,会扭曲认证信号传递机制,造成产品质量隐患和侵权事件,严重侵害消费者对认证机构的信赖利益,导致社会信任危机及市场上各种质量认证标志大幅贬值,②由此,国内的认证也会逐步沦为市场经营主体华丽的“外衣”和图谋快钱、自欺欺人的“遮羞布”,沦为认证机构非法谋财的工具。国外采购商对中国认证的产品普遍怀疑,加剧了获证企业重新申请认证的成本,削弱了国际认证互认协议的效力,造成对贯标合规企业的不公平,严重影响了中国“认证大国”的国际形象。政府规制的有效性不足、认证机构公益性和自利性的矛盾与冲突、认证机构与认证委托人之间的共谋行为等,对认证法治化提出了迫切的规制需求。

二、研究意义

(一)理论意义

自中国经济法繁荣30多年来,产生了不少关于国家、行业协会、第三部门等干预主体的研究成果。这些研究成果给我们带来了很大的启发。中国共产党第十八次全国代表大会之后,在行政审批缩量改革背景下,传统意义上的行政许可正逐步为认证所替代。经济法是国家干预经济的基本法,随着市场经济的发展和市民社会的成熟,国家干预的内涵、

---

① 《张茅在全国市场监管工作座谈会上的讲话》,载中国国家认证认可监督管理委员会网:http://www.cnca.gov.cn/xxgk/jgdt/201807/t20180706_56748.shtml,最后访问日期:2018年3月18日。

② 参见袁伦成:《我与“认证认可事业”结缘16年》,载中国认证认可行业网:http://bbs.cait.cn/showtopic-31262.aspx,最后访问日期:2019年3月26日。该文认为,认证机构和从业人员众多、市场竞争加剧、职业道德沦丧、传统文化丢失以及信仰危机使认证正在从一个高尚、神圣、公正、独立、公信行为演变为一种商业化的服务行为,充满铜锈、腐朽、唯利是图。16年前,哪家企业通过了认证,会被同行羡慕,被顾客所推崇;而今如果只要给钱就可申请认证,就可得到证书,使人认为即使真“证书”也是假的,无“含金量”,“拿钱买的”。“咨询、认证一条龙”司空见惯,用一个文件模板复制和套裁不同企业的体系文件,审核员不具有专业能力,审核时照本宣科,仅关注、对比被复制、套裁的体系文件与标准的“符合性”,而不关注组织实际运行的真实性、有效性,审核员不讲“道德”、不讲“诚信”、不讲“公正”行为屡现。认证以营利为宗旨,导致出现走过场、作假贩假、唯利是图的现象,已经失去认证的核心价值,失去公众信任,出现认证的信任危机。

外延、方式也在不断扩展。经济鉴证类的认证主体日益勃兴,其事实上承担了本须由政府监管部门实施的质量监管职能,其对国家干预起到辅助、补充的作用。经济法主体体系研究正在由“二元”向“三元”结构转型。面对政府和市场职能向社会中间层的部分移转,社会中间层正成为经济法主体体系中的新成员。①

认证,实质上是私人参与公共产品的供给,也是解决外部性和信息不对称的有效途径。经济人的逐利性与其本身可能的失灵对经济法提出了干预需求。已有的研究在理论基础方面缺乏系统性和整体性,在具体对策研究方面缺乏针对性和深刻性,突出表现在以下方面:与经济学等其他学科的研究及认证对经济社会生活的广泛影响力、渗透力相比,显得尤为不对称;理论基础薄弱,就认证主体的法律地位及其权利、责任、法律关系、行为规制、法律责任制度构建等研究而言,已有的主流经济法理论对此尚未引起应有重视。发达国家的认证制度实践经历了放松规制—立法规制的动态调整过程,而我国在强制性产品认证法律制度及产业规制政策创新与完善方面尚未有深入研究,在具体对策方面,思路不清,未能找到治本之策。在生产许可与强制性认证之间的关系界定一直混乱,在指定认证机构法律责任的认定和实现方面语焉不详。

长期以来,法学界忽视对技术领域法律制度的研究,其根源可能是对自然科技知识的了解不够,对于认证、技术标准等怀着天然的疏离感。目前关于认证的研究大多局限于经济学、管理学、信息工程学和农学等学科,而且往往局限于某个具体领域,比如食品、药品、农产品等认证管理的研究,且大多仅限于具体对策研究。正如有学者所断言的,随着社会经济进一步复杂化,经济技术细分领域将成为法学研究的新领域和突破点,经济法学在这些领域开展深入和创新性研究有独特的优势。② 欲深入理解和发展经济法理论及其实践,必须对经济法中的认证现象及强制性产品认证制度有深刻的认识和把握。以公共治理理论、社会中间层理论、法律的道德性理论等视角作为理论基础,研究强制性产品认证的

---

① 孟庆瑜:《反思与前瞻:中国经济法主体研究30年》,载《云南大学学报》(法学版)2009年第1期。

② 岳彩申、李永成:《中国经济法学三十年发展报告》,载李昌麒主编:《经济法论坛》(第7卷),群众出版社2010年版,第31页。

概念及认证权的本质、特征、法律关系等基本范畴,可增强对强制性产品认证法律制度自身的解释力,从而进一步丰富经济法总论部分的主体理论、权利理论、法律责任理论和经济法分论中市场竞争规制的内涵与外延。在经济全球化、标准民主化、认证互认化视野下,认证打通了研究国内经济法与国际经济法的界限和樊篱,尤其在各种技术贸易壁垒背景下,市场经济领域的经营决策和跨国交易对认证信息的依赖不仅普遍,而且依赖程度越来越高。强制性产品认证活动是国家治理体系、治理能力现代化建设的重要组成部分。从理论上通过对比生产许可制度等市场准入制度,研究如何提高认证有效性、优化强制性产品认证法律制度、加强认证运行法治化建设是当下风险社会中经济法理论急需解决的重要课题,这对中国 CCC 认证制度开展基础性和一般性的研究,显然具有十分重要的理论意义。

(二)现实意义

改革开放 40 年来,我国经济社会日新月异,市场经济制度得以建立并逐渐完善,社会结构发生了巨大的变化,质量法制也得到长足的进步和发展。但是,与此同时,在我国社会主义市场经济的初级阶段,产品质量安全仍然是我国一个突出的社会问题。这一问题长期以来得不到根本解决,其中既有经济体制的原因,也有法律和监管机制上的漏洞。基于中立、客观、权威的认证制度本是现代市场经济的一项基础性制度,强制性产品认证制度是对高风险产品是否符合技术标准的“保底线”合格评定活动,其已成为国际通行的提高产品质量、管理和服务水平,促进科技、经济社会与生态环境的协调可持续发展的可靠方式,在规范市场行为、保障人类生命健康、引导消费、建设资源节约型和环境友好型社会等方面发挥着重要作用。随着我国再工业化、市场化、国际化的深入推进,强制性产品认证的社会需求将会持续增长。在全国各地,随着质量强国、质量强省、质量强市等活动如火如荼地开展,认证越来越频繁地被引入法律法规、地方经济社会发展规划、政府采购、招标投标之中,并日益成为党和各级政府、企业的“工具箱”和法宝。

在国家推进宏观质量管理和政府职能转变的大背景下,国务院及国家市场监督管理总局(原国家质检总局)等相关部委、国家认监委大力推进我国认证认可法律制度建设工作。1993 年中央政府认识到培育和发展质量检验认证机构等市场中介组织的重要性。[①] 2003 年颁布实施的《认证认可条例》是我国首部规范认证领域的行政法规。2012 年 2 月国务院发布的《质量发展纲要(2011—2020 年)》明确提出要“提高企业质量管理水平,企业要建立健全质量管理体系”。2012 年 12 月国务院《服务业发展“十二五”规划》要求推进服务业质量体系建设。2014 年 3 月国务院《关于整合检验检测认证机构实施意见》提出,要充分发挥市场在资源配置中的决定性作用,鼓励支持社会力量开展检验检测认证业务,推动向高技术服务业快速发展,促进经济发展方式转变,打破部门垄断和行业壁垒,初步形成公平竞争的市场环境。国务院《社会信用体系建设规划纲要(2014—2020 年)》提出,要建立和完善检验检测等中介服务机构及其从业人员的信用档案和信用评价。2015 年 5 月国务院《中国制造 2025》(国发〔2015〕28 号)提出,要完善国家制造业创新体系,开展检验检测、技术评价、质量认证等专业化服务,促进科技成果转化和推广应用,促进向价值链高端延伸。习近平总书记在中国共产党第十九次全国代表大会上的报告中指出,建设现代化经济体系必须把发展经济的着力点放在实体经济上,把提高供给体系质量作为主攻方向,显著增强我国经济质量优势。在进一步深化改革解放生产力的命题上,供给侧结构性改革为认证认可工作带来了新需求、新机遇。

近年来,国家认监委多次组织开展强制性认证产品专项抽检和指定认证机构专项监督,CCC 产品质量得到稳步提高,认证不规范行为得到一定程度的改善,市场主体和消费者对认证的认识逐步提高。然而,近年来发生的一些质量安全事故让我国的认证工作遭到各种质疑,有企业和政府官员甚至直言取消“恶”的强制性认证制度。一些认证从业机构“重认证、轻监督、重数量、轻质量”的趋利现象和短期行为尚未得到根

---

① 《中共中央关于建立社会主义市场经济体制若干问题的决定》(1993 年 11 月 14 日)“培育和发展市场体系”(14)指出,当前要发展市场中介组织,发挥其服务、沟通、公证、监督作用,着重发展会计师、审计师和律师事务所,公证和仲裁机构,计量和质量检验认证机构,信息咨询机构,资产和资信评估机构等,发挥行业协会、商会等组织的作用。中介组织要依法通过资格认定,依据市场规则,建立自律性运行机制,承担相应的法律和经济责任,并接受政府有关部门的管理和监督。

治。实践中开始出现针对强制性产品认证机构的公益投诉。[①] 从最高人民法院及地方各级人民法院公开的司法判例中，尚未发现追究认证机构及相关从业人员法律责任的典型案例。这种"脱法"现象的发生，深刻说明目前认证法律监督机制存在根本性缺陷。反过来，这也是认证有效性不高的重要原因。一方面，作为兼具经济性规制和社会性规制特征的强制性产品认证，存在认证渎职（不规范）法律责任边界不清晰、监管乏力等现实问题，严重制约了认证市场的健康有序发展，恶化了社会信用体系，亟须建立高强度、约束性的失信惩戒机制和法律责任机制。另一方面，消费者、企业、学者甚至一些政府官员对强制性产品认证与行政许可的关系存在模糊认识，往往分辨不清两者在实施主体、运行机制、法律效力上的差异。这带来的后果是，企业往往很容易上当受骗，去申请虚假的非法认证，虚假的认证标志往往会误导消费者。在认证行业、实体制造业，信任危机仍在蔓延。我国已初步建立中国特色社会主义认证认可监管体系，提出了"抓机构、管人员、重结果"的监管思路，认证市场

① 2011年，中央电视台"3·15"晚会公开报道：锦湖轮胎（天津）有限公司为"降低生产成本"长期在轮胎生产制造过程中故意超比例使用返炼胶，将未经返炼的不合格半成品直接掺入原料之中，对不合格产品不进行分类切割直接进行返炼、全部使用返炼胶等方式进行轮胎生产。参见《关于中国质量认证中心、北京中化联合认证有限公司在对锦湖轮胎进行3C认证时及监督检查存在严重过错的投诉书》：载新浪博客：http://blog.sina.com.cn/s/blog_790648bf0100s6kd.html，最后访问日期：2019年3月18日。北京市惠诚律师事务所律师王斌向国家认监委投诉中国质量认证中心、北京中化联合认证有限公司在对锦湖轮胎进行CCC认证时存在严重过错。事实与理由：我国政府将汽车轮胎产品列入强制性产品认证范围，只有经强制性认证后方可生产、销售。CCC认证不但是对产品自身质量的认证，更是对产品的原材料采购、生产、检验、设备、环境、人员、文件记录等生产流程的管理，只有上述项目均通过审核方可取得CCC认证。与一般产品相比，汽车轮胎具有较大的危险性，一旦产品存在问题将会给使用者及社会公众的人身、财产安全造成的极大危险。中国质量认证中心、北京中化联合认证有限公司违反《认证认可条例》第27条"认证机构应当对其认证的产品、服务、管理体系实施有效的跟踪调查，认证的产品、服务、管理体系不能持续符合认证要求的，认证机构应当暂停其使用直至撤销认证证书，并予公布"及《强制性产品认证管理规定》第17条"认证机构应当通过现场产品检测或者检查、市场产品抽样检测或者检查、质量保证能力检查等方式，对获证产品及其生产企业实施分类管理和有效的跟踪检查，控制并验证获证产品与型式试验样品的一致性、生产企业的质量保证能力持续符合认证要求"，致使锦湖轮胎严重违规生产，严重侵犯消费者权益，危害公共安全和公共利益。诉求：请求履行立案调查，公开调查结果，依法追究认证机构、直接责任人与主要负责人的法律责任。

自律机制在不断完善中，但随着我国认证主体、产品、领域、规模的不断扩大，认证的主要矛盾日益为广大消费者认证高品质需求与认证有效性不足之间的矛盾。

在性质上，我国强制性产品认证法律制度属于政府主导的外生型制度变迁，经济发展方式转变、监管体制科学化、消费者权益保护、认证结果的采信度、技术贸易性壁垒、缓解政府监管压力等诸多因素均对强制性产品认证活动之规范化提出了迫切的制度需求。特别是在国务院推进"三单"简政放权("权力清单""负面清单""责任清单")、取消非行政许可审批和加强事中事后监管背景下，如何重新审视、评估并行运作的生产许可制度和强制性产品认证制度所依据的历史基础、社会条件及制度改革方向？这是需要认真加以思考和解决的现实问题。认证的外部性及有效性不足是立法规制失效的必然后果，只有通过行政、法律手段强力规制认证主体市场及认证对象市场，实现国家干预的矫正正义和实质化调整，才能有效维护社会公共利益。毫无疑问，研究强制性产品认证法律制度具有重大的现实意义。

三、研究综述

(一)国外研究

1970年阿克洛夫(Akerlof)《柠檬市场：质量不确定和市场机制》(*The Market for Lemons*：*Quality Uncertainty and the Market Mechanism*)以二手车市场交易模型为例提出了柠檬效应。信息不对称是市场交易普遍存在的现象，一般而言，卖家比买家拥有更多有关交易对象的信息，卖家能够利用信息不对称优势隐藏行动获取超额利益。不对称信息很容易导致主体间利益失衡，影响市场配置效率及社会公平。为解决不对称问题，买方需要进行信息搜寻活动，生产信息的专业机构要比单独消费者搜集更有效，认证机构正是这样一种中介组织。[①] 维斯库西(Viseusi W. K.)认为，认证的功能在于能为优质品提供证明，导致的结果是可将优质品的生产厂商保留在市场上；另外，认证信息披露制度能

---

① Joseph E. Sriglitz and Andrew Murray Weiss, "Credit Rationing in Markets with Imperfect Information", *American Eeonomic Review*, Vol. 71, No. 3, 1981, pp. 393-410.

促使厂商积极参与认证,从而解决信息不对称问题。① 质量管理体系,"为可持续发展的经济增长所起的作用常常被低估,近年来人们更多关注环境一体化和社会平等话题",ISO9001 能持续传递"组织有能力稳定地提供满足顾客和适用的法规要求产品的信心"。② 第三方审核特别适用于新兴的规制领域,其实施与适用的过程也被规制者认为是一种学习、交流、更正与提升的机会,而非如传统的行政机关检查容易造成对抗与抵触情绪。③

ISO 于 2009 年出版的《合格评定建立信任》提出,"计量、标准和合格评定是一个国家的质量基础"。2012 年,ISO 又出版了《产品监管和市场监督的原则与实践》,从理论、方法和实践 3 个角度论述了"合格评定制度在政府产品监管体系中的重要作用",并指出合格评定制度是对合格评定理论的重要补充和深化。④ 该书与《合格评定建立信任》《出口创新战略》构成了 ISO 向各国政府部门推介认证认可和提高对认证认可认识和使用能力的系列工具书。其主要观点是:政府的监管成本有限,通过采信合格评定结果和政府购买服务,可以有效降低政府的监管成本;通过在技术法规中引入恰当的标准,可以增强市场监管的科学性,技术法规应尽可能采用国际标准,但可以增加本国的特定要求;将市场监督分为"市场前监督"和"市场后监督",在风险分析的基础上,针对不同的产品,确定重点的监管阶段与监管方式,可以优化监管资源,提高监管效率;恰当的市场前监管可以确保符合要求的产品进入市场,从而减轻市场后监管的压力。古典学派和供给学派主张通过财政货币政策激励生产企业调整产品结构、提升产品质量,强调依靠技术进步和生产效率的提升来提高国民经济的供给能力。

一方面,国外的相关文献的介绍主要围绕有机食品认证、良好农业

① Viseusi W. K., "A note on 'lemons' markets with quality certification", *The Bell Journal of Economies*, Vol. 9, 1978, pp. 277-279.

② Nigel H. Croft:《ISO 9001:2015,实现跨越——为下一个 25 年质量管理标准而准备》,胡学林译,载《中国认证认可》2013 年第 10 期。

③ Clifford Rechtschaffen, "Deterrence vs Cooperation and the Evolving Theory of Environmental Enforcement", 71 *S. Cal. L. Rev.* 1181, 1998, pp. 1250-1251.

④ 刘先德、葛红梅、王晓冬:《〈产品监管和市场监督的原则与实践〉解读》,载《中国认证认可》2013 年第 10 期。

规范ISO、能源认证等具体认证活动。另一方面,国外大多数政府并非直接对认证机构进行监管,认证监管主要是通过各自的协会或民间组织进行,关于其信用评价大多由市场与社会的力量来完成。在认证机构的法律规制和相关制度研究方面,学者少有研究,目前可收集到的有关认证法律制度分布在大陆法系国家或地区。比如,日本《工业标准化法》(2005年10月1日实施)第四章"对矿工业品适应日本工业标准的认证"规定了认证标志使用及监督管理、认证机构的注册、报告、业务规程、财务报表等的立卷及阅览,第七章"罚则"规定了认证机构违反报告等义务的处罚条款。俄罗斯《联邦技术监督法》(2002年12月27日联法第184号)第四章"合格保证"第18~30条规定了合格保证的目的、原则、模式、自愿性合格保证、强制性合格保证、申请人在强制性合格保证领域的权利和义务等。

(二)国内研究

通过检索中国知网数据库(China National Knowledge Internet, CNKI),截至2019年3月8日,以"认证"为篇名共搜索到99467篇文献,涉及各行各业;以"强制性产品认证"为篇名,共有505篇文献;以"强制性产品认证制度"查询,共有75篇文献,其中仅有7篇与法律有一定关联,大多是制度介绍性、对比性的浅议,与汗牛充栋的行业认证研究相比,关于我国强制性产品认证法律制度的研究可谓是捉襟见肘,意味着研究的富矿所在,也意味着深入、系统、综合研究的难度。

1995年李昌麒主编的《产品质量法学研究》是我国第一部研究产品质量法学的著作,其第八章"专题研究认证制度",对认证的含义、特征、意义、分类及完善认证制度进行了富有卓见的探索,奠定了后续研究的学术基础。其他文献研究综述如下:

1. 认证的性质及法理研究。欧树军博士从提高国家治理能力的政治管理学视角认为,认证堪称"国家基础能力的基础",因认证为国家行动提供必要的知识基础,他指的认证是政治性的认证(identification),从而区别了社会性认证与政治性认证的关系。① 何鹰从第三人利益契约的角度,论

① 参见欧树军:《基础的基础:认证与国家基本制度建设》,载《开放时代》2011年第11期。该文认为,从国家认证的角度,"在最基本的意义上,认证是指以中央政府为代表的国家,收集、确认、识别境内有关人、财、物、行、事的名称、位置、数量、流动方向和真假优劣等基本事实,进而建立相应分类、规则、标准和规范的整个过程"。

证了质量认证的性质是书面担保，并建议服务或管理体系也应规定强制性认证。[①] 在强制性产品认证制度与生产许可制度性质认识上，有学者认为，认证制度主要以第三方性为特征，通常以自愿性为原则，而以强制性为例外。区别在于，生产许可制度中的强制性是一般以政府直接干预为特征，而强制性认证则是对生产者的宏观调控。从本质上讲，前者体现的是行政干预，而后者体现的是法律干预。[②] 有观点认为，两种制度一样，皆属行政许可范畴，只不过表现为两种不同的行政管理方式。[③] 第三方审核通过引入市场与私人的力量，明显提升了社会性规制效果，法理基础在于实践新治理理念的需要、深化行政执法理论的需要、实现法律经济效用的需要，并进行专业性、可问责性、独立性、可选择性的合法性分析，[④]在效力上区分咨询性审核结论和规制性审核结论。

2. 认证的功能研究。洪生伟认为，合格评定的作用概括起来有八点：便于选择交易对象；保证产品和服务质量，增强市场竞争力；节能减排，提高企业节能管理及环境管理水平；减少社会重复检验，促进国际贸易发展；维护消费者合法权益；防止国外假冒伪劣产品进入国内市场；促进我国科技进步；促进行政管理方式改革，提高政府工作效率。[⑤] 有专家组基于获证企业调查数据，应用复合矩阵法评价认证认可对经济增长贡献的方法，测算出认证对获证企业增加值的平均贡献和全国获证企业增加值总量及其占 GDP 的百分比，综合两方面结果计算出认证对我国经济增长的贡献率；采用索洛余值法对上述贡献率测算值进行了验证，从宏观层面证实了测算结果的合理性；运用因素分析法，从微观层面验证了复合矩阵法的评价结果。[⑥] 丁法全认为，随着生产全球化、社会化大分工，制造业下游供应商往往要面对上游不同客户对其质量管理能力的重复评审，通过第三方认证机构的认证能大大减少和简化这样的重复评审活动，降低整个社会的交

---

① 何鹰：《我国质量认证法律制度若干问题评析》，载《南京大学法律评论》2003 年第 2 期。

② 胡光志：《工业产品生产许可证制度存废之探析》，载《现代法学》1996 年第 1 期。

③ 鹿志民：《我国工业产品生产许可证制度建设问题探析》，东北大学文法学院 2005 年硕士学位论文，第 33 页。

④ 高秦伟：《论政府规制中的第三方审核》，载《法商研究》2016 年第 6 期。

⑤ 洪生伟：《质量认证教程》，中国标准出版社 2008 年版，第 9~11 页。

⑥ 上海质量管理科学研究院课题组：《认证认可对国民经济和社会发展的贡献研究》，载《上海质量》2008 年第 1 期。

易成本。① 有观点认为,强制性产品认证制度对提升我国整个制造业的产品质量水平有巨大贡献,其能够提高劳动生产率,促进经济增长。② 严效民等从“经济发展—认证认可—转变政府职能”维度论证了认证认可对于转变政府职能的意义,即可“有效消除市场失灵和政府失灵”。③ 黄鸣等的《低碳产品认证发展综述与相关建议》一文认为,通过对低碳产品进行认证,披露产品的碳排放信息,能够有效地诱导消费者的购买行为,从而促进生产企业向低碳生产模式转变,最终推动全社会温室气体的减排。④ 韩青通过实证调查分析,得出“消费者对生鲜认证猪肉的意愿支付价格、消费者对质量安全认证知识和认证农产品的了解程度显著正向影响其对生鲜认证猪肉自述偏好与现实选择的一致性”的结论。有人对北京超市调研发现,消费者愿意对有 HACCP 标志的食品支付 5%的溢价。⑤ 有学者检验了 ISO 认证对我国上市公司股票回报的影响,得出一个结论,即在认证公告日,公司股票会产生一个正的超额回报。⑥ 然而,认证“万能说”受到批评,有人认为,认证证书及标志只证明组织的质量体系与标准的符合性,并不证明生产的任何产品都是合格的。⑦

3. 认证与标准关联研究。张吕好认为,强制性标准作为主线有机统一了行政许可、认证制度及行政执法手段。⑧ 孙莹认为,ISO9000 标准通过三种机制(产品质量信号显示机制、质量管理共同语言机制、产品质量问题解决机制)对贸易形成影响。⑨ 宋华琳认为,从标准的外在形式、名称、结构、

---

① 丁法全:《XL 认证跟踪检验服务的质量管理研究》,南京大学 MBA2016 年硕士学位论文,第 11 页。

② 郝强:《我国强制性产品认证制度监管的成本与效益研究——以天津市滨海新区为例》,天津大学管理与经济学部 2014 年硕士学位论文,第 52 页。

③ 严效民、杨煜:《认证认可与政府职能转变:市场失灵和政府失灵视角的分析》,载《电子科技大学学报》(社会科学版)2011 年第 4 期。

④ 黄鸣、印慧、程益军:《低碳产品认证发展综述与相关建议》,载《质量与标准化》2011 年第 S1 期。

⑤ Wang, Z. G. and Mao, Y. N., “Chinese consumer demand for food safety attributes in milk products”, *Food Policy*, Vol. 33, No. 1, 2008, pp. 27-36.

⑥ 王立彦、袁颖:《环境和质量管理认证的股价效应》,载《经济科学》2004 年第 6 期。

⑦ 宁墨:《企业应步出质量认证的六大误区》,载《决策借鉴》1997 年第 2 期。

⑧ 张吕好:《行政许可、认证与标准化管理》,载《行政法学研究》2004 年第 3 期。

⑨ 孙莹:《ISO9000 标准认证对贸易的影响研究》,浙江大学经济学院 2012 年博士学位论文,第 48~97 页。

内容、制定颁布程序来看,它并不符合法律规范的外形,不是“法”。但从实质意义判断,标准会对公共组织和私人产生实际上的法律约束力,标准的功能与法律规则的功能无异,具有霍布斯、边沁、韦伯、卢曼意指的现代法功能。事实上,在作用对象方面,标准与认证在规范生产经营秩序、促进产业结构升级调整等方面有共同的客体。在性质方面,两者均具有工具性价值,两者能够共同促进良好生产、经营秩序的形成。在功能方面,标准的科学性决定了认证的科学性,从这个角度看,标准制约着认证。有学者探讨了强制性标准在认证中的存在问题,比如标龄过长、新旧标准过渡期短、标准失位、认证没有发挥其验证与提升标准的作用、认证难以满足标准实施的需求等。① 有人探讨了在强制性认证与自愿性认证中标准的适用性差异。②

4. 认证模式与程序研究。有人总结,强制性产品认证领域存在的供需矛盾突出、产品单元划分过细、中高端技术基础供给不足、认证模式落后于市场发展等问题。③ 张志国建议将食品和儿童用品纳入 CCC 产品目录,改变单一的认证模式,参照欧盟指令和 CE(European Conformity)认证模式,增加企业自我声明,并考虑相关法律责任的差异性。④ 陈向阳通过电动工具产品的初始工厂检查及获证后监督抽样检测案例分析,总结了我国强制性产品认证活动存在问题、原因,指出认证检测机构缺少有效的过程监督措施,报告的真实性面临考验,必须明确认证责任。⑤ 孙璐提出产品认证类型和认证模式决策的四个原理,即基于国家利益导向的对抗原理、基于产品风险属性导向原理、基于事故导向原理和基于产业技术导向原理,并指出选择认证模式必须考量产品性能和产品对人体健康、环境及公

① 唐茂芝等:《强制性国家标准在 CCC 认证中的作用》,载《中国标准化》2010 年第 11 期。

② 贾真、卢文婷:《我国产品认证依据类标准研究》,载《认证技术》2012 年第 6 期。

③ 汪莉薇:《对强制性产品认证制度改革的思考》,载《上海质量》2017 年第 5 期。

④ 参见张志国:《论强制性产品认证法律制度的完善》,对外经贸大学法学院 2005 年硕士学位论文,第 27~30 页。该文建议,对未经认证但产品符合强制性标准的,在处罚上从轻,对自我申明符合强制性标准或经认证但不符合的,在处罚上从重。

⑤ 陈向阳:《CCC 认证程序及实证分析》,南京理工大学经济管理学院 2010 年硕士学位论文,第 19~52 页。

共安全可能产生的危害性程度等因素。[①] 冯发超建议制定强制性认证模式指南，以提高认证效率。[②] 胡刚翔等介绍了在海上丝绸之路背景下东盟各国的强制性产品认证制度，分析了在认证目录、采用标准以及认证流程三个方面的差异。[③]

5. 认证信用研究。认证在提高产品质量的同时促进了生产者与消费者之间的信任关系；认证机构对其认证的产品负有重要的监管责任，认证产品的安全质量和认证机构公信力息息相关。[④] 郭金发从政府信用的视角，认为要解决认证有效性不足的问题，必须建立对政府的监督和问责机制，切实提高政府在认证认可活动中的主导作用及信用。于永娟认为，有效性是认证自身存在的先决条件，从根本上讲，认证信用是认证的生命线，目前我国认证面临的主要矛盾是信用度普遍不高，表现为制度存在漏洞、政企不分、监管失灵、虚假认证、认证审核人员素质不高及认证机构连带责任难以落实，这些问题损害了认证信用和认证行业的整体形象和信誉度。[⑤]

6. 认证运行机制研究。刘宗德着重探讨了企业的认证动机、消费者支付意愿、认证机构的市场结构和价格竞争行为，在探讨不同微观主体互动的基础上，提出了一些监管思路和对策。[⑥] 樊红平认为，保障农产品质量安全认证体系正常运行的机制主要由生产者申请认证的动力机制、认证机构运行机制、认证信号传导机制、政府干预机制以及消费者反馈机制组成。[⑦] 江西省会昌县人民政府将质量认证体系、风险管理理论和廉政风险防控工作有机结合，探索建立了全国首创的基于 ISO9001 标

---

① 孙璐：《产品认证类型与模式的决策原理和方法研究》，上海交通大学管理科学与工程系 2008 年硕士学位论文，第 10~13 页。

② 冯发超：《强制性产品认证模式的研究》，载《中国农机化》2012 年第 5 期。

③ 胡刚翔等：《海上丝绸之路背景下中国——东盟强制性认证制度的研究》，载《中国标准化》2016 年第 1 期。

④ 丁法全：《XL 认证跟踪检验服务的质量管理研究》，南京大学 MBA2016 年硕士学位论文，第 1 页。

⑤ 于永娟：《第三方认证信用的品牌经济研究》，山东大学经济学院 2012 年博士学位论文，第 62~108 页。

⑥ 刘宗德：《基于微观主体行为的认证有效性研究》，华中农业大学经济管理学院 2007 年博士学位论文，第 29~106 页。

⑦ 樊红平：《中国农产品质量安全认证体系与运行机制研究》，中国农业科学院农业质量标准与检测技术研究所 2007 年博士学位论文，第 107~162 页。

准的廉政风险防控管理体系。[①] 有人分析了 ISO9000 与强制性产品认证的建立依据差异,建议在建立统一协调的质量体系过程中,涉及《强制性产品认证工厂质量保证能力要求》部分应在"采购中""监视和测量装置""内部质量审核产品的监视和测量"添加相应要求,"增加认证产品的一致性要求"。[②] 目前我国的强制性认证过于强调事前准入,而忽略了事中事后的监督;过于强调第三方和企业的关系,忽略了政府与第三方之间的信息共享和认证结果采信。[③] 有人通过分析强制性产品认证证书和指定实验室发展现状,对比得出强制性产品认证检测资源数量分布与需求匹配度,建议优化强制性产品认证检测资源配置的结论。[④] 李文龙认为,我国的检验检测市场正处于政府一元化投资官本位的检验检测机构与市场经济条件下多种经济成分进入、以市场为导向的中介检验检测机构同台竞技的交错混沌时期,离真正意义上的中介检验检测市场还存在很大差距,以政府检验检测机构为主导、社会中介检验检测机构为辅助,将是今后相当长的一段时间我国检验检测市场的基本格局。[⑤] 有学者认为生产许可制度阻碍了创新创业,可学习宿迁市的生产许可制与市场认证制并轨改革样板,现行两种产品质量保障制度应该按照市场化的方向整合,进行顶层设计和大胆实践。[⑥] 有观点认为,应当在合理减少发证前成本的情况下,将这笔费用再分配到证后的抽查监督中,探

① 江西省会昌县人民政府:《为权力编织制度的笼子——会昌县探索创建基于 ISO9001 标准的廉政风险防控管理体系的做法与成效》,载国家认监委网:http://www.cnca.gov.cn/rdzt/2016/2016bjlx/huigu/201602/t20160224_47607.shtml,最后访问日期:2017 年 11 月 10 日。

② 韩琦:《强制性产品认证与质量管理体系建立的协调性》,载《科技资讯》2007 年第 12 期。

③ 国家认监委认证认可技术研究所编著:《认证认可结果采信与信息共享研究》,中国标准出版社 2010 年版,第 27~30 页。

④ 杨静、吴海文、李卫华:《强制性产品认证检测资源数量分布与需求匹配度研究》,载《标准科学》2016 年第 10 期。

⑤ 李文龙:《我国的检验检测市场距离中介检验检测市场还有多远》,载《现代测量与实验室管理》2006 年第 1 期。

⑥ 高兰芳:《从生产许可制度到强制性认证制度的地方实践与探索——宿迁市生产许可制与市场认证制并轨改革的启示》,载《现代商贸工业》2017 年第 16 期。

索在强制性产品认证中引入风险管理的路径。[①]

7. 举证责任的分配研究。于婷婷区分了处理质量问题的两种情形：首先，立法上可规定在发生质量事故时，由生产企业负无过错举证责任；其次，当产品存在质量缺陷导致侵权时，解决问题的思路是优先由生产企业举证认证机构的责任，比如虚假认证、未经跟踪监督等认证义务，若举证不能，则生产企业要承担全部责任，[②]这为破解和克服隐蔽的"认证合谋"行为提供了新的规制视角。

8. 认证立法研究。吴海文等回顾和分析了中国强制性产品认证实施规则的形成及发展变化，对演变后的实施规则的优势进行了剖析和展望，认为认证机构可结合分类管理及控制风险的实际需要，在基本认证模式的基础上增加认证要素，确定具体实施时采用的认证模式，通过制定"认证实施细则"进一步明确认证机构的主体责任。[③] 有观点认为，强制性标准、《认证认可条例》与《强制性产品认证管理规定》、强制性认证实施规则分别为广义关联与狭义关联的技术法规。[④] 王克稳认为，要打破传统体制下建立起来的审批管控制度，建议充分发挥专业技术组织（中介组织）、行业组织的作用，逐渐转移执业许可、产品认证、产品（服务）标准的制定与实施等审批权力是控制类审批制度改革的大势所趋。[⑤] 郑蕾、江智茹指出，虽然认证结果的准确性及有效性在立法中有所体现，但规定仍过于笼统。[⑥] 于兆波分析了政府为什么不能成为自主知识产权认证主体的原因，并指出政府规制第三方认证机构的内容应包括其设置条件、服务项目、服务标准、服务程序和行政监督。张佳军总结

---

① 李锋：《在强制性产品认证中引入风险管理的路径》，载《认证技术》2013 年第 9 期。

② 于婷婷：《我国食品安全认证制度研究》，中国政法大学法学院 2011 年硕士学位论文，第 34 页。

③ 吴海文等：《浅析强制性产品认证实施规则的演变》，载《质量与认证》2015 年第 10 期。

④ 彭莉等：《我国 TBT 领域的主要技术法规》，载《中国标准导报》2013 年第 1 期。

⑤ 有观点认为，在我国，"认证也属于行政审批的范围并主要由政府部门或具有行政性质的机构实施"，混淆了认证与行政许可本质的区别。参见王克稳：《论行政审批的分类改革与替代性制度建设》，载《中国法学》2015 年第 2 期。

⑥ 郑蕾、江智茹：《中国信息安全产品认证认可体系的法律问题研究》，载《学术研究》2012 年第 10 期。

了现行产品认证制度存在统一的认证认可制度的不健全、产品认证有效性不高、申办认证收费高、项目繁多、产品认证水平急需提高、标准和技术规范国际化程度不高等问题,并提出逐步建立统一的认证认可制度、完善认证法律体系规制手段、规范认证认可机构行为等7个方面的建议。① 陈琛认为,认证标志法律属性为标志化的服务名称,认证标志要构成商标,必须是特定认证服务的专有名称,而非同类认证服务的通用名称。证明商标本质为一种特殊的服务商标,以服务商标改造我国的证明商标制度,以保护构成商标的认证标志。② 许增德建议,修订强制性产品认证机构相关管理办法,进一步细化指定原则、程序,建立指定认证机构退出机制,采取有效措施,解决指定机构业务垄断问题。③ 有学者从供求机制、价格机制、竞争机制、信息机制以及收入分配出发,对产品质量发展的长效机制进行了系统论述,建议立法上对政府经费、监管权利等方面给予保障,对政府监管的义务、机构设置、立法和执法程序、质量监管的具体操作规程等进行严格规定,使政府的质量监管行为在法律的框架下进行,减少质量监管行为的模糊空间。④

9.认证政策研究。有学者从应对贸易保护主义的角度,建议通过政策扶持,引导创建我国的名牌认证机构和认可机构。⑤ 有学者分析了标准化限制竞争行为的实质是权利滥用,以及如何用适当的法律责任来具体规制这些行为。⑥ 尹世久等认为,由于历史文化等多种原因,考虑民间认证机构的社会信任度不高,认证机构主体应突出公益性和行政性,严加监管民间认证机构。⑦ 瓮怡洁认为,在有机农业发展初级阶段,应

① 张佳军:《我国产品认证及其规制研究》,西北大学公共管理学院2009年硕士学位论文,第29~40页。

② 陈琛:《论认证标志的商标权保护》,载《社会科学家》2011年第11期。

③ 王颖、安皓:《强制性产品认证十年回顾与展望——访国家认监委认证监管部主任许增德》,载《安全与电磁兼容》2012年第2期。

④ 李志德:《中国产品质量发展的长效机制研究》,武汉大学经济与管理学院2012年博士学位论文,第53~185页。

⑤ 刘旭:《"十二五"时期国际贸易保护主义发展趋势及其对中国的影响》,载《国际贸易》2012年第1期。

⑥ 叶明、吴太轩:《技术标准化的反垄断法规制研究》,载《法学评论》2013年第3期。

⑦ 尹世久等:《消费者对安全认证食品信任评价及其影响因素——基于有序Logistic模型的实证分析》,载《公共管理学报》2013年第3期。

主要由公权性机构担任认证机构,采取结果监管为主、全程监管为辅的监管模式。有机农业发展到高级阶段,则应主要由非公权性机构担任认证机构,应采取以全程监管为主、结果监管为辅的监管模式,通过财政补贴和市场推广等方式对其进行扶持。① 有学者就欧盟 CE 标志规则修订对我国机电产品出口的影响进行了实证研究,②得出强制性认证促进贸易发展的结论。

10. 规制的具体措施研究。有观点认为,认证机构应充分认识到认证对促进质量改进和提升所发挥的重要作用,认清自身承担的“建立信任、传递信任、服务发展”的社会责任,建立自身诚信认证评价制度体系,避免低价劣质恶性竞争,建立和完善突发事件应急机制和防范措施。政府应建立认证机构社会责任履行考评制度、社会责任履行监督机制。③ 王莉认为,认证存在缺乏有效监管、认证过程不规范、认证标准不完善等问题,并提出要建立经济法上的公益诉讼制度、严格落实认证机构退出机制、加强认证机构责任承担等措施。④ 有人建议,所有持证组织缴纳1 万~10 万元的保证金,设立强制性认证产品意外损害赔偿基金和强制性认证产品科研开发基金。对生产企业或持证组织进行量化考核,分类管理,分为 A、B、C 三类管理:A 类为最好,享受国家或认证机构的优惠政策;C 类为刚刚达标企业,不能享受优惠政策。A、B、C 三类动态管理,优胜劣汰,对于发现不合格的企业,实行一票否决制度,在权威部门的抽查、抽检中不合格的企业,或在市场销售中发现存在不合格的情况,坚决吊销其强制性认证证书。⑤ 甄翌探讨了完善有机食品认证的主要措施,包括整合多重认证形式、完善认证标准体系、完善有机食品监管法

① 瓮怡洁:《有机农业:法律规制与政策扶持》,载《华南农业大学学报》(社会科学版)2011 年第 3 期。

② 陈淑梅等:《认证制度、贸易壁垒与我国机电产品的出口——以欧盟 CE 标志规则修订为例》,载《世界经济与政治论坛》2012 年第 6 期。

③ 商泰升:《浅谈认证机构履行社会责任》,载《认证技术》2012 年第 6 期。该文认为,对认证过程弄虚作假、不按规章制度办事、违反劳动法等不履行社会责任的认证机构,要建立黑名单制度,作为严查对象。

④ 参见王莉:《构建我国规范化认证制度的思考》,中国政法大学民商经济法学院2007 年硕士学位论文,第 11~21 页。

⑤ 王维东等:《提高强制性产品认证有效性举措探讨》,载《检验检疫科学》2007 年第 Z1 期。

规、加大执法力度。[1] 王震认为,认证机构的“寻租”行为使有机农业市场产生“劣币驱逐良币”现象,政府必须加强监管,提高有机认证机构准入标准,建立淘汰机制,强化其对获证企业的监督制度,形成对认证机构、企业的双向压力,遏制认证机会主义行为的发生。[2] 周元根从行政执法实务的角度,指出目前认证行政监管的重心要调整,同时重点规范认证机构或实验室及其从业人员的行为。[3] 孙大伟分析了我国质量认证体系运行情况,并归纳了存在的诸多问题。[4] 姜君提出要改善认证行业信誉,必须构建认证机构评价指标体系,切实提高认证队伍专业技术和职业道德素质,拓展社会公众和媒体监管渠道,促进认证行业健康有序持续发展。[5] 刘宗德从信息经济学的角度,通过案例和调查研究,分析了认证活动主体的行为,得出“制度性缺陷”是损害认证有效性的结论。[6] 陈雨生、乔娟从实证角度剖析了“三鹿”奶粉事件对认证蔬菜支付意愿的影响,同时建议建立税收激励制度,完善认证监管机制,加强对认证机构的追溯与监管,提高认证监管效率。[7] 有学者指出,我国目前存在对网络第三方平台无监管法律依据、管辖权界定、取证难处罚难等问题。[8] 有观点认为,CCC 认证目录是一个基于产品种类、用途、参数等特性的描述性目录,其特性决定了判断某一产品是否在认证范围内难度较大,建议由指定认证机构进行判定。[9] 吴海文等探索建立了一套适合电

---

① 甄翌:《我国有机食品认证体系的问题与完善》,载《食品研究与开发》2013 年第 15 期。

② 王震:《有机农业认证制度的问题及对策研究》,载《理论观察》2014 年第 3 期。

③ 周元根:《浅析认证行政监管的发展与改革——关于认证行政监管现状的调研报》,载《中国计量》2014 年第 2 期。

④ 孙大伟:《我国质量认证体系运行机制研究》,哈尔滨工程大学经济管理学院 2005 年硕士学位论文,第 28~57 页。

⑤ 姜君:《我国认证行业的政府监管研究》,中央民族大学公共管理学院 2013 年硕士学位论文,第 30~47 页。

⑥ 刘宗德:《认证认可制度研究》,中国计量出版社 2009 年版,第 58~76 页。

⑦ 陈雨生、乔娟:《“三鹿”奶粉事件与认证食品支付意愿的实证研究》,载《消费经济》2009 年第 6 期。

⑧ 刘建华、楼红兵:《电子商务中强制性产品认证监管面临的问题及对策》,载《认证技术》2011 年第 9 期。

⑨ 姚东敏:《强制性产品认证制度在出入境环节的风险排查与分析》,载《中国检验检疫》2012 年第 12 期。

子商务平台的认证产品抽查技术方案。[①]

11. 认证机构的“不实认证”法律责任研究。从应然角度,何鹰探讨了认证机构出具虚假证明或者证明不实时民事法律责任的缺失问题,认为认证机构应与生产者、销售者一起承担连带责任。[②] 有观点认为,认证机构对型式试验的样品审核不严、工厂检查和证后跟踪检查控制性差,重利润轻责任,重发证轻监管的现象没得到根本改变。[③] 应飞虎专门研究了信息视角下社会中介机构与交易信息的一般理论,阐释了由中立第三方而不由信息优势者自身或政府提供认证信息的缘由,归纳了ISO9000认证标志贬值的原因、认证功能、非法认证的行为表现及防御对策,提出认证机构具有极强的社会性,为避免民众信任危机,没有理由设置较低的法律责任。在责任形式的选择上,考虑“采用无限责任形式,各投资主体之间负连带责任”,“对非认证机构的人员在认证活动中故意提供虚假证明文件,情节严重的”要设定刑事责任。[④] 熊小玲提出要完善《产品质量法》《认证认可条例》中的法律责任部分。[⑤] 张波认为,在一定限度内,引入连带责任制度可矫正团体社会组织行为偏失,因为“连带责任的内涵是以民法中的连带责任为原型的”。在责任性质上,对待此类组织,应主要侧重补充性责任,慎用无限连带性责任。[⑥] 郭金发呼吁急需研究明确界定、落实认证机构法律责任问题。[⑦] 在归责原则研究方面,王竹、钟琴从立法原意角度认为,“产品质量认证机构侵权责任的

---

① 吴海文等:《电子商务平台认证产品抽查技术研究》,载《标准科学》2017年第11期。

② 何鹰:《我国质量认证法律制度若干问题评析》,载《南京大学法律评论》2003年秋季号。

③ 刘宗德:《认证认可制度研究》,中国计量出版社2009年版,第70页。

④ 应飞虎:《信息、权利与交易安全》,北京大学出版社2008年版,第223~237页。

⑤ 熊小玲:《产品认证法律制度研究》,重庆大学法学院2007年硕士学位论文,第31页。

⑥ 张波:《经济法主体研究》,西南政法大学经济法学院2008年博士学位论文,第137~140页。

⑦ 郭金发:《论政府在构建中国特色的认证认可制度中的主导作用——以政府信用为视角》,吉林大学行政学院2010年博士学位论文,第135~140页。

归责原则是过错责任原则”。[①] 有学者在比较过错责任原则与无过错责任原则对认证机构及行业影响的基础上，提出在适用过错责任原则的基础上增加过错推定条款，认证机构对认证结果与实际情况符合与否负举证责任，若损害由受害人故意、不可抗力或其他免责事由造成的，认证机构无须承担民事责任。[②]

(三)简评

上述文献从理论和实务角度对认证行业的分析丰富了感性认识，为进一步深入探讨和研究强制性产品认证法律制度提供了可资汲取的素材，带来了有益的启示和借鉴。在现实世界，认证正焕发着生机勃勃的气象。学者、执法实务人士从不同角度和侧重点探讨了认证的功能和价值、政府干预认证的重要性、市场化认证的必要性，总结和概括了 CCC 认证及自愿性认证存在的诸多问题及法律责任类型等问题。

认证，原本是市场经济的产物，也是非政府组织、市场主体参与市场治理体系乃至全球治理体系的重要组成部分。在我国，认证制度属于典型的舶来品，它经历了从无到有、从弱到强的过程。随着市场经济的发展演讲，在中央的重视和组织下，我国基本确立了国家认证认可监管体系和工作框架，政府干预与认证社会化之间的互动已经具备基础条件。然而，我国认证市场和政府干预仍存在一些实质性缺陷，表现在：旨在克服市场失灵的认证本身存在失灵(认证有效性不足)，旨在克服认证失灵和市场失灵的政府干预也同样存在失灵(认证规制失败)。这些实质性缺陷带来的问题是，宏观方面，认证制度是否有存在的必要性？如果有存在的必要性，这个制度应该如何定位？它与政府的其他规制制度之间在功能上应该有哪些不同？对于强制性产品认证制度而言，亦然。微观方面，在中国，如果将认证制度赋予过多的政府意志，其就可能会与政府行政许可等其他规制工具在功能上造成某种程度的重叠，如何科学设计治理认证行业的规制工具和法律对策？

近年来，认证规制的研究逐步得到法学的重视，但大多局限于食品

① 王竹、钟琴：《论产品质量检验、认证机构侵权责任——以本次〈消费者权益保护法〉的修改为中心》，载《东方法学》2013 年第 5 期。

② 王寅、齐虹丽：《论产品认证机构民事责任的归责原则——以对第三人责任为视角》，载《学术论坛》2014 年第 1 期。

等行业问题的剖析,对我国认证有效性提出了质疑,并初步提出解决问题的对策和措施。总体上,目前学界关于一般意义上的认证制度之研究大同小异,在研究方法上,主要体现为"内涵—价值"和"外延—规范"两种分析路径,尽管这些分析存在逻辑上的内在关联,但它们都没有完整地揭示认证的本质。而对于强制性产品认证法律制度之研究仍处于起步阶段,大多侧重于认证对市场与政府的作用与影响,对制度及运行机制存在问题、成因、规制方式和法律责任与对策研究尚滞于表层,与生产许可证等市场准入制度的横向比较研究尚有待进一步深入挖掘。总体而言,关于强制性产品认证法律制度的理论基础显得非常薄弱,未真正找到"认证有效性不足"、"虚假认证"或"不实认证"根本的解决方案和法律救济渠道。毋庸置疑认证主体的多元性、过程的复杂性、对象的广泛性无疑增加了涵摄和理论抽象的难度。迄今为止,我国法学界尚未有专著系统地对强制性产品认证法律制度进行研究。因此,对有关强制性产品认证的经济法规制问题,需要从理论和实践层面对其进行深入、系统的研究。

四、研究思路和研究方法

(一)研究思路

1. 研究对象。本书研究的强制性产品认证制度(CCC),是指调整有关强制性目录产品之实施主体、实施条件、实施程序、实施行为等法律规范的总称,①仅限于狭义意义上以标准、技术法规为基础的彰显中立性、独立性、公正性的社会性认证,由指定认证主体出具书面证明,确认市场主体的产品、体系、服务是否符合特定的技术标准或法规要求。

作为市场准入制度,与生产许可制度相比,CCC 认证制度的竞争优势在于,认证机构独立于政府与市场、独立于交易双方,技术评价与行政

① 认证是由认证机构证明其产品、服务或管理体系符合相关技术法规或相关技术法规的强制性要求或标准的合格评定活动。按认证对象分为产品、服务和管理体系认证;按认证主体分为官方认证和民间认证;按强制程度分为自愿性认证和强制性认证。鉴于认证与检测的内在关联性,使用"检测认证"等同于"认证",被指定从事强制性产品认证的认证机构有可能也从事体系认证,存在主体的一致性。另外,即使强制性产品认证偏重产品安全性能,但在认证活动中,也必须检查生产企业的质量保证体系,故根据论述需要,也一并对体系认证和自愿性认证进行对比探讨。

监管分离,用社会化、市场化的方法规制市场。CCC 认证制度在概念外延上属于“合格评定”范畴,[①]在法律关系主体上为《产品质量法》《认证认可条例》《强制性产品认证管理规定》界域下所规范的指定认证机构,而不包括政府或授权事业单位组织开展的官方认证,比如带有强制性特征的药品 GMP 认证、GSP(Good Supply Practice,药品经营质量管理规范)认证等。《认证认可条例》将药品认证排除适用,[②]药品等政府强制性质的 GMP 认证、GSP 认证,其认证主体是药监系统属下事业单位性质的审评中心,关于其认证行为的性质有“行政许可说”“行政确认说”“强制规范说”“实质上的质量管理体系说”,它虽不具备行政许可的外观,但在准入与监管方面却有类似行政许可和行政处罚的实质与功能。[③]

2. 研究内容。本书以规范认证有效性为主线,以达到创新与完善强制性产品认证制度为目的。首先,解决“何为”即“是什么”的问题,为研究的展开铺陈基本的逻辑起点,从 CCC 认证的概念入手明确认证机构的经济法主体地位,分析认证法律基础关系,明晰认证权的本质及基本特征。其次,在此基础上,从多学科视角,阐明 CCC 认证制度的理论基础,拓宽 CCC 认证制度研究的深度和广度,证成其存在、发展的应然价值,解决“为什么”的问题。再次,考察我国 CCC 认证制度的变迁阶段及特点,归纳我国 CCC 认证制度的渊源,描述在实践中运行的轨迹,涉及监管体制、认证模式、认证程序、收费制度等,由此概括我国 CCC 认证制

---

① 东京回合《TBT 协定》把产品认证和证书制度作为协定的管辖对象,涉及“认证”的概念,规范的是产品认证行为;乌拉圭回合《TBT 协定》提出“合格评定”的概念,“认证”被“合格评定”所代替,在东京回合《TBT 协定》的“认证”中没有涉及的许多行为,如检验、认可和批准等,都被纳入“合格评定”加以规范和约束,“合格评定”的概念内涵、外延均大于“认证”的初始概念。

② 考虑到认证机构的性质和证书的效力,《认证认可条例》将药品生产、经营企业质量管理规范认证、实验动物质量合格认证、军工产品的认证排除适用范围。

③ 根据《药品管理法》的规定,药企一旦被撤销 GMP 认证、GSP 认证,得停产停业,药品生产许可证名存实亡。随着政府权力清单制度的改革,这些认证正逐步并入行政许可或药品注册的条件。有人建议“改革孤立的药品认证制度,将其融入药品注册的审批过程中。弱化药品认证的确认和证明作用,强化其监督检查的作用”。GMP 认证与社会化管理体系认证在认证主体、认证性质、法律责任、撤销暂停的法律后果等诸多方面存在差异。参见王鹏:《对我国药品翻认证制度的行政法思考》,山东大学法学院 2008 年硕士学位论文,第 47 页。

度发展的规律性特征。又次,从立法、行政干预、认证绩效3个视角剖析我国市场体制深化改革背景下CCC认证制度存在的主要问题,并设法找到发生问题的原因,重点解决“怎么样”的问题。复次,通过考察美国、英国、德国、日本、俄罗斯及印度等国家、地区的CCC认证制度,挖掘其内在发展规律和普世价值,从对比中找到差距,解决如何让制度“更优”的问题。最后,在前述基础上,最终要解决“怎么办”的问题:其一,从宏观角度,提炼我国CCC认证制度创新与完善的路径选择,包括指导思想、基本原则、立法模式的选择、制定合格评定法和进一步修订《标准化法》的总体框架及立法导向性要求等;其二,从微观角度,提出创新与完善我国CCC认证制度的具体对策及建议。

(二)研究方法

就本论题而言,一方面,强制性产品认证制度的基础性研究对于经济法学而言是较新的领域,若不选择恰当的研究方法,很容易事倍功半,很难研究透彻。另一方面,强制性产品认证本身就是一个横跨多学科的问题,涉及法学、政治学、经济学、管理学、工学等学科,各学科均可对此进行探讨,故而,本书研究强制性产品认证,不能拘泥于单一的方法和视野,必须采取多种研究方法和多学科穿透。

1. 历史比较分析方法。任何事物都具有历时性和共时性特征,分析强制性产品认证制度的发生发展、制度价值等,只有放在历史的长河中才能更加清楚其“前世今生”。本书择取美国、英国、日本、德国等世界主要资本主义国家的相关制度实践、样本作为历史分析对象,提炼其普通性和特殊性,从而利于更好地理解不同监管体制安排下的制度背景镜像及对我国强制性产品认证制度建设的修正意义,继而理性地判断和预测我国强制性产品认证制度未来发展趋势。通过观照我国现行的生产许可制度,进行横向比较研究,拓宽研究内容的范围和广度。

2. 博弈分析方法。在市场经济转型背景下,强制性产品认证在中国的实践运行中存在的问题有其阶段性、渐进性、趋同性的特征。在“委托人付费”模式下,认证机构扮演“看门人”角色。只有借助经济学博弈分析方法,才能深刻揭示认证制度运行的主要矛盾和矛盾的主要方面,最终找到认证机构、认证委托人及消费者之间的博弈行为产生的动机和产生相关问题的根源。此种研究方法,可谓个体主义方法,但就博弈关系及影响方面,也具有整体主义研究方法的特点。

3. 多学科综合研究方法。单纯运用某一学科的研究方法,无力探知问题的深域和广域。强制性产品认证不仅是法律问题、技术问题、重要的经济问题,还是重要的社会管理问题。借助政治学、社会学、伦理学、经济学等的研究方法来探求此法律问题,是学术研究和法律进化的必由之路。本书在研究过程中,也部分地采用公共选择理论、制度经济学、信息经济学的研究途径和方法。此种方法,可谓整体主义研究方法。

在本书研究过程中,兼采案例分析法、规范分析方法及公共政策分析法。法律的生命勃发尤在于具体案件包括价值合理性在内的工具合理性,最终欠缺理性之法律条文的修正、调适也需要具体案件和实践的检验,法律科学化需要案例分析法和规范分析法"一体两面"的互动与均衡。在中国当下,作为朝阳行业的认证产业,其市场准入、机构性质、产业布局及国际化进程快慢等受国家产业政策影响较大,故采用公共政策分析法对我国乃至国际认证的竞争生态和法律规制研究显然具有较大的工具性价值。

五、可能的创新与不足

(一)可能的创新点

本书立足于经济法国家干预的基本立场,对较具典型意义的强制性产品认证制度领域,在风险社会背景下,从"国家—社会中间层—市场"三元分析框架之视角进行了初步探讨。

目前国内对自愿性认证和体系认证的研究较多,而对强制性产品认证制度的研究数量极少,且总体偏重于微观层面的制度介绍及相关对策研究。在这些有限成果的探讨中,理论缺乏深刻性和系统性,制度构建不全面、不成熟。本书集中讨论了产品质量治理语境下强制性产品认证制度的一些基本理论问题及法律对策、措施,重在理论基础、研究方法的创新和制度设计科学性,在内容上可能的创新是:

1. 风险社会的来临,引发了强制性产品认证制度需求,凸显了"安全性"首要价值。本书阐释了强制性产品认证制度的历史与现实的五个动因及意义,梳理了我国强制性产品认证制度的起源与演进,对认证的词源、概念演进进行了纵向与横向的比较分析,深入探讨了认证法律关系等基本范畴，揭示出认证申请人与认证机构之间存在管理型交易法律关系，并首次从法学角度提出“认证权”的概念，初步探讨了认证权的权源、权力性质及基本特征。

2. 通过比较多个国家关于强制性产品认证制度的发展模式、基本特征、行业态势，引申出我国强制性产品认证制度创新与完善的导向、思路及基本原则。全景式梳理、考察我国认证法律渊源，从立法、执法、运行三方面，总结我国强制性产品认证制度运行存在的问题。比较《产品质量法》《认证认可条例》立法冲突情形，运用民法关于连带责任的法理，集中探讨了规制认证主体的法律方法，即连带责任是如何在认证法律关系中实现的，同时重点分析了连带责任的归责原则、构成要件等。

3. 由于强制性产品认证制度是近年来新兴的研究领域，特别是在行政审批制度“减量”改革背景下，该制度具有承接生产许可制度的替代性优势，具有更大的应用和研究价值。在考察强制性产品认证制度与生产许可制度共性和个性基础上，深入阐述强制性产品认证对生产许可证的制度互补及替代价值。从宏观方面，探讨了我国强制性产品认证制度的法律定位、合格评定法立法模式、主要内容，以及《标准化法》再修订的总体思路及重点。从微观方面，拓宽了强制性产品认证机构的规制工具，包括信息披露、行为规制，并对黑名单制度专家责任等进行制度再造。

（二）研究的不足

1. 目前，有关强制性产品认证的法律研究成果总体上较少。在具体研究中，资料收集、研究范式、研究方法甚至是结构布局等方面的现实困扰，直接影响了研究的进度和深度。囿于外语能力的限制，对德国、俄罗斯、日本、韩国等国的资料大部分使用二手资料，这在某种程度上影响了对认证具体细微制度的深入观察。加上强制性产品认证是一个事务性、技术性很强的生产和服务活动，尽管广泛调研行业内专业人士，但对于认证行业及制度的本质认识还不是很深刻，这或许多多少少会影响对“真问题”的发掘和思考。

2. 另外一个困扰是，从经济法角度探讨具体技术法规领域中的一个专门问题，一方面，如何体现研究的专业（经济法）味道，如何运用好主流学科研究范式，是研究中面临的最大困难。另一方面，目前学界关于经济法与民法的“法律责任”之宏观研究较为丰富,但进一步深入经济法中的连带责任与民法中的连带责任比较研究,相关文献很少。一般而言,连带责任是民法的传统责任形式,从经济法角度进行探讨,既要体现民法研究的传统知识,又要超越民法体现经济法的个性,此外民法中的连带责任研究尚未完全取得共识,这不能不说是一个较大的挑战。

3. 由于强制性产品认证领域的问题相当复杂,涉及经济、科技、国际贸易、事业单位改革、许可审批制度等社会经济生活诸多领域,且与国际经济法中的技术贸易壁垒、互认机制关系紧密,加上数量庞大的技术规范、实施规则和行政规范性文件,学者对此问题的研究还非常薄弱。总而言之,由于欠缺深厚的学术传统和知识累积,使研究工作遭遇了很大的困难。加上由于本人的知识、经验和能力有限,这在某种意义上限制了研究的深度。强制性认证其本身过于实务和侧重操作性,在满足和体现学术思想的深刻性等方面阻力重重。强制性产品认证较多地体现的是国家的干预意志,在本质上属于第三方认证制度的内容。一者,在内容上,第三方认证包括自愿性产品、体系、服务等认证,把强制性产品认证法律制度作为研究对象,范围上具有一定局限性,在研究弹性方面不如第三方认证制度;二者,为体现学术研究的完整性,得兼顾认证在实际社会经济生活中的运行及其规范化,这使本书的研究成果可能看上去不像一个非常传统标准的经济法学研究。

第一章 强制性产品认证制度的内涵与理论基础

现代意义的强制性产品认证在一些发达国家已发展100多年，它既是社会生产专业分工和市场经济发展到一定阶段的产物，也是产品质量市场治理体系中的重要组成部分。认证治理的好坏，直接关乎国家经济社会健康发展、社会整体信用的型塑。在现代市场经济体制下，强制性产品认证是大多数国家克服市场失灵的一种基本手段，在干预经济发展过程中发挥着非常重要的作用。然而，就强制性产品认证的起源、概念、本质、基本特征、主体法律关系、在经济法中的地位等基本理论范畴尚未在学界取得共识，认证权的内涵也尚未引起应有的重视和研究。开篇对强制性产品认证制度进行一个基础性的研究显然很有必要，这将为本书作一个基础性的铺垫。

第一节 风险社会对认证的制度需求

一、强制性产品认证的制度背景

19世纪下半叶，随着人类发明了蒸汽机、汽油机和柴油机，接着出现了电，进而产业了标准化的工业，这些因素极大地推动了当代工业化大生产的产生与发展。① 随之带来的是锅炉爆炸和电器失火等大量灾难的发生，加上产品的结构性能日趋复杂，在这种情况下，“供方声明”变得不可靠。而买方识别能力不高，也很难判定产品质量、安全性能。

① 何永正：《国际标准检测认证——我国机电产品进入国际市场的必由之路》（上），载《信息技术与标准化》2004年第8期。

随着检测技术的发达,由第一方(卖方)自我评价和第二方(买方)验收评价的评判机制开始转向通过独立于供方与买方的第三方来证实产品性能。通说认为,现代认证制度发轫于英国,1903 年英国工程标准委员会为了鉴别钢轨是否符合标准,第一次使用“风筝”标志,以证明标有该标志的钢轨是合格品。1919 年英国政府制定的英国《商标法》明确规定,指定由第三方(标准化组织)对产品检验符合标准后,方可使用“风筝”标志。1922 年按英国《商标法》注册的“风筝”标志,成为世界上第一个受法律保护的认证标志,从而正式标志了强制性产品认证制度的产生。[①] 随后,德国、丹麦、奥地利、瑞典、法国、比利时、加拿大、美国、俄罗斯、印度、韩国等国都开始使用本国产品质量认证标志,建立了本国的认证认可体系。

总体上,认证是随着经济贸易中的质量保证活动和消费者权益保护运动的兴起而发展起来的,并逐步得到各国产品质量责任法律的确认。从世界范围来看,认证实践与制度的演进可分为三个阶段:(1)1903~1945 年的起步发展阶段。这一阶段呈现国别性的特征,由本国标准学会、协会或政府授权实施强制性产品认证。1930 年以后,一些工业化国家纷纷建立了以本国法规和标准为基础的国家认证制度,同时针对质量安全风险较高的产品强制推行产品认证制度。这一阶段,认证类型仅限于产品认证,也仅限于工业国家内部。(2)1945~1979 年的区域认证阶段。这一阶段随着西欧区域统一市场、欧洲经济共同体及欧洲标准化委员会的建立,以及区域经济与贸易的发展,区域标准化和区域认证取得同步发展。关税与贸易总协定(General Agreement on Tariffs and Trade, GATT)的影响,国际标准化组织(ISO)于 1971 年成立了认证委员会,并于 1985 年更名为合格评定委员会(International Organization for Standardization /Committee on Conformity Assessment, CASCO),开始技术协调各国认证制度,促进在检验结果方面的相互认可机制,以最终消除重复检验及各国由于标准、检验、认证差异所带来的贸易困难。1976 年,国际电工委员会(International Electrotechnical Commission, IEC)建立了电子元器件质量评定体系(International Electrotechnical Commission

① 洪生伟主编:《质量认证教程》,中国标准出版社 2008 年版,第 5 页。

Quality Assessment System for Electronic Components, IECQ)和电工安全认证组织(International Conformity Assessment Schemes for Electrotechnical Equipment and Components, IECEE),开始实行符合 EN 标准(European Norm)的合格认证制度,经认证合格的颁发 CE 认证标志。[①] 这一时期,认证模式多样化但不统一(以 8 种模式为基础),各国认证形式也不统一,由此引发了壁垒效应。欧美各国除了在本国范围内推行认证制度,开始以区域标准和法规为依据,通过国家认证机构互相签订双边或多边认证互认协议,实行区域认证制度。(3)1979 年至今的国际认证阶段。20 世纪 70 年代以前,GATT 经过五轮谈判以关税减让为主要内容的谈判已把国际贸易中的关税壁垒削减到较低水平,但一些国家为了保护本国利益,转而利用标准、技术法规、标签、许可证、认证制度等技术壁垒设置新的贸易障碍。而由于各国技术法规、标准和认证的程序、内容、要求不同,客观上对国际贸易造成了较大的限制,加上重复检验、检查、认证,给企业带来了沉重的负担。1979 年 GATT 成员签订了《贸易技术壁垒协议》(Agreement on Technical Barriers to Trade, TBT), GATT 第八轮谈判即乌拉圭谈判(1987~1993 年)修订了 TBT,鼓励各缔约方参与相互合格评定程序,修订后的 TBT 成为 WTO 的重要贸易规则。TBT 的实施促进了国际标准的制定与实施及国际认证体系的建立和运作。同时,国际非政府组织 ISO 高度重视合格评定的国际互认对促进国际贸易的重要性,从 1985 年开始,其研究和制定了指导建立国际认证体系的标准和指南。这一时期,各国开始以国际标准和准则为依据进行国际认证制度,如电工产品安全认证制度,区域、国际互认活动活跃。认证对象从产品转向体系及人员认证方向发展,促使各国政府使用认证手段促进经济和社会发展。

二、强制性产品认证的制度动因与意义

(一)利益冲突缓解之需要

随着自然经济的解体和工业革命时代的来临,特别是在社会化大生

① 《认证制度的发展背景是什么?我国认证工作的现状如何?》,载《标准计量与质量》1994 年第 4 期。

产条件下，私人领域的经济关系发生重大变化，其中之一便是经营者与消费者身份的分离和相对固定化。从经济学角度，产品可分为经验产品和非经验产品，经验产品只有消费者使用了才会知道其性能和安全性。人类探知未来的欲望和趋利的市场驱使科学技术日新月异，反映在消费领域，直接导致消费品的多元化和多选择性，这就使产品内在安全性及可靠性的评估成为必要和可能。认证是一项技术服务活动，没有技术的认证不可能真正得到认证申请方的信赖，技术也造就了专家阶层。经营者掌握产品或服务的质量、性能、结构、材料、渠道、价格等信息，除非经营者主动提供，否则“不在场”的消费者往往难以获得或需要花费很高的成本才能获得。对消费者而言，认证消费实质上也是一种广告文化增值与符号消费，在某种意义上，认证消费成了功能化的符号性存在。[①]从符号学的理论来说，认证产品建立了一系列的意义体系，其在这一套意义体系中充满了符号价值及内心满足。

认证存在的目的就是减少市场的交易成本。丹尼尔·F. 斯普尔伯(Daniel F. Spulber)通过考察建立在中间化交易与直接交易比较基础上的一个纯粹交换经济，认为中间层产生的根本原因是节约交易成本，其中间层概念也包含认证机构等经济组织，即经由市场中介组织的交易节约了交易成本。就认证付费模式而言，表面上是产品提供者付费，实际上这种费用会平均化到产品使用者身上，然而这一模式却从总体上降低了每个消费者的产品搜寻成本。在信息不对称条件下，经营者总是倾向于不提供对其不利的产品相关信息，而消费者往往对经营者提供的误导性或虚假信息缺乏鉴别能力，或者要花费高昂的时间成本和鉴别成本。这样，经营者与消费者围绕产品或服务信息就产生了利益冲突。这种冲突，就其权利实质而言，表现为经营者的经营权与消费者知情权的对抗。通常而言，认证要依据一定的认证程序规则、认证标准对经营者的产品、服务、体系的品质进行客观评价和鉴定，从而有效缓解经营者与消费者的信息不对称，得到消费者的心理认同，促进消费决策的形成。比如，相对于供方申明合格的产品，欧洲消费者对加贴 CE 标志或 SGS、BSI

---

① 宋德孝：《美丽的符号化及其拜物教本质——鲍德里亚论消费社会语境中的“美丽”》，载《理论与现代化》2009 年第 3 期。

British Standards Institution,英国标准学会等权威认证标志的产品有种天然的信赖。

(二)风险和损害预防之需要

现代社会与传统社会不一样,现代社会转化为以技术为中心的新型社会,同样,也体现标准化生产特征。① 一方面,技术专利逐渐成为最重要的财富,人类越依赖技术,反过来也越容易为技术所控制、奴役和伤害;另一方面,技术极大推动现代工业文明的同时,造成了环境污染等外部性。产品技术的发达有利于标准的更新进步,然而由于标准本身的周延性、标准自身的瑕疵性,产品的国家标准、行业标准并不能排除产品的危险性。王泽鉴认为,在面对危险活动的时候,通常受害人有结构上的弱点(structural weakness)。一方面,他们很难获得充分证明来证明加害人的过失;另一方面,从司法角度,认定此类案件的因果关系也变得不容易。②

关于风险的研究成果主要集中在社会学领域。"我饿"是阶级社会的推动力,"我怕"则是风险社会的驱动力。③ "我怕"是现代社会人们基于风险不确定性环境下对自身安全的焦虑和担忧。正如19世纪封建社会的结构被消解产生了工业社会一样,现代化正在消解工业社会,④并形成一种崭新形式的"风险社会"。⑤ 一方面,现代社会的风险与传统社会的自然风险相比,更具有快速性、不确定性、大规模等特点,破坏力大而不可预测。另一方面,现代社会的风险来源和形式更多元化,不仅有技术导致的风险,还有环境风险、法律风险等。现代风险已经彻底改变了现在、过去和未来的关系,不再是过去决定现在,而是未来的风险决定我们今天的选择。⑥ 正如有学者所言,在人类工业化进程中,风险更容

① 张平华:《社会转型与侵权责任法发展趋势》,载《人民法院报》2009年9月1日,第6版。

② 王泽鉴:《侵权行为法(第二册):特殊侵权行为》,作者自版,2006年,第285~286页。

③ [德]乌尔里希·贝克:《风险社会》,何博闻译,译林出版社2004年版,第57页。

④ 陈家刚:《风险社会与协商民主》,载《马克思主义与现实》2006年第3期。

⑤ [德]乌尔里希·贝克:《风险社会》,何博闻译,译林出版社2003年版,第9~10页。

⑥ [英]安东尼·吉登斯:《现代性与自我认同》,赵旭东、方文译,生活·读书·新知三联书店1998年版,第4页。

易社会化,甚至在某种意义上,风险会演变成大的政治问题。① 产品技术性风险往往不可估量,明显的或潜在的多数原告遭受大规模侵权所引发的后果可能会使我们的法律体系不堪重负。② 反思工业化带来的风险,谁来预防、控制和承担风险后果?就控制风险的制度化措施与实施主体而言,国家及专业认证组织是社会正义与安全的守护者。认证机构的技防手段的运用可有效识别和降低产品风险,增强民众消费信心,尤其是在安全性要求较高的强制性产品认证和测试方面,其对风险社会的回应和克服可以从产品认证和体系认证两个方面进行阐释,产品认证侧重安全性能保障,而体系认证更多地侧重风险要素和过程控制。③

(三)承接政府简政放权之需要

根据政府"俘获"理论,政府"道德人"转向"经济人"的人性假设在一定意义上论证了政府不可靠性和有限理性、无限政府转向有限政府的必要性,即政府不是万能的,须对政府进行"瘦身"和再造,将政府做不好的、不能做的逐步转移给社会和市场。这对于构建政府管理与社会自治相结合的社会共治,最大限度地调动各方面积极性,从而激发社会内在活力,具有重要意义。按照国际惯例实施强制性产品认证制度,从源头上建立质量长效机制,抓原料、抓生产、抓体系,杜绝存在安全隐患的产品出厂、进口,为消费者使用健康、安全的产品提供保证,是国家意志

---

① 薛晓源、周战超主编:《全球化与风险社会》,社会科学文献出版社 2005 年版,第 65 页。

② [美]约翰·莫纳什、劳伦斯·沃克:《法律中的社会科学》,何美欢等译,法律出版社 2007 年版,第 151 页。

③ 在工业品领域,电焊机产品的合格率由实施认证前 2001 年的 56.5%提升到 2010 年的 94.7%;灯具产品的合格率由 2002 年的 32.7%提升到 2010 年的 81.9%;拖拉机产品在实施 CCC 认证之前,普遍缺乏安全防护部件,每年均有驾驶员死亡的恶性事故,实施认证后得到有效控制;在食品农产品领域,通过推行无公害农产品、绿色食品、有机产品等认证,在食品农产品生产加工和销售全过程采用符合安全、卫生、健康要求的生产方式和技术,消除安全风险因子,从而有效保障了食品安全。ISO9000 认证是体系认证中运用最为广泛的质量管理工具,2010 年我国获得该认证的企业,其产品抽查合格率达 96.7%。在一些认证公司的广告宣传语中,也可得出认证风险防控的价值,比如,广东中鉴认证有限责任公司的经营方针是"防风险,保质量、稳运营,谋发展"。上述事实凸显了风险社会视域下,认证在提高企业质量管理水平、预防侵害风险、维护消费者权益、引导产业转型升级、促进经济与资源环境可持续发展的特殊价值。参见国家质量监督检验检疫总局主编:《中国质检工作手册 认证认可监管》,中国质检出版社 2012 年版,第 7 页。

的体现。政府的财力、管理和技术资源有限,面面俱到的“撒胡椒粉”式管理在现实中是不可能做到的。政府部门在立法、制定和实施公共政策和实际监管中,可在行政审批、政府采购、招投标中积极倡导和采信第三方的认证结果,这能够促进决策与监管的科学、公正,有效降低行政成本,分散行政风险。在商事登记改革背景下,简政放权的目标和宗旨在于激发和释放市场内驱力,重塑和划定政府与市场的关系和边界。认证是政府置入的一个重要的变量,其较稳妥地承接了政府的规制职能,这对于深化行政管理体制改革、提高行政效能、预防腐败将具有重要意义。

在本质上,政府是公共利益的代言人和守护者。然而,政府放松监管和下放许可审批并不等于放手不管、自由放任。在“大社会,小政府”的愿景和目标下,在产品质量的监管上,认证恰恰起到了承上启下发挥社会组织“自我规制”的作用。中共中央《关于制定国民经济和社会发展第十三个五年规划的建议》指出,放宽市场准入,推动生产性服务业向专业化和价值链高端延伸,推动制造业由生产型向生产服务型转变。政府管理“命令—服从”模式正逐步转化为“合作—服务”模式。认证组织与政府的“合作伙伴关系型”治理必将带来治理绩效的提升。强制性产品认证制度顺应了“放、管、服”要求,由政府部门、认证机构和经营企业三方共同参与,改变了传统的政府监管模式。[①]

(四)破除技术贸易壁垒的需要

绿色运动、劳工标准、技术壁垒、反倾销、反补贴等正在构筑阻碍自由贸易发展的“铁丝网”,其中,“贸易的技术壁垒是国际贸易保护主义的最后庇护所,是调节当今国际贸易的杠杆”[②]。破除技术贸易壁垒乃进出口工商业抵制新贸易保护主义及 WTO 背景下贸易便利化最迫切的现实需要。新贸易保护主义理论不同于传统的贸易保护主义理论,它积极倡导以人为本,强调人与自然、社会和谐发展,注重贸易的人文导向。[③] 美国次贷危机以后,新贸易保护主义呈现领域广、多样性和复杂

① 丁耀平:《以市场准入推动政府职能转变——从法律角度透视强制性产品认证制度》,载《中国质量技术监督》2014 年第 1 期。

② [英]桑德斯主编:《标准化的目的与原理》,中国科学技术情报研究所译,科学技术文献出版社 1974 年版,第 7 页。

③ 李轩:《西方新贸易保护主义理论述评》,载《当代经济研究》2007 年第 5 期。

性的特点,其主要形式除反倾销、知识产权壁垒外,还包括技术壁垒、绿色壁垒、蓝色壁垒等。在 WTO 限制关税壁垒和非关税的贸易保护措施之后,WTO 各成员积极寻求隐蔽性更强的贸易保护措施。欧盟、美国、日本等发达国家和地区及其跨国公司发生滥用 WTO《技术贸易壁垒协议》立法宗旨的情形,往往是利用技术标准优势,在合格评定程序方面做手脚,采用超过 ISO/IEC 等国际组织制定的"平均性"的国际标准,选择性实施贸易保护。①

后金融危机时代,全球经济结构、经济格局将进行深度调整和重组,美国、德国等发达国家根据危机的教训提出"再工业化",即在国民经济结构中提高制造业比重。企业积极申办 CCC、ISO、SA8000(Social Accountability 8000 International standard,社会责任标准)、CE、UL(Underwriters' Laboratories,美国安全试验所)、CSA(Canadian Standards Association,加拿大标准协会)、JIS(Japanese Industrial Standards,日本工业标准)等认证,通过互认机制,不但可以直接跨越技术贸易壁垒、占领国外市场,还可以减少检验成本。经济学从市场失灵的角度出发,认为政府干预认证制度有"突破国际技术贸易壁垒,促进国际贸易发展"的功能。②

从制度实现的目标角度,认证能减少政府执法压力。政府监管众多的企业可转化为监管少数的认证机构,从而提高监管效率。然而,认证对质量监督和行业引导是补充性的,而非完全的替代,因此必须发挥政府的宏观调控功能。对消费者而言,认证除减少损失、降低消费成本之外,还有增加福利的功能,通过强制性产品认证,可以降低市场出现低质产品和次品的概率,消费者得以享用具有更好品质的产品和服务。③

---

① 邹钧:《金融危机后中国应对技术贸易壁垒的法律对策——兼论"低碳技术贸易壁垒"》,载《行政与法》2010 年第 11 期。

② 梅虹:《认证制度的经济学分析》,复旦大学经济学院 2005 年硕士学位论文,第 20~21 页。

③ 据美国环保署数据表明,2009 年,由于广泛使用和选择具有"能源之星"标志的产品,美国消费者共节约高达 170 亿美元的成本。《UL 获准成为美国能源之星计划官方指定第三方认证机构 为制造商提供产品安全和能效的一站式认证服务》,载《家用电器》2010 年第 7 期。

第二节　强制性产品认证制度的法理内涵

一、强制性产品认证概念之界定

《辞源》中未能查询到关于“认证”的词义。[①] 据清代兽医学专著《活兽慈舟(黄牛)》载,“若使火燥辛热之药,终毙牛命,故认证用药宜分明阴阳,观形察色,详审虚实宜用泻心汤”,此“认证”应有“辨明”“鉴别”“选择”之意。《汉语大词典》对认证的定义是“辨认并证实”。[②] 认证(certification)原意是指一种出具证明文件的合格评定活动,其具体的定义和内涵在不同时期表述呈现差异。由桑德斯(T. R. B. Sanders)编著的《标准化的目的与原理》(*The Aims and Principles for Standardization*)指出:“一个有资格的、独立的机构所作出的,或是在这样一个机构的监督下作出的,说明某种货物是符合某种标准的保证。”[③]1983 年版《标准化、认证与实验室认可的一般术语及其定义》对认证的定义是:“用合格证书或合格标志证明产品或服务符合特定标准或其他技术规范的活动。”这一定义将认证等同于合格认证之义,未定义认证的主体及性质。1986 年版《标准化和相关活动的通用术语及其定义》将其定义修正为“由可以充分信任的第三方证实某一经鉴定的产品或服务符合特定标准或规范性文件的活动”,这一定义以第三方替代了先前的“用合格证书或标志”,扩大了产品合格概念的外延,进一步限定了认证的主体,以认证的本质特征取代了认证的形式特征。[④] 1991 年 ISO/IEC 重新界定了认证的含义,即“第三方依据程序对某些产品、过程或服务符合规定的要求给予书面保证”,此定义扩大了认证的对象,揭示了认证的功能,体现

---

① 商务印书馆编辑部,广东、广西、湖南、河南辞源修订组编:《辞源》,商务印书馆 1983 年版。

② 罗竹风主编:《汉语大词典》(第 11 卷),汉语大词典出版社 1993 年版,第 255 页。

③ [英]桑德斯主编:《标准化的目的与原理》,中国科学技术情报研究所译,科学技术文献出版社 1974 年版,第 85 页。

④ 李昌麒主编:《产品质量法学研究》,四川人民出版社 1995 年版,第 173 页。

了认证的第三方担保的属性。1996 年版《标准化和相关活动的通用词汇》对认证的定义是“第三方提供产品、过程或服务符合规定要求的书面保证所依据的程序”。国家标准 GB/T 27000《合格评定 词汇和通用原则》(等同采用 ISO/IEC 17000)和 GB/T 27011《合格评定 认可机构通用要求》(等同采用 ISO/IEC 17011)对“合格评定”的定义是“提供证明有关的产品、过程、体系、人员和机构满足特定要求的活动”,这一定义涵盖校准、检测、检验、认证以及对合格评定机构的认可,不仅包括第三方认证,还包括第一方、第二方质量保证活动。WTO/TBT 协议对“合格评定程序”的定义为“任何直接或间接用以确定是否满足技术法规或标准中相关要求的程序”,[①]同时给出解释性说明,“合格评定程序特别包括:抽样、测试和检验;评价、验证和合格保证;注册、认可和批准以及各项的组合”。TBT 协议的定义源自 ISO/IEC,但两者区别在于:首先,前者不包括服务领域,而后者合格评定涵盖产品、过程和服务;其次,TBT 协议的“合格评定程序”的“评定”除标准的符合性之外,更重要的是技术法规的符合性,ISO/IEC 的合格评定更关注标准符合性,将“合格评定”表述为“是否满足相关要求的活动”,而 TBT 协议的“合格评定程序”是指用来规范合格评定活动的一套规则。[②] 合格评定机构通常包括从事认证的认证机构、从事检测的实验室和从事检查活动的检查机构。从事认可活动的机构称为认可机构,认可机构通常因为政府授权而具有权威性。认可活动在性质上也属于合格评定活动,但认可机构不属于合格评定机构。[③] 我国《认证认可条例》第 2 条把认可与认证均视为合格评定活动,[④]ISO 合格评定委员会(CASCO)颁布的指南性文件是规范合格评定制度的基础。有人认为,合格评定是对产品等客体标准符合性进

① 《TBT 协议》附件 3:《关于制定、采用和实施标准的良好行为规范》。

② 李玫、赵益民:《技术性贸易壁垒与我国技术性法规体系的建设》,中国标准出版社 2007 年版,第 9 页。

③ 中国合格评定国家认可委员会编著:《认可本质与作用》,中国标准出版社 2010 年版,第 5 页。

④ 《认证认可条例》第 2 条规定,本条例所称认证,是指由认证机构证明产品、服务、管理体系符合相关技术规范、相关技术规范的强制性要求或者标准的合格评定活动。本条例所称认可,是指由认可机构对认证机构、检查机构、实验室以及从事评审等认证活动人员的能力和执业资格,予以承认的合格评定活动。

行确认的一组活动，是标准化活动中的“化”字，国家技术基础借助于国际标准化组织、合格评定委员会(CASCO)规定的各种国际标准和指南，实现标准全球一致性，从而推动世界范围的贸易。① 合格评定的概念是一个不断发展的历史概念，其外延不仅包括认证，而且包括检测、检查与认可，其源于认证，是认证概念的发展与扩大。ISO/IEC 对认证定义的演变，是从形式特征到本质特征的揭示，说明了认证活动本身功能和内涵的变化。

随着认证活动从行政主导到逐步社会化的变迁，我国立法对认证的定义，也经历了从局部条款、法律确认到综合立法规范的衍变过程，认证制度也从自愿性“单轨制”发展到强制性与自愿性“双轨制”。我国《标准化法》(1988 年)第 15 条规定，对产品有国家标准或者行业标准的，企业申请认证有两个途径：可以向国务院标准化行政主管部门，也可以向授权的部门递交认证申请。《产品质量认证管理条例》(1991 年，已失效)第 2 条将“产品质量认证”定义为：认证机构依据产品标准和相应技术要求确认并通过颁发认证证书和认证标志，来证明产品技术标准符合性的活动。我国《产品质量法》(1993 年)第 14 条进一步确立了“质量体系认证制度”“产品质量认证制度”，第 21 条规定认证机构要依标准，客观公正出具检验结果或者认证证明，但该法未对认证概念加以界定；坚持认证制度的自愿原则，将质量体系认证明确地与产品质量认证并列的独立认证模式，把原《标准化法》中两个申请对象改为这些部门认可的机构，由此，向真正第三方认证跨出了一大步。2001 年，国家质检总局出台了《强制性产品认证管理规定》，正式建立和实施 CCC 制度，并统一了产品目录、规则程序、认证标志和收费标准。2003 年《认证认可条例》第 2 条规定进一步扩大了认证对象，明确了认证的依据，第 14 条规定“认证机构不得与行政机关存在利益关系”，在表述上与《产品质量法》规定的“中介机构”的定性略有不同。从法政策解释学的角度，《认证认可条例》作为“新法”和“后法”，在推进事业单位和国有企业改革背景下，其规定更有包容性。

进而有学者概括，认证是指“由独立于供方和需方的、具有权威性和

---

① 沈云交：《合格评定概述》，载《世界标准化与质量管理》2005 年第 7 期。

公信力的第三方依据法规、标准和技术规范对产品、体系、过程和人员进行合格评定，并通过出具书面证明对评定结果加以确认的活动和程序”。[①] 朱一飞等编著的《标准化法教程》直接援引了《认证认可条例》的立法定义。李春田主编的《标准化概论》认证制度一节中未给认证下定义，只是就产品认证和管理体系认证分别作了一般性描述。[②] 定义是将事物呈现并描述出来，是认识主体使用判断或命题的语言逻辑形式。上述定义体现了认证主体对认证客体的技术评价及认证本身内涵的符号价值，认证作为一个过程，还应包括后续的监督，故此定义不周延。

认证的定义，必须结合认证活动的特点和规律深入分析。认证既是一个合同行为，受合同法调整，又是一个履行社会责任的规制行为，受专门法调整。从法律权利义务与责任的角度考量认证活动的强制性与自愿性并存的特点，认证可定义为：具有权威性和公信力的第三方组织履行认证合同，对产品、服务和管理体系符合技术性法规、标准或相关技术规范要求出具书面证明，并承担法定责任的活动。《强制性产品认证管理规定》第2条未对强制性产品认证进行定义，只强调了“强制性”的“必须”。[③] 从世界范围内认证的概念演变看，认证以自愿性为原则，以强制性为例外。相应地，强制性产品认证的定义可归纳为，具有权威性和公信力的第三方组织依据一定认证规则和程序，履行认证合同，对风险性高、社会危害性大的产品进行符合技术性法规、标准或相关规范要求出具书面证明并承担法定责任的活动。在产品准入制度差异比较方面，有学者认为，生产许可制度中的强制性以政府直接干预为前提，体现对生产者的宏观调控；前者属于行政干预，后者属于法律干预。[④]

① 刘宗德：《认证认可制度研究》，中国计量出版社2009年版，第18页。

② 产品认证是指第三方认证机构提供产品符合规定标准或技术要求的书面保证所依据的程序，而管理体系认证是指由认证机构依据公开发布的管理体系标准，遵照相应认证程序要求，对供方的管理体系进行科学公正的评价，由认证机构颁发管理体系认证证书，并实施监督的活动。参见李春田主编：《标准化概论》，中国人民大学出版社2010年版，第173~176页。

③ 为保护国家安全、防止欺诈行为、保护人体健康或者安全、保护动植物生命或者健康、保护环境，国家规定的相关产品必须经过认证，并标注认证标志后，方可出厂、销售、进口或者在其他经营活动中使用。

④ 胡光志：《工业产品生产许可证制度存废之探析》，载《现代法学》1996年第1期。

从理论上讲,只要政府部门监管好总数较少的认证机构,认证机构监管好总数相当庞大的经认证的产品及生产者,便可形成更合理的层级化管理。《认证认可条例》第14条规定,认证机构不得与行政机关存在利益关系,不得接受任何可能对认证活动的客观公正产生影响的资助,不得从事任何可能对认证活动的客观公正产生影响的产品开发、营销等活动,也不得与认证委托人存在资产、管理方面的利益关系。根据《产品质量法》《认证认可条例》《强制性产品认证管理规定》等法律规范的要求,认证机构负有对经过本机构认证的产品及生产者实施跟踪调查的义务,有权对不能持续符合认证要求的产品采取暂停直至撤销证书的处理措施,这就形成了对列入目录产品质量监督的第三方监管模式。① 故而,强制性认证机构必然是行政机关与经营企业之外的社会第三方机构。强制性产品认证制度指政府(或国家)为了克服市场失灵,实现某种公共政策,指定(授权)特定认证机构依据一定认证规则和程序,对高风险产品及市场主体进入市场实行间接干预的法律规范的总称,体现了认证活动中"契约"性质及国家干预对认证活动的限制意蕴。

二、强制性产品认证法律关系探析

在宏观上,认证法律关系包括认证交易关系、认证竞争关系、认证监管关系和认证信赖关系,相关主体为认证企业、认证机构、以消费者为代表的利益相关人、认证监管机关。这四种法律关系共同作用于认证有效性的有无与大小,任何一种关系都会影响其他关系,其中认证交易关系和认证竞争关系是基础性关系,交易主体间的权利义务的真实实现决定

① 2001年版《强制性产品认证管理规定》第18条规定:"指定认证机构应当按照具体产品认证实施规则的规定,对其颁发认证证书的产品及其生产厂(场)实施跟踪检查。"这已经向CCC认证机构提出了需要对经过认证的产品及其生产者实施跟踪检查的法律要求。2009年重新修订后,第17条进一步细化了CCC认证机构的跟踪检查要求:"认证机构应当通过现场产品检测或者检查、市场产品抽样检测或者检查、质量保证能力检查等方式,对获证产品及其生产企业实施分类管理和有效的跟踪检查,控制并验证获证产品与型式试验样品的一致性、生产企业的质量保证能力持续符合认证要求。"而在《认证认可条例》第27条和《产品质量法》第21条第2款中同样也有相应的要求。同时,《认证认可条例》第60条第1款第3项还规定了认证机构未履行该法规第27条规定职责的处罚措施,强化了认证机构的法律责任。

了认证证书的含金量和经济及社会发展的质量、水平。在本质上，法律关系是指法律主体受法律规则所调整和支配的权利义务关系。强制性产品认证法律关系主体可分为政府、认证机构、认证申请人（以企业为主体）、认证证书依赖人（以消费者为主体），如图 1-1 所示。

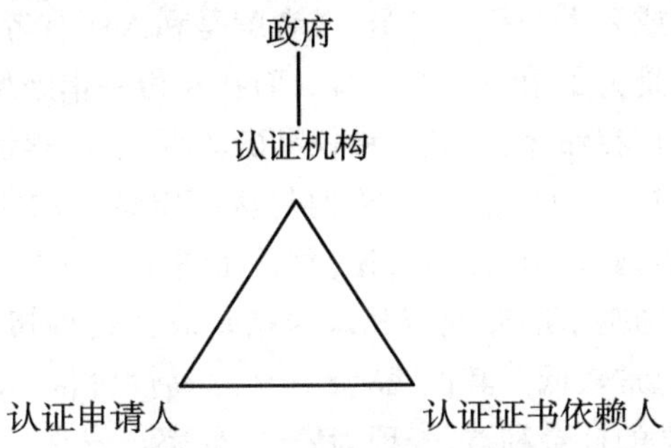

图 1-1　认证法律关系基本架构

（一）认证申请人与认证机构的管理型交易法律关系

法律关系是以权利义务为内容的社会关系，认证机构具有权利、义务内容的复合性，在认证申请和受理、型式试验、工厂审查、抽样检测、认证结果评价和批准及证后的监督、暂停或撤销认证证书和要求认证申请人停止使用认证标志等方面，既体现一定的权利性质，又体现一定的义务性质。认证机构的义务主体，除认证申请人之外，还有认证证书依赖人及政府。认证机构与认证申请人之间的关系是确定承担法律责任的前提和基础。“信托关系说”认为，认证机构处于承担着与银行相类似责任的信托人和受托人的地位。① “专业信用服务说”认为，认证机构提供的是专业性信用信息服务。② “信托关系说”并不适用于认证申请人与认证机构的关系，基本原因在于两者客体不同，信托的客体一般是物，而认证关系体现为认证行为及物化的认证标志。“专业信用服务说”只简单体现了认证的信用担保功能，忽略了认证证书或信息的第三人的地位和利益。研究制度经济学的爱伦・斯密德（A. Allan Schmid）教授根据交易主体的地位、权利结构、互惠性程度把市场交易类型分为谈判型、

① Lonnie Eldridge, “Internet Commerce and the Meltdown of Certification Authorities: Is the Washington State Solution a Good Model?”, *UCLA Law Review*, Vol. 45, 1998, p. 1806.

② 张楚：《电子商务法初论》，中国政法大学出版社 2000 年版，第 392 页。

管理型和身份—捐赠型。谈判型交易关系的特点是,交易各方在法律上是平等的,"既包含着制衡,又包含着认同",允许双方讨价还价。管理型交易的双方在法律上并不平等,"涉及某种权威,其占有者在交易方机会集所决定的范围内具有决定权,拥有这种权威的人可以是立法官员、警察官员、公共或私人的行政官员,或者就是私人所有者"。尽管牵涉两方,但指令常常是为了第三方的利益。而在身份—捐赠型交易中,"既不存在出价,又不存在命令,它是一种权利的单项运动,根源在于提供者的仁爱与助人习惯"。① 诚然,认证机构与认证申请人的关系完全可以适用管理型交易类型,理由有三:首先,两者在法律地位上具有实质上的不平等性,认证机构基于法律规定和政府指定。在这种情形下,认证申请人的议价能力通常较低。其次,认证具有工具性价值,真正目的是政府为了经济法意义的社会利益,表现为安全、效率与发展价值。最后,认证机构根据法律规定的监督义务实质上是政府市场规制权的"转委托"。认证申请人与认证机构的法律关系是在"契约自由"下的形式平等,是一种私法调整关系,若认证机构没有履行或不当履行合同,则认证申请人可以追究其违约责任,反之亦然。但这种合同关系与一般的买卖合同在标的、义务和责任分配方面存在较大差异,管理型交易的特点决定了合同的不平等性。

(二)认证证书依赖人与认证机构的法定信赖关系

"附保护第三人利益的合同关系说"认为,认证法律关系是涉及第三人利益的服务合同关系,属于德国法"附保护第三人作用之契约"和美国法"利益第三人担保责任之契约"。② 质言之,认证机构与认证申请人签订认证合同后,当事人之间产生权利义务关系,而且认证机构还对认证证书依赖人(第三人)负有连带担保法律义务。若认证机构违反相关义务,认证证书依赖人可要求认证机构承担相应的赔偿责任,从而突破合同的相对性原理。然而,王泽鉴先生却认为,第三人并非泛指债权人以外之任何第三人,应限于因债务人之给付基于亲属、雇佣、劳工、租

---

① [美]A. 爱伦·斯密德:《财产、权力和公共选择——对法和经济学的进一步思考》,黄祖辉、蒋文华等译,上海三联书店、上海人民出版社2007年版,第14~25页。

② 何鹰:《我国质量认证法律制度若干问题评析》,载《南京大学法律评论》2003年第2期。

赁等具有人格法上特质之关系负有保护、照顾义务者。[①] 在权利外观上,证书依赖人与认证机构之间并不存在直接法律关系,然而认证机构之于认证证书依赖人承担责任的法理基础何在?

从经济法价值论出发,在工业风险社会中,认证制度通过权威机构对产品和体系证明及担保,保护消费安全,体现了认证的社会公益性,这也是认证机构承担社会责任的基础。民法是权利之法,坚持权利本位,体现的是形式正义;而经济法是国家干预之法,坚持社会本位,体现的是实质正义。从社会整体利益的保护与实现上,这种保护第三人利益的合同的"第三人"的范围,有必要从经济法的理念上去突破,我们无法否定认证机构与依赖人之间存在的影响与被影响的关系。"三鹿"奶粉事件导致多少无辜的幼儿失去健康和生命,祸害了多少个幸福完整的家庭!而三鹿公司是经过多家知名认证机构认证过的。在这起恶性事件中,众多认证公司怎能逃脱干系与罪罚?扩大"第三人"的范围有其法理基础和充分的正当性。从认证作用机制上看,认证机构与依赖人之间是一种基于内心确信的信赖关系。认证申请人缘何申请认证?并非完全是政府强制,也并不纯粹是为了一纸证书,本质目的是提升产品品质、获得市场认可、在同类产品销售中获得竞争优势。同时,认证机构与依赖方之间是一种法律所确定的关系,这种关系是由认证机构的法律地位及法定义务所决定的。《认证认可条例》《强制性产品认证管理规定》规定了认证机构设立的资质、业务规则、法律责任,认证机构没有履行法定义务而使依赖人遭受损失,依赖人可以依据法律请求认证机构赔偿相关损失,追究其侵权责任。[②]

政府与认证机构的关系是基础关系,认证申请人与认证机构的关系是核心关系,证书依赖人与认证机构的关系具有从属性和派生性。概括

① 王泽鉴:《民法学说与判例研究(二)》,中国政法大学出版社2005年版,第34页。

② 《认证认可条例》第62条规定,认证机构出具虚假的认证结论,或者出具的认证结论严重失实的,撤销批准文件,并予公布;对直接负责的主管人员和负有直接责任的认证人员,撤销其执业资格;构成犯罪的,依法追究刑事责任;造成损害的,认证机构应当承担相应的赔偿责任。《强制性产品认证管理规定》第56条规定,认证机构、检查机构、实验室出具虚假结论或者出具的结论严重失实的,国家认监委应当撤销对其指定;对直接负责的主管人员和负有直接责任的人员,撤销相应从业资格;构成犯罪的,依法追究刑事责任;造成损失的,承担相应的赔偿责任。

起来，在更深层意义上，政府与认证机构均是授信方，认证申请人是受信方，认证信赖人则是认证信息和认证信息所附其上产品的“双重”消费者，它们均受认证法律关系调整，并承担各自的权利和义务。

三、认证权的本质与特征

（一）认证权的本质：公权主导还是公私交融？

关于认证权的研究见诸行业协会相关论述中，行业协会因其“专业性”“技术性”“及时性”等特征，逐渐发展为标准和认证的制定者和实施者，标准认证权也成为行业协会自治权的重要内容。[①] 付小飞博士认为，认证权指行业协会依法向国家申请并获得批准后，享有的对特定的产品或者服务是否达到一定的质量标准进行确认的活动。[②] 认证权主要是一种商会、行业协会、学会等非政府组织所享有的，对本地域内、本行业内产品或服务是否达到其制定的标准进行确认的权力。[③] 上述观点大多认同非政府组织行使认证权的现象，即仅对标准的确认权，并没有揭示这种权力的权源、性质及其一般特征等。[④] 一般认为，认证机构具有准公共性、中介性、营利性三大基本特征。强制性产品认证机构处于何种法律地位？如何界定认证权？

马克斯·韦伯（Max Weber）把权力定义为“在社会交往中一个行为者把自己的意志强加在其他行为者之上的可能性”。[⑤] 从马克斯·韦伯的定义中可看出，权力是一种具有支配性力量的特殊的社会资源。[⑥] 国

---

① 鲁篱：《行业协会经济自治权研究》，法律出版社2003年版，第190~193页。

② 参见付小飞：《我国行业协会权力研究》，湖南大学法学院2010年博士学位论文，第132页。通过考察国内和国际行业协会认证现状，作者得出行业协会并不具有认证权的结论。

③ 陈晓军：《行业标准与认证中的反垄断法问题》，载《昆明理工大学学报》（社会科学版）2007年第7期。

④ 参见国家认监委认证认可技术研究所、国务院发展研究中心发展战略和区域经济研究部编著：《中国认证认可发展战略研究》，中国标准出版社2010年版，第99页。目前，社会上存在大量各种形式的“准”认证活动，不受《认证认可条例》调整，游离于监管范围之外，由行业协会等开展的准认证活动，如何加强监管，也是面临解决的迫切问题。

⑤ ［英］戴维·米勒：《布莱克维尔政治学百科全书》，邓正来等译，中国政法大学出版社1992年版，第595页。

⑥ 周旺生：《法理探索》，人民出版社2005年版，第169页。

家来源于社会,在本质上,社会权力先于国家权力,后者是前者的特殊形式。所谓社会权力就是社会主体(公民、社会团体、非政府组织)所拥有的社会资源(物质、精神资源)对国家和社会的影响力、支配力和强制力。社会权力的载体是指政府以外的各种社会组织,大体可分为营利性和非营利性,后者又称为“第三部门”(the third sector)。[①] 权力是一种社会关系,社会权力之主体要素是享有人权和公民权的社会主体,要有资源或者组织。[②] 随着权力的社会化和多元化,国家权力不再是唯一的权力主体。[③] 社会权力既有公共性,又有私属性;既有监督国家权力、参与社会治理的积极作用,也有可能扰乱社会、狭隘自利的消极倾向。有学者认为,从主体上,社会权力归属于国家与个人之间的共同体;从价值取向上,社会权力往往以公平、自由、正义等作为价值追求;从运行目标和归宿看,实现公共利益是社会权力的逻辑起点和终极目标。[④] 认证权实质上是介于公权力与私权利之间的一种社会权力,与政府分享经济治理权。总体上,认证机构的社会中间层地位与认证权的社会权属性是一致的。有学者认为,经济治理权可以有效区分经济法的基本范畴与民法、行政法的基本范畴,其是一种向下或集体性的权力,主体不限于国家,权力产生基点是社会利益。[⑤]

与行业协会相比,认证机构的权源显然不是会员的权利让渡,而是基于国家的法律认可和指定。我国《认证认可条例》第 30 条规定,列入目录的产品必须经有关部门指定的认证机构进行认证。而且这种指定是附条件的,即从事认证工作必须具备《认证认可条例》《强制性产品认证机构、检查机构和实验室管理办法》所要求的资质和条件,必须经过特定评审、公示程序,行为能力受到一定限制。指定认证机构与认证申请人基于双方自愿,签订认证有偿服务合同,从事认证审核、发证、跟踪检查活动,体现民法“私法”抽象主体的平等性和互利性,具有私权利的特

① 郭道晖:《权力的多元化与社会化法学研究》,载《法学研究》2001 年第 1 期。

② 郭道晖:《论社会权力——社会体制改革的核心》,载《中国政法大学学报》2008 年第 3 期。

③ 周永坤:《社会权力发现及理论建构》,载《东方法学》2010 年第 5 期。

④ 王宝治:《社会权力概念、属性及其作用的辩证思考——基于国家、社会、个人的三元架构》,载《法制与社会发展》2011 年第 4 期。

⑤ 鲁篱:《对经济法基本范畴的重新解读》,载《法学》2004 年第 6 期。

征，认证权具有权利的特征。“在法治社会中，权力的取得与权力行为追求的目标是与权力主体自身利益相分离的或起码应该是分离的。它追求的是外在于权力主体的利益，利益与主体行为的一致性是权利行为的属性，不是权力行为的属性。”[①]认证权具有自我受益性，其权力的强制与国家权力相比，权力能力不同，其权力来源不是全体人民或会员的权利让渡，权力的行使范围限定在法律授权的范围之内。行政执法机关实施公法行为，以国家机器为后盾，因而被指称为硬权力，前者则为软权力。在某种意义上，认证机构代替国家行使质量监督和社会信用提高职能有“公法”赋权规制的色彩，它改变了传统的政府监管方式，加入了市场因素，形成了质量监督的第三方监管模式。《强制性产品认证管理规定》(2002 年施行)第 18 条规定了指定认证机构要对认证产品及其生产场所实施跟踪检查的法律义务，[②]《强制性产品认证管理规定》(2009 年修订)第 17 条进一步细化了 CCC 认证机构的跟踪检查要求。我国[③]《认证认可条例》第 27 条和《产品质量法》第 21 条第 2 款也有相应的要求。该条例第 60 条第 1 款第 3 项还规定了认证机构未履行第 27 条规定职责的处罚措施。从形式上看，认证机构与认证申请人具有民法上法律地位的抽象平等性，认证申请人可自愿选择认证机构。但管理型交易关系决定了两者法律地位的不平等性，因为认证是国家法律强制性的，不认证就违法和受到处罚，且可供选择的指定认证机构数量有限。在这种情形下，认证申请人议价能力非常有限，对认证机构的抽租不法行为只能屈从和配合。而且，认证对自身不仅没有坏处，还可打开市场方便之门，从这个角度也说明了认证权具有一定的权力属性。

有学者认为，在法的社会化影响下，应类型化构建经济法权利主体，质量检验认证机构等中介组织是除“市场活动主体”“经济管理主体”之

---

① 周永坤：《规范权力——权力的法理研究》，法律出版社 2006 年版，第 111 页。

② 该条规定，指定认证机构应当按照具体产品认证实施规则的规定，对其颁发认证证书的产品及其生产厂(场)实施跟踪检查。

③ 该条规定，认证机构应当通过现场产品检测或者检查、市场产品抽样检测或者检查、质量保证能力检查等方式，对获证产品及其生产企业实施分类管理和有效的跟踪检查，控制并验证获证产品与型式试验样品的一致性、生产企业的质量保证能力持续符合认证要求。

外的第三类特殊主体，探讨如何为经济法构建一套特有的主体权利范畴。[①] 从运作机理看，认证机构从事认证行为，其“契约自由”是受到一定限制的，其依据的标准、实施规则是国家制定的，体现了国家对认证行为的约束力。强制性认证是运用标准对私人自治领域的强力干预。然而，认证机构从事质量管理活动，通常不具有公共权力，却具有社会管理职能，这是认证机构区别于一般中介组织的特点和优点。政府与认证机构两者之间存在管理性、协力性、互动性的特点。认证机构与认证企业的关系存在服务性、管理性、监督性特点。[②] 这两种叠加的管理关系，反映了认证机构与政府之间在共同作用对象上的伙伴合作关系和权利制约权力关系。从认证申请人与认证机构的法律关系分析也可得出，认证权具有“公私法”交融的特质。认证权是具有社会权力属性的私权力，介于公权与私权之间，在权力性质上可归属于社会权力，它是一种扩大的私权。换句话说，认证权既是国家权力的私法化，也是私法权利的公法化。研究认证权的性质应从应然的角度展开，将认证权定位为社会权力，具有深刻的法理依据。随着检测认证机构改革的深入推进，我国认证中的行政性因素必将逐步减少和弱化，第三方认证的经济规制和社会规制功能越发明显且重要。

（二）认证权的基本特征

1. 权能的相对有限性

认证权是市场监督权的一部分。相对于政府监管机关来讲，认证机构的认证权相对有限，主要表现在以下方面：

首先，认证机构的权力范围相对有限。一方面，这种相对有限体现在发证环节。认证机构的审核发证活动是基于平等有偿的民事合同而进行的。申请人出钱、认证机构发证，这看起来是一个一手交钱、一手发证的交易，这使发证变得似乎不是权力。在买方市场条件下，认证行业竞争充分，认证机构的议价能力比较低，在法律责任很难到位的情形下，很容易出现不按认证规则和程序乱发证的行为。在此种情形下，认证只

---

① 程信和：《经济法中主体权利设置的走向》，载《社会科学家》2014 年第 12 期。

② 周嫱：《论我国市场监督鉴证机构的经济法主体地位》，湖南大学法学院 2011 年硕士学位论文，第 18~21 页。

是一个买卖。但是,在实践中,企业申请认证往往就是为了一纸证书,为获得产品出口外销的准入条件,或为自己的产品推介多一个广告效应,而不是真正为了提高产品质量和管理效率。在认证行业竞争不太激烈、比较守法的情形下,一证难求,不及时发证对企业影响会很大,这种发证行为相当于政府实质审查的许可权。另一方面,认证机构实现第三方监管权更多体现在证后监督。比如,《认证认可条例》第 74 条要求认证机构实施有效跟踪调查,及时暂停或撤销认证证书等,这看起来是个义务性条款,实际上,这种跟踪调查义务、暂停或撤销认证证书也是一种权力,具有权力行使的专属性和排他性。对认证机构来讲,这既是义务、责任,也是权力。对认证对象来讲,认证机构行使监督权,可能会产生经济上和名誉上的不利后果。

其次,认证机构的手段措施有限性。在本质上,认证机构不是行政监管机构,没有《行政强制法》《行政处罚法》意义上的强制措施和手段。认证机构的"软权力"性质决定了其手段措施的有限性。它对市场失灵的克服和规制,只是充当一个政府监管机构协助者的角色。对按照法律法规规定应该进行认证而没认证的企业,它没有处罚权。对获得认证的企业的产品不符合相关标准和技术法规的,它也没有处罚权。遍观《认证认可条例》,该法规的"处罚"权限也仅限于"暂停和撤销认证证书和要求认证对象停止使用认证标志"。这与认证机构的性质是相对应的,认证机构在性质上既非行政机关授权,[①]也非委托,而只是在法律上确认了它的部分监督主体的地位而已。

最后,认证权具有相当的附属性。所谓附属性,是指认证机构的认证权附属依从于政府监管机构的行政权,没有独立性可言。这种附属性表现在:一是其认证的依据、标准没有合同法上的平等协商的特点。根据我国《认证认可条例》第 18 条的规定,认证机构应当按照认证基本规范、规则实施认证行为,而这些认证基本规范、认证规则是由国家认监委制定的。只有在某些特殊情形下,认证机构才可以自行制定认证规则,

① 按行政法学通说,行政授权的对象一般不为企业,且授权是权力的全部或部分转移,而行政委托的对象必须不能以自己的名义从事委托的活动,不存在权力的转移。强制性产品认证机构的指定是《认证认可条例》的赋权行为,且指定本身也是国家认监委的工作职责。

并且须报国家认监委备案。二是认证机构必须履行认证业务信息报送和年度工作报告义务。前者包括对获得认证的组织数、暂停(撤销)证书数以及认证业务信息情况,后者包括从业基本情况、人员、质量分析以及财务会计审计报告。三是对不能持续符合认证要求的,认证机构要及时向社会公布。换句话说,认证机构时刻受到主管机关的监督。认证机构既有监督公权力的自发倾向,也有依附公权力的倾向,这两种情形的混合使我们须对其促进法律正义的功能、能力保持一份警惕。

2. 易腐蚀性

法谚云:有权力的地方,必有腐败。对认证机构而言,也不例外。在我国,随着改革开放和市场经济的发展,尤其是检测认证行业在逐步放开,加上对外资的宽松准入,使我国检测认证行业竞争更加激烈。准公益性与自利性的矛盾,对认证机构而言,更加突出。

一方面,认证机构要生存必须要盈利,这样才能维持高额房租等日常开销和人员工资福利。如果严格按照认证规则,就必然导致认证通过率的降低,而通过率的降低,必然使认证机构利润减少。在认证市场上,这就必然导致“道德风险”和“逆向选择”,从而整体降低认证行业的信誉和认证证书的价值。中小认证公司往往会牺牲公众利益和社会利益,放松认证的标准、减少认证成本,以迁就认证申请人,以期获取更高利润。另一方面,尽管法律上明确了认证机构的各种义务,但其责任,特别是民事责任很难落实。很多时候,消费者在产品侵权诉讼中尚未意识到认证机构“虚假认证”和“不实认证”责任的存在。在司法实践中,首先,很少判令认证机构对受损消费者承担侵权责任。因为在大多数情形下,消费者可以通过向生产者、销售者索赔,而无须考虑追究食品认证机构责任。其次,由于信息不对称,消费者对认证机构是否出具虚假或不实认证以及是否存在过错无法举证。最后,现行法律法规对认证机构赔偿责任的专门规定很少且不具体,使法院在判令认证机构是否承担责任以及如何承担责任的问题上没有把握,从而这就使如何防止认证机构的行为异化、保障公共利益成为紧要。正如有学者所云,非国家行为体的私利欲求会逐渐显现,如果不加干预,则会陷入一种恶性的路径依赖当中。另外,非国家行为体的合法性问题也会出现,例如,它们是哪些利益的代表、是否可以代表,以及是否经过授权。①

第三节　强制性产品认证制度的理论基础

一般而言,政府是对不完美的市场进行规制的当然主体,政府有责任确保良好的经济秩序,以实现矫正正义。那为什么认证机构也可以干预市场?其理论依据是什么?换言之,认证机构干预权的正当性是什么?政治学、社会学、伦理学等学科从不同的角度对私人组织干预经济的原因、优势和作用进行了有益的探索,从而构成了认证权的理论基础。

一、公共治理理论

"治理"一词,柏拉图(Plato)、亚里士多德(Aristotle)等古希腊先哲早有论述,②其源自拉丁文和古希腊文,原意为控制、引导和操纵。法国有学者认为,"治理"一词从13世纪起就在法国阶段性流行过。起初,govern、government、governance这3个词都有同样词源,在很长时间内都和"统治、政府""指导、指引"画等号,表示主导、驾驭某事物。直到中世纪末期,这3个词词义等同,且可相互替代使用。后来government的理念逐渐确立起来,它逐渐只代表一种"等级化的权力""自上而下的指挥关系",并与对国家的整体性思考紧密相关。③ 实际上,历史上所有的统治活动都可以视之为治理。现代治理概念发轫于《撒哈拉以南非洲:从危机到可持续增长》(世界银行1989年报告),直至1992年联合国成立全球治理委员会(Commission on Global Governance),"治理"概念才迅速成为政治学、公共管理学、行政学、经济法等学科探讨的热点话题。"全球治理委员会1995年发表的《我们的全球之家》研究报告(*Our*

---

① 高奇琦:《公共权力与欧盟的软治理》,载《欧洲研究》2011年第3期。

② 如"做了统治者他们就要报酬,因为在治理技术范围内,他拿出了自己的全部能力努力工作,都不是为自己,而是为所治理的对象"。参见[古希腊]柏拉图:《理想国》,郭斌和等译,商务印书馆1986年版,第30页。

③ [法]让-皮埃尔·戈丹:《何谓治理》,何震宇译,社会科学文献出版社2010年版,第14页。

Global Neighborhood)从主体、方式、目的角度,将“治理”定义为各种公共或私人管理公共事务诸多方式的总和,在一个既定的范围内和制度体系中运用权力因素,采取持续的联合行动,调和相互冲突的或不同的利益,引导规范公民和组织活动,以最大限度地增进公共利益。

公共治理的兴起源自政治学家在资源的配置中既看到了市场的失效,又看到了国家的失效。① 在本质上,公共治理的核心是政府与市场的互动与共生。公共产品生产的可分割性,为私人主体和社会组织参与公共产品供给提供现实的可能性,治理的方式强调个主体间的自愿、平等、合作,以实现公共产品和准公共产品供给多元化。治理的重新发现标志着一场新的革命,是对过去由“国家失败”做出的周期性反应;晚近则是对“市场失败”做出的周期性反应。② 20 世纪以传统官僚制为核心的公共行政,在寻求以市场为基础的新公共管理模式调整下,终于陷于终结,③20 世纪 70 年代,一些发达国家掀起“再造公共部门”的“新公共管理”运动应运而生。然而,新公共管理理论范式却仍然仅在传统框架内做民主和市场化改革的工作,④主要解决政府失灵问题的新公共管理,由于与民主社会越来越关注公共利益、社会正义的诉求格格不入,因此这就需要能同时解决政府失灵和市场失灵的新的调节机制。政府与市场、国家与社会“二分法”在 20 世纪末陷入困境,寻找国家、市场和社会的重新定位,成为实践和学术的双重迫切需求。⑤

公共治理理论的兴起和发展,是对传统公共行政和新公共管理范式的继承和超越,它在一定程度上解决了公共管理领域的政府失灵问题和市场失灵问题,⑥其强调多边共治的“集体行动”。公共治理理论强调“大社会、小国家”,要求重新界定公共干预的边界和形式,采取利用市

---

① 俞可平:《治理和善治引论》,载《马克思主义与现实》1999 年第 5 期。

② [英]鲍勃·杰索普:《治理的兴起及其失败的风险:以经济发展为例的论述》,载《国际社会科学杂志》1999 年第 1 期。

③ Chandler. JA. , “Public Administration. A Discipline in Decline”, *Teaching Public Administration*, Vol. 9, 1991, pp. 39-42.

④ 孔繁斌:《公共性的再生产》,江苏人民出版社 2008 年版,第 50~54 页。

⑤ 参见王诗宗:《治理理论及其中国适用性》,浙江大学出版社 2009 年版,第 12 页。

⑥ 参见何翔舟、金潇:《公共治理理论的发展及其中国定位》,载《学术月刊》2014 年第 8 期。

场或准市场的方法提供公共服务,公共服务体系要体现效率性和开放性、竞争性和互动性。[①] 政府可以动用新的工具和技术来控制和指引,[②]将私人部门的管理理念引入公共组织,通过公私混合的"网络治理"和"多层次"治理 。[③] 陈振明认为,治理是一个上下互动的协调过程,通过多元、合作、协商、伙伴关系,确立共同目标等方式实施公务管理,合作之基础是市场原则、公共利益和"认同"。[④] 在公法学领域,学者也对治理的新模式进行了深入的阐述,罗豪才等认为让非政府组织、私人参与到一个开放互动的治理网络之中,可改变传统行政法"命令—控制"治理模式,转变行政权作用方式,转移治理责任给私人、非政府组织,提供机会给私人协作治理,[⑤]实现权力与责任的重新分配。各种"新的治理"理论共享一个逻辑,即公共事务主体的多元化,思考同一项内容,即国家、社会及公民的合作治理,而行政共和主义主张一种"无支配"[⑥]混合均衡的公共治理结构。[⑦] 公共治理理论试图解决的核心问题之一,即摒弃国家本位,树立社会本位理念,推动传统单一的政府干预走向多元的合作治理。公共产品的供给可以由政府之外的市场主体提供,政府不再是公共规制的唯一主体,政府、市场与社会"相互依存""持续互动",以实现协作治理。私人部门依据相应的制度安排,在政府、民间组织和公民监

---

① See Rhodes R A W., "The New Governance: Governing without Government", *Political Studies*, Vol. 17, 1996, pp. 652-667.

② 参见[英]格里・斯托克:《作为理论的治理:五个论点》,载《国际社会科学杂志》1999 年第 1 期。

③ Kersbergen K & Waarden F., "Governance as a Bridge between Disciplines: Cross-Disciplinary Inspiration Regarding Shifts in Governance and Problems of Governability", *Accountability and Legitimacy*, *European Journal of Political Research*, Vol. 12, No. 1, 2004, pp. 143-171.

④ 陈振明:《公共管理理论创新三题》,载《电子科技大学学报》(社会科学版)2011 年第 2 期。

⑤ 参见罗豪才、宋功德:《公域之治的转型——对公共治理与公法互动关系的一种透视》,载《中国法学》2005 年第 5 期。

⑥ 佩迪特用"无支配的自由"指称共和主义自由,区别于自由主义的"无干涉的自由",要求共治主体不受任何其他力量的专断干涉,只接受优良法律的统治,法律面前人人平等才不会造成支配与被支配现象。

⑦ 黄显中:《行政共和主义的基本理念——基于西方公民治理理论的解构与重构》,载《南京社会科学》2009 年第 3 期。

督下，通过竞争机制参与公共产品供给。①

关于公共治理理论适用性学界有不同的认识，有学者从“策略性—关系性”的分析路径，通过对我国民间组织成为“国家体系以外的推动力量”的可能性论证，对治理理论的中国适用性进行了一种理论辩护。②民营化理论家萨瓦斯(Savas)认为，可以从多方参与意义上使用公私伙伴关系(Public-Privat-Partnerships，PPP)，通过公私协力，发挥各自之比较优势。相对保守的观点认为，政府供给中心的地位难以被替代，市场机制和社会机制只是政府治理的一种手段而已，③生产与提供公共产品和服务是公共部门的天然职责，由政府直接生产、提供公共产品和服务不可避免存在一些问题，如惰性、低效率、低质量、创新动力不足、顾客需求回应少、欠缺主动性等；而政府利用对私营部门的诱因机制，可增强公共服务的有效性、回应性。

从上述有关治理的解读和阐释来看，虽表达各异，但蕴含共同的逻辑，去公共权力化分析正在成为全球治理理论中的一个发展倾向，至少在以下方面是达成共识的：第一，治理区别于传统的统治。统治强调国家权力的高度权威和唯一性，而治理则强调社会控制的行动资源多元化组合。第二，治理理论主张多中心的合作共治格局。第三，治理理论主张治理手段和方式的多样化，从多中心的维度描述治理的过程、形式和结构。第四，在实现条件方面，公域之治其社会基础应是成熟的公民社会，内含公开性、开放性、参与性等价值性要素。毋庸置疑，公共治理理论的内容和实质契合了经济法乃社会本位之法的根本属性，其很好地阐释了认证机构参与产品质量规制的政治学基础。它的合理性既可在体现“功能主义观念、新自由主义观念、审议观念、人类学观念、解放观念和后现代观念”的政治哲学思想中汲取，也可在当代公法“参与式治理”理念中获得证成。良性的非政府组织是公民社会的核心力量。④ 在公民社会建构中，以第三方检测认证机构为主体的质量监督组织，正发挥着

① 王春福：《多元治理模式与政府行为的公正性》，载《理论探讨》2012 年第 2 期。

② 郁建兴、王诗宗：《治理理论的中国适用性》，载《哲学研究》2010 年第 11 期。

③ 高秉雄、张江涛：《公共治理：理论缘起与模式变迁》，载《社会主义研究》2010 年第 6 期。

④ 郭道辉：《公民权与公民社会》，载《法学研究》2006 年第 1 期。

维系社会信用纽带和社会监督的作用。认证制度正是市场主体与政府监管机构通过合作规制方式提供“质量安全”这个公共产品,同时,公共治理理论也顺应了当下政府转变职能的需要,实现了政府从“划桨”到“服务”的角色转变,政府更多地应着力创建法治环境等制度性基础设施,以维护和保障社会的分配正义。

治理和新公共管理的区别是本质性的,两者核心分歧体现在:在市场化、分权化和弹性化背景下,“治理是政治学意义上对国家与社会关系的重新思考与阐释,是人类集体行动机制和方式的改变,而公共管理运动更多强调政府组织的管理理念、方式、工具的改变”。[①] 在当代政府改革的浪潮中,各国政府都在探索一种能够有效生产和提供公共产品和服务的新机制。公共部门与私营部门伙伴关系的建立彰显了时代要求,无论是公、私,它们在公共服务生产和提供的过程中均有各自之优势。政府应把主要的精力和资源放在宏观规划、绩效评估、市场监督等方面,而不应放在对微观经济的直接干预方面。就产品质量监管而言,政府职能转变要求进一步强化宏观质量管理,弱化事前审批,根据情势变更原则,放松管制,进行有限度的审批,侧重于事中事后监督,运用好行业治理和消费者维权机制,加强信用自律机制建设。公共治理之所以具有如此旺盛的生命力,其关键在于,治理的兴起意味着对传统的市场和政府“二分法”的超越,它是在市场和政府之外人类自我组织和管理的第三种制度形式,是“看不见的手”和“看得见的手”的结合。实际上,“治理”展开的过程正是还权于民的过程,更是国家与社会之间良好合作的过程,体现了“社会共治”精神。当然,多元治理模式的实践需要具备一定的现实条件,即民间组织的良好自治能力、责任伦理和公共精神。

二、社会中间层理论

主体资格、权源、角色定位等是社会科学研究和立法的基础性问题。据考证,“社会中间层理论”最早由国内社会学学者王颖等人通过考察

① 王涛、赵光勇:《新公共管理、治理与社会管理模式创新》,载《贵州社会科学》2011年第11期。

基层社团提出并用以分析国家与社会关系的理论模式。① 市民社会与政治国家理论在分析社会结构和社会关系的模式方面具有统摄全局的功能。② 然而,20 世纪 90 年代以来,随着改革开放及国家权力的下放和转移,涌现了大量的非政府公共组织。针对转型社会形态和结构的变迁,这种"市民社会—政治国家"二分框架显然面临解释力的不足。国内较早明确主张经济法主体体系以"国家—社会中间层—市场"三元框架替代"国家—市场"二元框架的代表性学者当属王全兴、③单飞跃。在市民社会与政治国家理论框架内进行经济法主体的体系架构必然离不开团体社会,这一体系架构为:政治国家——国家干预主体;团体社会——社会中间层;市民社会——市场主体。④ "三元框架"体现了法学学科与政治学、社会学的"融合"与"联结"。

主体范畴是法学基础理论的重心,经济法概莫能外。经济法主体亦称经济法律关系的主体,即由经济法部门所规定和保障的权利/力义务关系的参加者。⑤ 经济法主体理论的成熟度取决于调整对象和范围的确立。经济法调整对象具有社会公共性,经济法主体具有社会公共性特征。⑥ 一般而言,经济法主体为经济法所调整的国家对市场经济宏观调控和市场规制过程中所发生的社会关系的参与者。有学者认为,社会中间层主体,⑦是指独立于政府与市场主体,为政府干预市场、市场影响政

---

① 王颖等:《社会中间层——改革与中国的社团组织》,中国发展出版社 1993 年版,第 1 页。

② 刘旺洪:《国家与社会:法哲学研究范式的批判与重建》,载《法学研究》2002 年第 6 期。

③ 对社会中间层主体进行类型化,包括社团类、交易中介类、经济鉴证类和经济调节类。

④ 李昌麒主编:《经济法学》,法律出版社 2007 年版,第 121 页。

⑤ 潘静成、刘文华主编:《经济法》,中国人民大学出版社 2005 年版,第 116 页。

⑥ 王保树、邱本:《经济法与社会公共性论纲》,载《法律科学》2000 年第 3 期。

⑦ 一般认为,社会中间层是介于国家主体与市场主体之间的一类具有社会性、自治性和中介性的社会团体或组织。比较常见的称谓有社会团体、社会组织、民间组织、社会自治组织、第三部门、非政府组织、志愿组织、慈善组织、非营利组织、社会中介组织、社会经济团体、经济自治团体、市场中介组织等。其中,社会中间层、社会经济团体、经济自治团体、市场中介组织、社会中介组织等概念在经济法学研究中应用较为广泛。参见闫海、张天金:《市场中介组织的法律地位重塑:以经济法主体理论为分析工具》,载《孝感学院学报》2011 年第 1 期。

府和市场主体之间相互联系起中介作用的主体,这类主体具有中介性、公共性和民间性等特征。社会中间层主体具有服务功能、干预功能、协调功能。[①] 对社会中间层独立经济法主体地位的证成:有学者认为,从目的角度,社会中间层有利于传统市民法缺陷的弥补;从功能角度,社会中间层可克服国家与市场"双重失灵";从性质角度,社会中间层有利于保障社会整体利益。[②] 有学者认为,社会中间层的"本质要素"与经济法的理念、价值本位、宗旨、本质高度契合,具有新一类经济法主体的身份属性。[③] 质疑社会中间层经济法独立主体地位的观点主要是从其概念的模糊性、利益目标的狭隘性、权力/利来源的非特殊性角度把社会中间层定位为干预受体。[④] 有学者从社会中间层欠"独立性"和"欠自主性"角度认为,不管是多元主义还是法团主义,都要求社会中间层来源和发展于市民社会,而现实的中国并未出现一个与国家权力存在张力的市民社会,社会中间层不过是在国家权力主导下的"准社会性"中介而已。[⑤] 干预主体与干预受体的学术分类,在一定程度上反映了"国家本位主义"的经济法理念。干预受体在经济法律关系运行中,也会基于法律授权、行政机关的委托、权力的让渡或行业社团的自治承担一定的干预、规制职能。有学者坚持认为,社会中间层并不能成为经济法中最具特性的主体,原因主要在于其利益目标的狭隘性、地位的非主导性。[⑥] 认证机构的身份体现经济法主体的"公""私"融合的特点,它立足于社会、公众

---

① 王全兴:《经济法基础理论专题研究》,中国检察出版社 2002 年版,第 499 ~ 577 页。该书认为,社会中间层主体的理论基础包括法团主义、市场增进论、自组织论。

② 蔡磊:《论第三部门经济法主体地位的理论机理》,载《云南大学学报》(法学版) 2008 年第 6 期。

③ 倪才龙、祝红霞:《论社会中介组织的新一类经济法主体地位》,载《时代法学》2006 年第 4 期。

④ 张继恒:《社会中间层的经济法主体地位析辩——由"三元框架"引发的思考》,载《法制与社会发展》2013 年第 6 期。该文认为,社会中间层主体的权力/利不是基于国家公权的转移,就是来自成员私权的让渡,在具体的经济法律关系中,社会中间层主体扮演的角色,不是处于国家主体一方,就是处于市场主体一方,不可能获得除国家主体和市场主体之外的第三种身份。

⑤ 吴建平:《理解法团主义——兼论其在中国国家与社会关系研究中的适用性》,载《社会学研究》2012 年第 1 期。

⑥ 单飞跃:《经济法理念与范畴的解析》,中国检察出版社 2002 年版,第 132 ~ 134 页。

利益之维护，并能够在政府与市场主体之间形成有效的制衡机制。无视产品质量检验机构、认证机构等社会中间层参与社会治理和协调的事实，再回到“国家—市场”二元框架的老路显然是一种退步。实际上，新式理论范式总是在质疑声中不断进步和成熟的。社会中间层的主体类型在实践中的多样性、功能的多元化决定了其理论统摄的难度。社会中间层来源于市场主体，其本身在性质上也可能属于市场主体。作为一类经济法主体，其与经营者有何本质区别？重构经济法主体体系，另辟一条解释社会中间层独立经济法主体地位的新路，是摆在经济法学者面前的难题。①

在发达国家，认证机构除采公司形式外，还有非营利性的以学会、协会形式出现的社团组织。我国《产品质量法》把认证定性为社会中介机构。② 实践中，在传统的“公法人—私法人”二元结构下，在有国家授权的情况下，认证机构一般被登记为公法人；在无国家授权即自我组织起来的情况下，一般登记为私法人。行政法理论往往将其抽象为行政相对人或受托的行政主体，忽略了其中介性和社会性。社会中间层主体，在市场经济中，根据法律的规定、特定机关的授权和自律规范，享有一定经济权限，参与管理和协调经济，为政府干预市场和市场交易提供服务，同时对市场主体进行干预并对政府行为进行制衡。③ 作为介于政府与市场之间的社会中间层，认证机构基于中立立场，契合了经济法第三法域的特性：一方面，它既可以作为经济法干预主体，在进行市场规制过程中与国家干预相配合，共同矫正市场缺陷，同时在一定程度上通过参与市场规制活动，它可以监督、克服政府任性；另一方面，它又可以作为经济法干预受体，它如果违法认证，采取了不正当竞争行为、垄断，损害了竞争秩序和公平，也必然受到经济法的制裁。从政府、市场与认证机构三者的互动关系中可以看出，认证机构之经济法主体地位是由其自身的特殊性决定的。

---

① 李昌麒、岳彩申主编：《经济法学》，法律出版社2013年版，第174页。

② 《产品质量法》第20条规定，从事产品质量检验、认证的社会中介机构必须依法设立，不得与行政机关和其他国家机关存在隶属关系或者其他利益关系。

③ 参见李昌麒主编：《经济法学》，法律出版社2007年版，第123页。

市场体制深化改革和政府职能转变要求政府要下放一些微观性质的市场管理权力,还权于社会,充分尊重市场竞争主体自律性和自治权。由此,许多私法组织进入公共领域,行使和承担一定的公共管理服务。正如哈贝马斯(Jürgen Habermas)所说的那样,在社会福利国家的工业社会中,由于社会关系复杂性,无法再用传统公法和私法加以分门别类,法律的发展在一定程度上跟随社会的发展,从而导致了错综复杂的类型增加,国家从公法中逃逸出公共权力的职责转移到企业、机构团体和半公共性质的私法代理人手中。[①] 我国早期的认证机构认证权具有行政管理特征,随着市场经济发展和加入 WTO 之后,认证权行使主体逐渐让渡于社会化的民营机构。认证权主体的变迁也意味着我国政府对市场直接管理权的下放,顺应了国家治理体系的变革要求。直接参与质量监管的职能剥离后,政府也会通过购买服务,因而成为认证服务的重要客户,如在行政许可中采信认证结论等。

米格代尔(Joel S. Migdal)认为,国家和社会从来都不是固定的实体,相互作用导致它们的结构、目标、规则和社会控制都发生变化。反对三元论的学者也不得不承认,社会中间层作为一类经济法主体,虽并不具有代表性,但社会中间层提供了一个理解政府与市场良性互动的方法、路径、沟通方案。[②] 行政规制与私人规制之间既存在竞争关系,也存在互补关系。随着法治社会和市场经济的发展,诸如认证机构等社会中间层的依附性和从属性特征将逐渐淡化和隐去,最终会从“身份”走向“契约”,从“不独立”走向“独立”,从而走向国家与社会中间层的“伙伴型”治理。与私人相比,社会中间层可能存在更难以放在阳光下审视的、有过之而无不及的逐利本性,这个事实就要求对此类非政府组织应当采取扶持与监督并重的原则。一个理论的生命力不在于理论系统的欠完整以及理论观点的交锋与质疑,而在于理论本身的与时俱进和在不断创新中逐步累积共识性,理论规范的构建本身就是一个复杂扬弃的过程。

---

① 参见[德]尤根·哈贝马斯:《公共领域的结构转型》,曹卫东译,学林出版社 1999 年版,第 178 页。

② 张继恒:《社会中间层的经济法主体地位析辩——由“三元框架”引发的思考》,载《法制与社会发展》2013 年第 6 期。

三、法律道德性理论

耶林(Jhering)把法律与道德的关系谓之法理学的合恩角(the Cape Horn of Jurisprudence),并预言那些想要征服这一"险地"的法理学航海家将面临"船毁人亡"的危险。① 一般而言,法律与道德在促进人类秩序和发展效率方面具有共同的价值目标,在调整社会关系方面二者功能互补。

随着市场经济的发展,法律与道德经历了从合一到逐步分野的过程。法哲学关于法律与道德的关系理论分歧实际上探讨的是基于道德来定义"何谓法律"。当代自然法学派以富勒(Lon L. Fuller)为代表摒弃了传统自然法的神秘与虚幻,认为法是"使人类的行为服从规则治理的事业",他区分了愿望的道德与义务的道德,认为义务的道德可以比作"语法规则",表现为"你不得……"或"你应当……"它是法律的表亲,而愿望的道德好比是"批评家为卓越而优雅的写作所确立的标准",其追求"完美境界",人类的道德追求和生活价值准则尽管与法律没有直接的关系,却对实在法存在导向性间接影响。作为一种"有目的的事业",法律本身具有"内在道德"和"外在道德"的属性,前者成为评价法律和执法者的善恶标准,包括法律的一般性、公布、非溯及既往、清晰性、一致性、可行性、稳定性及官方行为与法律的一致性,而后者是指法律必须符合社会的道德追求和理想。② 德沃金(Ronald M. Dworkin)认为不能避免或拒绝法律应当是什么的指引,法律的构成主要包括原则、规则和政策等因素,有些法律原则,比如"不得不公正地损人利己""不得从错误行为中获利",其本身就是道德原则。分析实证法学派否定法律和道德两者内在的必然联系,排除法律的道德价值,主张道德和法律的绝对分离。奥斯丁(John Austin)同样认为,法律的存在是一回事,其优缺点则是另一回事,即持"恶法亦法"论。"纯粹法学"代表人物凯尔森走得更远,他认为法的概念里面无任何道德意义而言,它只不过是以人类经验

---

① [德]庞德:《法律与道德——历史法学派与哲理法学派的视角》,邓正来译,载《法制与社会发展》2005 年第 3 期。

② [美]富勒:《法律的道德性》,郑戈译,商务印书馆 2014 年版,第 55~66 页。

为基础的一种社会组织的特定技术。[①] 新分析法学的代表人物哈特(Herbert Hart)承认法律存在最低限度内容的自然法，但其主张严格区分"实际是这样的法律"和"应当是这样的法律"，认为法律在一定程度上反映或符合一定道德的要求，然而这并非一个必然的真理。

正如亚里士多德所云，法治应包含两重意义，即已成立的法律获得普遍的服从，而大家所服从的法律本身又应该是制定得良好的法律。[②] 他对法律提出了形式正义和实质正义的要求，并认为只有正义的法才能够维持政治的权威和人们的自然忠诚，自由、商业、文化、艺术和科学才能获得持久的进步与发展。[③] 具备正义、善、美德、良知和人权特质的法律也才能得到人们内心的信仰和行为的遵从。从历史发生学的角度，在阶级社会，只有既符合统治阶层道德又符合大众道德追求的"公约数"道德转化的法律，才有可能得到真正的施行，只符合统治阶层道德的法律，只能是暴政，其政权难以持久。

认证的对象为人类生产、交换和消费的产品和服务，认证具有公共产品的属性。在全球范围内，无论认证主体性质如何，出于在认证运行中的成本收益考量，其内在必然体现公共理性与经济理性的冲突和协调。任何遏制自利的经济理性和"道德风险"倾向，显然不能仅寄希望于"外在的道德"和"愿望的道德"，而必须仰仗于"内在的道德"和"义务的道德"，从而为有效传递信任、规范市场和提高自律性提供制度约束。

作为推进结构性改革、提高供给质量效率、促进需求优化升级的有效途径，认证制度蕴含着深刻的道德元素，表现在以下方面：首先，认证主体具有中立性，中立于买方与卖方，靠技术说话。《认证机构管理办法》第 5 条规定了认证机构从事认证活动的基本原则，要求遵循公正公开、客观独立、诚实信用道德要求，维护社会信用体系。其次，从认证制度的宗旨来看，《认证认可条例》确立了强制性产品认证制度，该条例第

---

① [奥]凯尔森：《法和国家的一般理论》，沈宗灵译，商务印书馆 2013 年版，第 5 页。

② [古希腊]亚里士多德：《政治学》，吴寿彭译，商务印书馆 1981 年版，第 199 页。

③ [英]大卫·休谟：《人性论》，关文运译，商务印书馆 2004 年版，第 579 页。

28 条[①]立法的价值意蕴在于保护以人身权、健康权为核心的消费者权益和环境利益,同样,体系认证和自愿性认证是扶持、促导市场主体行为"规范经营""预防风险"向"善"的制度。最后,衡量制度道德性的重要标尺是能否促进人的自由发展、人权进步和企业社会责任的实现。有学者认为,企业社会责任是对传统股东利润最大化原则的修正和补充。[②] SA8000 认证标准针对的则是劳工的生存质量及权益,其内容包括童工、健康与安全、强迫性劳动、歧视、工作时间等 9 项,其宗旨是"赋予市场经济以人道主义"。一些跨国公司一方面制定社会责任守则,另一方面不仅要求上下游产业链要遵守,而且将企业社会责任运动扩展到发展中国家的生产制造基地。作为社会财富创造主体的劳工,其权益不应当成为经济社会进步的牺牲品。社会进步在某种意义上最终取决于社会成员个人利益及其权利的实现程度,借此,认证制度能够从社会人权促进角度深入推进劳动法的价值目标之实现。

---

① 《认证认可条例》第 28 条规定,为了保护国家安全、防止欺诈行为、保护人体健康或者安全、保护动植物生命或者健康、保护环境,国家规定相关产品必须经过认证的,应当经过认证并标注认证标志后,方可出厂、销售、进口或者在其他经营活动中使用。

② 卢代富:《国外企业社会责任界说述评》,载《现代法学》2001 年第 3 期。

第二章　我国强制性产品认证制度的历史变迁与特点

认证制度是市场经济发展到一定历史阶段“西学东渐”的产物。西方国家随着自由市场经济的发展,在工业革命和社会化大生产的浪潮下,催生了认证制度。中国小农自然经济源远流长,商品经济一直不发达,中国是从计划经济向市场经济转轨过程中,随着门户开放,逐渐发现、认识认证制度的。从世界范围看,总体上目前我国认证认可正处于从中级向高级发展的关键阶段。来自消费者和国际非政府组织的压力为认证制度的推行提供了市场动力,WTO 的相关规定为认证制度的推行提供了制度空间。

第一节　我国强制性产品认证制度的历史变迁及转轨特性

一、强制性产品认证的发展历程

我国的强制性产品认证制度早在战国时期就已经露出端倪,《礼记·月令》载有“物勒工名,以考其诚。工有不当,必行其罪,以穷其情”,这是我国对“物勒工名”制度的最早记载。① 在科技尚不发达的手工业生产时代,卖方与生产方合一,一般采用“物勒工名”的方法作“供方声明”。当时随着简单商品经济的发展,我国对玉、金、银、布帛等实行合格封签标记制度,这实际上是一种简单的认证制度。② 我国 2000 多年

① 李卫华:《从“物勒工名”制度看秦汉时期的合格评定》,载《科学教育与博物馆》2016 年第 2 期。

② 李昌麒主编:《产品质量法学研究》,四川人民出版社 1995 年版,第 186 页。

的重农抑商的传统文化加上闭关自守，使商品经济长期受到压制，难以萌生西方意义上的认证制度。直到 1978 年中国改革开放，原国家标准局组织到国外学习、考察，并翻译了《认证的原则与实践》《各国认证工作概况》，我国才逐渐了解了域外的认证制度，使借鉴成为可能。

1. 奠基阶段（1950～1977 年）。我国质量法律体系涵盖计量、标准化、认证认可、出入境商品检验等多个领域。在中华人民共和国成立初期，由于计量标准混乱，1950 年国家出台《度量衡管理暂行条例》。1954 年 11 月全国人民代表大会常务委员会批准成立国家计量局。1956 年 6 月党中央决定成立国家技术委员会，下设标准局。1959 年国务院发布了《关于统一我国计量制度的命令》，基本上统一了全国的量值。第一个五年计划，国家在一些大城市相继设立了工业产品检验所、药品检验所、纤维检验局和进出口商品检验局等质量监督机构，开始对进出口产品和影响国计民生的重要产品实施监督。① 1962 年颁布《工农业产品和工程建设技术标准管理办法》。1977 年 5 月国务院发布《计量管理条例》。计量是质量的基础，标准化是质量的保障，这些为强制性产品认证法律法规体系和检测认证体系打下基础。这一时期，计划经济色彩浓厚，政府在产品质量规制方面亲历亲为、大包大揽。

2. 形成阶段（1978～2000 年）。1978 年国务院成立国家计量总局和国家标准总局。1978 年，产品质量问题严重，原国家经济委员会印发《关于开展"质量月"活动的通知》。同年 9 月，我国以中国标准化协会名义加入 ISO，引入质量认证概念。经组织到开展认证工作较早的国家和 ISO/IEC 等国际组织考察，我国才逐步认知并尝试筹建认证机构。1979 年 7 月国务院颁发《标准化管理条例》。1980 年为提倡质量管理体系，国家经济委员会颁布了《工业企业全面质量管理暂行办法》。1981 年我国按照国际电子委员会电子元器件质量评定体系的章程和程序规则，成立了第一个产品质量认证机构——中国电子元器件质量认证委员会（China Commission for Quality Certification of Electronic Components，QCCECC），该委员会的成立标志着国家认证事业的起步。1984 年我国

① 《产品质量国家监督抽查工作的历史沿革》，载中国质量网：http://www.chinatt315.org.cn/zcfg/2012-1/11/289.aspx.，最后访问日期：2017 年 3 月 9 日。

成立中国电工产品认证委员会(China Commission for Conformity Certification of Electrical Equipment,CCEE)。1985年颁布《计量法》,保障国家计量单位的统一和量值准确可靠。1986年国务院发布《工业产品质量责任条例》。1988年颁布《标准化法》,明确了实施产品质量认证的工作。1987年原国家进出口商品检验局(以下简称国家商检局)等四部委联合颁布《进口商品质量监督管理办法》,对涉及安全、卫生、环保、劳保和检疫的商品,实行进口商品质量许可制度。原国家商检局1988年《进出口商品认证管理办法试行》规定,进出口商品认证包括安全认证、质量认证以及出口商品申请国外认证和国际专业认证,推行"安全标志""质量标志"商检标志制度。① 1989年《进出口商品检验法》规定在进出口商品领域开展质量认证工作。

20世纪80年代,随着私营经济、乡镇企业的迅猛发展,产品质量滑坡,假冒伪劣商品充斥市场。1984年4月国务院《工业产品生产许可证试行条例》对重要工业产品实施生产许可证管理,低压电器、电度表等87类产品被列入第一批产品目录。1991年5月国务院《产品质量认证管理条例》规定了认证目的、分类、条件、程序及罚则,具体活动由认证委员会组织检测。这标志着我国产品质量认证工作步入法制轨道。1992年国家技术监督局颁布《产品质量认证管理条例实施办法》,以加强操作性,《产品质量认证证书和认证标志管理办法》规定认证标志分为方圆、长城、PRC三种标志,其中,方圆标志分为合格认证标志和安全认证标志,长城标志为电工产品专用认证标志,PRC标志为电子元器件专用认证标志。1992年9月,原国家技监局会商业部、物资部、机械电子工业部等10部门联合发出《关于对实施安全认证的电工产品进行强制性监督管理的通知》,正式开始对安全认证产品进行强制性认证管理。②

1993年《产品质量法》将认证制度作为国家基本质量监督制度,随后启动国家认可制度。原国家技监局依据《产品质量法》第9条,成立中国质量体系认证机构国家认可机构委员会,由其统一负责认证行业资格

① 高培帼:《国际贸易中的质量认证工作及其作用》,载《国际贸易问题》1995年第5期。

② 中国质量认证年鉴编辑部编:《中国质量认证年鉴(1994年)》,经济管理出版社1994年版,第97页。

许可和监督工作,代表中国参与国际和地区间的质量体系认证和认可活动。1995年我国启动认证评审员注册制度,1998年与全球主要工业国家的17个国家的16个认可机构签署了第一个认证国际互认协议。①1999年原国家技监局发布《第二批实施安全认证强制性监督管理的电工产品目录》,包括电线电缆(3)、家用和类似用途设备(12)、整机附件和连接器控制开关(4)、照明设备(5)、信息技术和办公用电器设备(5)、低压大功率开关设备(4)、整机保护设备(5)、电子娱乐设备(10)、分马力电机(1)、电焊机(6)共10类55个系列产品。② 这一时期,产品质量规制以政府公信力保障、夯实基础工作为主要特征。

3. 发展阶段(2001~2010年)。国内方面,当时认证认可工作"政出多门、多重标准、内外不一致、监督不力、有效性不强"问题突出,认证市场混乱。原《产品质量认证管理条例》法律规范滞后,调整范围仅限于产品认证,不能满足对服务、管理体系认证、认可实施监督管理的需要,对外商投资认证机构、境外认证机构代表机构、认证咨询机构和认证培训机构的监管缺乏明确的法律依据。随着席卷全球的环保浪潮和消费者运动的兴起,许多国家对进口产品规定了纷繁复杂的技术性措施,如规定产品的技术标准、包装、标记或标签要求等,③这些规定成为国际贸易中最难对付的非关税壁垒。

中国作为WTO的成员,应当履行《中国加入世贸组织议定书》、④

① 晓风:《澄清模糊认识正确理解ISO-9000质量体系认证——访中国质量体系认证机构国家认可委员会质量经理蒋鸿章》,载《中国饲料》1998年第21期。

② 《国家质量技术监督局发布第二批实施安全认证强制性监督管理的电工产品目录》,载《安全与电磁兼容》1999年第2期。

③ 李玫、赵益民主编:《技术性贸易壁垒与我国技术法规体系的建设》,中国标准出版社2007年版,第2页。

④ 《中国加入世贸组织议定书》第13条技术性贸易壁垒……4.(a):自加入时起,中国应保证对进口产品和国产品适用相同的技术法规、标准和合格评定程序。为保证从现行体制的顺利过渡,中国应保证自加入时起,所有认证、安全许可和质量许可机构和部门获得既对进口产品又对国产品进行此类活动的授权;加入1年后,所有合格评定机构和部门获得既对进口产品又对国产品进行合格评定的授权。对机构或部门的选择应由申请人决定。对于进口产品和国产品,所有机构和部门应颁发相同的标志,收取相同的费用。它们还应提供相同的处理时间和申诉程序。进口产品不得实行一种以上的合格评定程序。中国应公布并使其他WTO成员、个人和企业可获得有关其各合格评定机构和部门相应职责的全部信息。

WTO 协定、TBT 协定的义务。[①] 为此,2001 年我国合并原国家技术监督局和原国家出入境检验检疫局,成立国家质量监督检验检疫总局,同年国家认证认可监督管理委员会成立。2002 年 5 月 1 日起实施《强制性产品认证管理规定》和产品目录,将"CCIB"和"CCEE"标志统一为"CCC"。2003 年 5 月 1 日起,所有目录产品必须获得 CCC 产品认证证书,并加施 CCC 认证标志,否则不能出厂、销售和使用,对 19 类 132 种产品实行"四统一"的强制性认证管理。[②] 2002 年修订《进出口商品检验法》。2003 年国务院颁布《认证认可条例》,进一步提高了我国认证认可法制化水平。2004 年为保证 CCC 认证工厂检查员的专业能力和检查活动的公正、科学和客观,保证并推动 CCC 认证工作的有效实施,我国建立了强制性产品认证检查员统一的资格注册制度。在组织机构方面,2005 年我国成立中国认证认可协会。2006 年在中国认证机构和中国实验室两个国家认可委员会基础上,成立中国合格评定国家认可委员会(China National Accreditation Service for Conformity Assessment,CNAS),为我国认证工作进一步国际互认奠定了国家层面的组织基础。这一时期,产品质量规制以重发证、以专项"运动式"执法为特征。

4. 调整改革阶段(2011 年至今)。国际贸易的发展和 ISO/IEC、环境、标准化、技术贸易壁垒、政府主导等因素的推动,给第三方认证带来了无限商机,本土第三方认证机构和外资检测认证机构在国内得到迅猛发展,几乎聚集了世界上所有著名的第三方国际检测认证机构,比如瑞士 SGS、英国 IN - TERTEK、美国 UL、德国 TUV(Technischer überwachüngs-Verein,德国技术监督协会)、法国 BV(Bureau Veritas,法国国际检验局)等,它们以北京、上海、广州、深圳为中心逐步辐射到内陆地区。我国已发展成为规模仅次于欧盟和美国的全球第三大检验认证市场,经济的快速发展、外贸出口拉动、改善品质的消费需求等都推动了我国检测认证行业的快速发展。

① TBT 协议第 5 条至第 8 条详尽规范了合格评定程序,SPS 协议(Agreement on The Application of Sanitary and Phytosanitary Measures,《实施动植物卫生检疫措施的协议》)第 8 条也规定了"控制、检查和批准程序"。TBT 协议第 8 条规定"关于非政府机构的合格评定程序"要求对非政府机构性质的第三方认证机构"采取合理措施"。

② 即统一目录、统一标准与评定程序、统一标志和统一收费。

2011 年年底，国务院《关于加快发展高技术服务业的指导意见》指出，将检测认证作为高技术服务重点推进领域，提出要完善相关机制。2012 年 12 月国务院印发《服务业发展“十二五”规划》对认证认可行业发展作了更加明确的定位。2015 年在国务院清理行政权力清单背景下，国家认监委对认证机构的准入等进行行政审批改革，逐步放开对指定机构的业务垄断，修改了《认证机构管理办法》。根据《强制性产品认证目录产品与 2016 年 HS 编码对应表》，目前强制性产品认证范围发展到 23 大类 141 种，包括电线电缆（4 种）、电路开关及保护或连接用电器装置装（5 种）、低压电器（9 种）、小功率电动机（1 种）、电动工具（16 种）、玻璃（3 种）、轮胎（3 种）、电焊机（15 种）、家用和类似用途设备（18 种）、机动车儿童乘员用约束系统（1 种）、消防火灾防盗报警产品玩具（20 种）等。CCC 认证对工厂检查员实行统一的注册管理制度，国家认监委成立了 24 个技术专家组，覆盖技术检测等各个环节，颁布强制性产品认证通用规则 7 个，产品规则 46 个，实施规则由最初的 47 份发展到 87 份，明确了自愿性认证产品、强制性认证产品适用的产品标准。在推进认证认可工作改革的同时，国家质检总局《关于深化生产许可证制度改革的意见》（国质检监〔2015〕364 号）要求最大限度地取消发证产品目录，创新监管方式，构建产品质量社会共治机制。党的十九届三中全会作出深化党和国家机构改革的战略部署，将完善市场监管体制作为重大改革举措，组建国家市场监督管理总局，统一管理认证认可、检验检测工作。

随着市场经济发展，我国各类认证以及国家认可工作不断融入国际经济体系，我国的国际地位发生了根本性的变化。近年来，我国积极参与国际认可多边互认体系，加入的多边互认协议的广泛性位居国际同行前列，签署了管理体系认证、产品认证、检测、检验、校准、能力验证、标准物质等 10 项合格评定机构认可国际多边互认协议，这些多边互认协议签约认可机构覆盖全球 70 多个经济体，占全球经济总量的 95%以上。认可国际互认为我国检验检测认证结果得到广泛国际承认搭建了能力信任的平台。近年来，认可与互认在政府监管和国际贸易中的应用日益广泛，在欧盟、海湾国家合作委员会、东南亚国家联盟有关多边贸易规则中利用认可多边互认机制的基础上，《跨太平洋伙伴关系协议》（Trans-Pacific Partnership Agreement，TPP）在技术性贸易壁垒规则中明确应当采信国际认可多边互认结果。积极推进双边合作,签署双边合作协议的认可机构覆盖了 21 个国家。[①] 我国 HACCP 认证、GAP 认证(Good Agricultural Practices,良好农业规范)分别获"全球食品安全倡议"组织和"全球良好农业规范"组织承认,全面参与 IEC 可再生能源认证互认体系。[②] 中国合格评定国家认可委员会是国际认可论坛、亚太实验室认可合作组织(Asia Pacific Laboratory Accreditation Cooperation,APLAC)等国际组织的正式成员。截至 2018 年年末,我国已加入所有的国际和区域认可多边互认机制,与 30 多个"一带一路"沿线国家建立合作机制,担任国际认可论坛(IAF)、国际人员认证协会(IPC)主席等一系列国际要职,主导制定国际认可发展战略并建立 LED 认证、服务认证等国际认证制度,国际互认范围覆盖全球经济总量 90% 以上的经济体。实质性主导国际认可政策、战略和规则的制定,在国际认证认可界发挥引领作用。随着"一带一路"倡议的落地实施,中国的工业化"外溢"效应凸显,这为进一步推动认证协作、国际互认机制带来难得的契机。这一时期,产品质量规制以推动精细化管理、加强监管与国际互认为特征,原本模糊的监管关系逐步清晰化和契约化。

二、强制性产品认证制度的转轨特性

纵观我国认证发展史,认证是我国从计划经济向市场经济转轨过程中出现的典型的移植物种。在改革开放的初始阶段,我国尚未接触和认识认证与认可,认证制度及认可机制空白,认证制度养在深闺人未识。在形成阶段,我国行业分散监管,建立了初步的依法质量治理的框架和监管机构,认证认可的权威初步形成,自愿性认证和政府强监管为主,认证机构数量快速增加,被动参与国际互认体系。在发展阶段,我国建立了"四个统一"的监管机制,强制性认证被社会广泛认知,以政府直接干

---

① 2015 年世界认可日活动上,认监委与全球良好农业规范认证组织续签中国良好农业规范认证基准比对互认协议,成果惠及我国 1/3 的农产品出口企业,其中,认可制度的国家多边互认也发挥了基础支撑作用,载国家认监委网:http://www.cnca.gov.cn/rdzt/2016/2016bjlx/zlxz/,最后访问日期:2017 年 3 月 25 日。

② 孙大伟:《深化改革创新发展 为建设认证认可强国而奋斗——在全国认证认可工作会议上的报告》,载国家认监委网:http://www.cnca.gov.cn/rdzt/2016/2016bjlx/hyjs/201602/t20160224_47463.shtml,最后访问日期:2017 年 3 月 28 日。

预为主,认证机构数量相对稳定并逐步整合,认证活动规范性逐步得到规范,主动参与国际互认体系。在调整改革阶段,我国面临经济体制改革、简政放权压力要求,生产许可进一步放开和压缩,逐步实现生产许可制度的转型改造,同时优化、创新强制性产品认证制度,认证市场寡头垄断松动,开始落实外资国民待遇,在此基础上,全面接轨国际互认体系,第三方自愿性产品认证和体系认证是总的发展趋势,我国正从认证大国向认证强国迈进。

第二节　我国强制性产品认证的制度体系

我国认证制度的确立、演进实际上是与质量的国家干预同步、共时发展的。我国认证法律制度建设起步较晚,认证制度的发展依托于产品质量法律体系和消费者权益保护法律制度,在国际标准化组织、WTO/TBT 等外力推动下,在制度变迁性质上具有强制性与诱致性变迁的双重性特点。

一、强制性产品认证的制度渊源

基于社会信用提升和公共利益的维护、保障功能,第三方认证已广泛渗透到产品监督与社会治理中。认证行业的发展离不开立法的规范,中国特色认证认可工作体系进一步完善,30 余部法律、行政法规明确规定利用认证认可手段为经济和社会活动提供技术评价,构建了以 20 部法律、17 部法规、15 部行政规章为主体的认证认可法律法规体系,认可制度覆盖 3 大门类 11 项基础认可制度、24 个专项认可制度,检验检测机构资质认定制度覆盖 30 多个行业,累计制定 38 项认证认可行业标准、2641 项检验检疫行业标准、256 件技术规范,制定 17 件行业自律规范,开展认证认可和检验检测行业诚信建设,完善了 CCC 认证等监管制度,查处了一批从事非法、虚假认证检测活动的典型案件。[①] 从法律渊源角

① 孙大伟:《深化改革 创新发展　为建设认证认可强国而奋——在全国认证认可工作会议上的报告》,载国家认监委网:http://www.cnca.gov.cn/rdzt/2016/2016bjlx/hyjs/201602/t20160224_47463.shtml,最后访问日期:2017 年 3 月 28 日。

度，具体表现在以下几个方面。

(一)ISO/IEC 指南和国际标准

全球化首先是从技术层面上开始的，其次转向经济和社会层面。非政府组织在全球治理中发挥很重要的协调和辐射作用，其也是法律全球化的推动者。国际标准首先发展于技术和科学领域，通常由国际权威机构制定或倡导，是为有关国家、社会组织和个人所普遍接受或至少为一般接受的行为规则，往往体现在国际条约或者国际习惯中，包括各种指南、推荐原则、行为准则、示范法和良好实践。① 作为一种管理工具，一种“互补性”的制度移植，认证是人类在生产实践和社会交往过程中智慧及经验的结晶。我国认证工作国际化程度很高的原因在于对国际认证标准的同等适用或者转化，②保证了标准的同步性和更替的及时性，直接地体现认证认可国家标准、规则和管理运用活动中。我国规范认证认可活动的标准类文件，由全国认证认可标准化技术委员会(SAC/TC261)归口，对口 ISO 合格评定委员会(ISO/CASCO)。

作为全球公认的国际标准化机构，ISO 共有 200 多个技术委员会负责制定国际标准，其在贸易全球化、能源、气候、质量管理、食品安全等领域制定了大量的国际标准，得到了国际社会的普遍认可。ISO 作为国际非政府组织，没有立法权，其发布的各种指南并没有直接的法律约束力，在很多方面，对各个国家的立法只是提出倡导、一般的建议或者指南，由有关国家根据国情自愿性选择适用。它制定的国际标准在性质上属于“软法”，主要有：ISO/IEC 指南 65《产品认证机构通用要求》、《合格评定管理体系审核认证机构的要求》(ISO/IEC 17021)、《合格评定人员认证机构通用要求》(ISO/IEC 17024)、《检测和校准实验室能力的通用要求》(ISO/IEC 17025)、《各类检查机构能力的通用要求》(ISO/IEC 17020)、《医学实验室质量和能力的专用要求》(ISO15189)、《标准样品

---

① 朱景文：《当代中国立法中的法律移植》，载《河南省政法管理干部学院学报》2006 年第 4 期。

② 我国在加入 WTO 以后，国家质量监督检验检疫总局颁布《采用国际标准管理办法》，在采用国际标准程度上，我国包括等同采用和修改采用两种形式：前者指与国际标准在技术内容和文本结构上相同，或者与国际标准在技术内容上相同，只存在少量编辑性修改；后者指与国际标准之间存在技术性差异，并清楚地标明这些差异以及解释其产生的原因，允许编辑性修改。

工作导则(7)标准样品生产者能力的通用要求》(ISO 指南 34)、《合格评定能力验证的通用要求》(ISO/IEC 17043)。2012 年 9 月 ISO/IEC 17065:2012《合格评定——产品、过程和服务认证机构要求》替代 ISO/IEC 指南 65:1996。在全球化时代,对国家标准的采信之法律移植已成为我国认证认可法律发展的主导性方式。我国将国际非政府组织的标准等同采用转化成国内标准或法律后,在认证活动中获得强制性的法律效果,事实上也是使"软法"硬化的过程。

认证是对标准、技术规范的运用和推广。根据《认证技术规范管理办法》的规定,认证应当有法定依据,包括国家标准、行业标准或者相关认证技术规范。我国认证认可基础通用标准包括:《合格评定　词汇和通用原则》(GB/T 27000—2006)、《合格评定　良好操作规范》(GB/T 27060—2006)、《合格评定　结果的承认和接受协议》(GB/T 27068—2006)、《合格评定　第三方符合性标志的通用要求》(GB/T 27030—2006)、《合格评定　合格评定机构和认可机构同行评审的通用要求》(GB/T 27040—2010);认证活动相关标准有:《合格评定　管理体系审核认证机构的要求》(GB/T 27021—2007)、《合格评定　人员认证机构通用要求》(GB/T 27024—2004)、《产品认证机构通用要求》(GB/T 27065—2004)、《第三方认证制度中标准符合性的表示方法》(GB/T 27023—2008)、《认证机构对误用其符合性标志采取纠正措施的实施指南》(GB/T 27027—2008)、《合格评定　产品认证基础》(GB/T 27067—2006)、《合格评定　第三方产品认证制度应用指南》(GB/T 27028—2008)、《合格评定　产品认证中利用组织质量管理体系的指南》(GB/T 27053—2008);检查活动标准有:《各类检查机构能力的通用要求》(GB/T 18346—2001)等;检测活动标准有:《检测和校准实验室能力的通用要求》(GB/T 27025—2008)、《实验室生物安全通用要求》(GB19489—2004)等;认可活动相关标准有:《合格评定　认可机构通用要求》(GB/T 27011—2005)等。上述标准大多是等同采用 ISO/IEC 标准或指南。目前,我国认证标准近 1500 项。

(二)法律

1. 基础性的法律

《产品质量法》作为综合调整我国产品质量生产经营竞争关系、行政管理关系的市场规制法,[①]其对认证行为的独立性、规范性、法律责任等方面作了较为详尽的规定,对认证活动发挥着宏观性、基础性的调整和规制功能,[②]是《认证认可条例》《强制性产品认证管理规定》的母法、上位法,法律效力高,后者是对认证认可工作的具体性规范。

一般而言,计量和标准是质量认证的技术基础,而在法律层面,《产品质量法》与《计量法》和《标准化法》是一体两翼的关系,共同调整质量保证关系和标准认证关系。《消费者权益保护法》从权利保护的角度,规定了行政机关对伪造和冒用认证标志的处罚措施。全国人民代表大会常务委员会《关于司法鉴定管理问题的决定》(2005 年)主要目的是加强对司法鉴定机构的认可监督管理。《政府采购法》第 41 条规定了在大型或者复杂的政府采购项目中,采信第三方检测认证结果。《进出口商品检验法》第 6 条规定必须实施强制性要求的合格评定定义及合格评定程序内容。[③]《产品质量法》《进出口商品检验法》从国内、国际不同角度,从宏观方面规范了认证活动的运行和法律效力。

2. 部门监管性质的法律

我国的产品质量管理有部门监管的印记,不同的产品可能涉及不同的部门,体现品种监管与行业分段监管的特征,这些法律调整认证关系,主要是基于产品质量安全和生产安全的考量,从制度上鼓励推行社会化、自愿性的产品认证、体系认证,促进"多元共治",这充分说明我国立法机关在推动认证这个第三方质量管理工具的努力,具体表现在:《食品安全法》第 48 条、第 139 条,《农业法》第 23 条,《进出口商品检验法》第 6 条、第 36 条,《农产品质量安全法》第 32 条,《农业机械化促进法》第 15 条,《安全生产法》第 34 条、第 60 条、第 89 条,《清洁生产促进法》第 29 条,《节约能源法》第 20 条、第 64 条、第 69 条,《消防法》第 24 条、第 69

---

① 参见徐孟洲、谢增毅:《一部颇具经济法理念的产品质量法——兼评我国〈产品质量法〉的修改》,载《法学家》2001 年第 5 期。该文认为,《产品质量法》在内容上体现公法和私法的融合,是经济法综合运用各种调整手段规范政府和市场主体的行为,国家介入经济生活,以维护社会整体利益之理念的反映。

② 比如第 5 条、第 14 条、第 20 条、第 21 条、第 38 条、第 53 条。

③ 第 6 条规定,必须实施的进出口商品检验,是指确定列入目录的进出口商品是否符合国家技术规范的强制性要求的合格评定活动。合格评定程序包括:抽样、检验和检查;评估、验证和合格保证;注册、认可和批准以及各项的组合。

条,《建筑法》第 53 条,《对外贸易法》第 21 条、第 34 条。

需要言及的是,《药品管理法》《化妆品监督管理条例》中规定的 GMP 认证、GSP 认证虽无强制之名,却行强制之实。实际上,这些所谓的"认证"大多属于政府的资质许可中的技术审评,在性质上属于行政许可的范畴。

3. 竞争法

竞争法主要规制市场主体关于认证标志的不正当竞争行为和地方政府通过"重复认证"的壁垒的地方保护主义,以维护竞争秩序和竞争的充分性。我国《反不正当竞争法》第 5 条规定经营者不得伪造或者冒用认证标志等质量标志损害竞争对手,该法第 21 条规定经营者伪造或者冒用认证标志质量标志的法律责任。我国《反垄断法》第 33 条规定对外地商品不得采取重复检验认证歧视性技术措施。

(三)行政法规

《认证认可条例》于 2003 年 11 月 1 日施行,作为我国认证认可领域首部全局性和根本性的行政法规,实现了"四个统一"(统一目录、统一技术、统一标志、统一收费),建立了统一的认证认可监督管理制度,界定了参与认证认可活动各类主体间的权利义务关系,搭起了行业的基本制度框架,对认证机构设立资质条件、认证机构及从业人员行为规范、认可活动的监督管理进行了具体规定。该条例分总则、认证机构、认证、认可、监督管理、法律责任、附则共 7 章 78 条。就强制性认证方面,该条例第 29 条至第 36 条集中篇幅,分别规定了"四个统一"制度、目录产品强制认证制度、目录产品进出口简化检验制度、指定认证机构的额外条件及指定政策指定程序、指定业务信息公开制度、自愿选择指定机构制度、指定机构行为约束制度、指定机构国际互认管理制度等。

除《认证认可条例》之外,按颁布时序,涉及认证的行政法规有《计量法实施细则》《标准化法实施条例》《进出口商品检验法实施条例》《工业产品生产许可证管理条例》《广告管理条例》《医疗器械监督管理条例》《电信条例》《道路交通安全法实施条例》《病原微生物实验室生物安全管理条例》《铁路运输安全保护条例》《关于加强食品等产品安全监督管理的特别规定》《公共机构节能条例》《乳品质量安全监督管理条例》《食品安全法实施条例》《农业机械安全监督管理条例》《武器装备质量管理条例》等。

（四）部门规章

改革开放以来，我国为规范强制性产品认证活动，原国家商检局、原国家技术监督局、国家质检总局、国家认监委制定或会同国家发展和改革委员会、工业和信息化部、公安部、原农业部等有关部门发布了以规定或办法形式命名的部门规章，主要有：《产品质量监督检验站管理办法》（国标发〔1983〕319号）、《国家级产品质量监督检验测试中心基本条件》（国标发〔1984〕208号）、《出口商品质量许可证管理办法》（国检监字〔1987〕512号）、《强制性产品认证标志管理办法》（国家认监委2001年第1号公告）、《进口商品质量监督管理办法》、《进口商品安全质量许可制度实施办法》、《进口商品安全质量许可制度实施细则》、《产品质量认证证书和认证标志管理办法》、《进出口商品免验办法》、《进出口商品标志管理办法》、《汽车产业发展政策》、《强制性产品认证管理规定》、《第一批实施强制性产品认证的产品目录》、《强制性产品认证收费规定》、《强制性产品认证代理申办机构管理办法》、《认证证书和认证标志管理办法》、《认证违法行为处罚暂行规定》、《国家质量监督检验检疫总局规章制定程序规定》、《强制性产品认证指定机构管理办法》、《安全技术防范产品管理办法》、《国家产品质量监督检验中心授权管理办法》、《认证机构及认证培训、咨询机构审批登记与监督管理办法》、《国家认可机构监督管理办法》、《强制性产品认证机构、检查机构和实验室管理办法》、《国家认证认可监督管理委员会实施认证认可行政处罚若干规定》、《认证机构、检查机构、实验室取得境外认可机构认可备案管理办法》、《强制性产品认证技术专家组管理办法》、《强制性产品认证检查员管理办法》、《认证及认证培训、咨询人员管理办法》、《认证机构、检查机构、实验室取得境外认可机构认可备案管理办法》、《能源效率标识管理办法》、《国家统一推行的电子信息产品污染控制认证实施意见》、《铁路产品认证管理办法》、《认证培训机构管理办法》、《认证咨询机构管理办法》、《认证机构管理办法》、《出口食品生产企业备案管理规定》、《进口食品境外生产企业注册管理规定》、《消防产品监督管理规定》、《实验室和检查机构资质认定管理办法》、《认证认可国际同行评审员推荐与任职管理办法》、《认证认可申诉、投诉处理办法》、《国家认可机构监督管理办法》、《软件过程能力及成熟度评估管理办法》、《认证技术规范管理办法》、《实验室能力验证实施办法》、《实验室资质认定评审员管理办法》等。2015年为了规范电子招标投标系统检测认证活动，国家认监委、国家发展和改革委员会、工业和信息化部、住房和城乡建设部、交通运输部、水利部、商务部等七部委联合制定了《电子招标投标系统检测认证管理办法》。

（五）规范性文件

原国家标准局、原国家商检局、国务院办公厅、国家质检总局、国家认监委、中国合格评定国家认可委员会和相关部委相继颁布了大量以通知或公告形式发布的规范性文件，内容包括产品目录描述与界定文件，内含CCC目录发布、CCC目录描述与界定、认证实施规则、CCC标志、指定机构、认证收费、标准修订、CCC免办、技术专家组、工厂检查员、信息报送、业务操作、执法监管等，主要有：《关于强制性产品认证收费标准的通知》、《强制性产品认证实施规则》（国家认监委2001年第3号公告）、《进口食品生产企业注册程序》（国认注〔2001〕35号）、《关于加强认证认可工作的通知》（国办发〔2002〕11号）、《关于明确强制性产品认证制度和工业产品生产许可证制度管理范围有关问题的通知》（国质检认联〔2003〕46号）、《无需办理强制性产品认证或可免于办理强制性产品认证的条件》（国家认监委2005年第3号公告）、《国家认监委认证认可专项监督检查管理规定》（国认法〔2005〕4号）、《关于标准修订时强制性产品认证有关问题的通知》（国认科联〔2005〕18号）、《认证技术规范管理办法实施细则》（国认科〔2007〕81号）、《关于建立认证机构信息月报制度的通知》（国认可〔2007〕23号）、《关于进一步加强和改善认证行政执法工作的意见》（国质检认联〔2007〕146号）、《关于印发强制性产品认证有效性监督检查工作规范文件的通知》、《强制性产品认证证书注销、暂停、撤销实施规则》（国家认监委2008年第19号公告）、《免于强制性产品认证的特殊用途进口产品检测处理程序》（国家认监委2008年第38号公告）、《关于进一步改进和深化认证监管执法工作的指导意见》（国认法〔2008〕14号）、《强制性产品认证实施规则中涉及ODM模式的补充规定》（国家认监委2009年第30号公告）、《关于信息安全产品认证制度实施要求的公告》（国家认监委2010年第26号公告）、《关于认证机构办事机构备案有关问题的通知》(国认可〔2011〕53号)、《关于认证机构开展分包认证业务有关问题的通知》(国认可〔2011〕66号)、《非金融机构支付服务业务系统检测认证管理规定》(中国人民银行公告〔2011〕第14号)、《非金融机构支付业务设施技术认证审核员实施方案》(中认协注〔2011〕104号)、《关于认证机构开展备案认证业务有关问题的通知》(国认可〔2011〕67号)、《关于强制性产品认证依据用标准修订时有关要求的公告》(国家认监委2012年第4号公告)、《关于加强强制性产品认证风险信息分析预警工作的通知》(国认证〔2012〕97号)、《关于规范强制性产品认证指定实验室名称及相关信息的通知》(认办证函〔2013〕2号)、《关于进一步规范收费行为的通知》(国质检财〔2013〕259号)、《关于对部分医疗器械产品不再实施强制性产品认证管理的公告》(国家认监委2013年第52号公告)、《关于加强光伏产品检测认证工作的实施意见》(国认证联〔2014〕10号)、《关于部分消防产品实施强制性产品认证的公告》(2014年第12号联合公告)、《关于自贸区平行进口汽车CCC认证改革试点措施的公告》、《关于明确LTE FDD移动终端设备强制性认证要求的公告》(国家认监委2015年第9号公告)、《关于拟补充指定强制性产品认证机构和实验室的公告》(国家认监委2015年第19号公告)、《关于开展2015年度强制性产品认证指定机构及工厂检查员专项监督检查工作的通知》(国认证〔2015〕36号)、《关于明确宠物吹水机及类似产品强制性认证要求的公告》(2016年第17号)、《关于发布强制性产品认证目录产品与2016年HS编码对应参考表的公告》(2016年第18号)、《关于发布2016年强制性产品认证获证产品监督检查结果的公告》(2017年第3号)、《关于对四川省电子产品监督检验所等2家单位的部分强制性产品认证指定检测业务进行停业整顿的公告》(2017年第4号)等。2015年,为进一步规范管理体系认证活动,突出问题导向,实施对认证机构的分类管理,完善管理体系认证活动监管新模式,强化“五位一体”多元共治的认证认可监管体系,提高地方监管部门监管效率和执法效能,国家认监委制定了《管理体系认证活动监督规范》。①

由于强制性产品认证实施过程中存在型式试验、工厂检查、抽样检测、证后监督等多个环节,涉及生产企业、检查机构、实验室等多个主体,从而可能会危及 CCC 认证的有效性。2015 年国家认监委《关于建立和落实强制性产品认证指定认证机构主体责任的指导意见》明确规定,CCC 认证结果由认证机构首负责任,其对认证受理、型式试验、工厂检查、认证评定和证后监督等认证全过程负主体责任,对签约实验室负有业务管理职责。

(六)强制性产品认证实施规则

国家认监委参照国际指南(ISO/IEC 指南 28)制定了大量的实施规则。作为技术规范的一种重要表现形式,它明确了企业申请认证的依据、认证机构实施认证的依据、地方认证监管部门对 CCC 获证产品及企业的认证有效性进行监管的依据。作为目录内产品认证基本依据文件,认证实施规则内容包括:规则适用/覆盖的 CCC 目录产品范围、国家标准、行业标准和国家技术规范的强制性要求、认证模式、申请单元划分规则或规定、产品抽样和送样要求、关键部件的确认要求、检测标准和检测规则、工厂审查的特定要求、监督检查的特定要求、例行检验确认检验的要求、监督检查的特定要求、认证标志及使用的具体要求等。

在内容上,实施规则包括通用规则和具体产品规则。通用规则包含可能采用的认证模式及其要求,证书和标志使用的一般规定(包括扩大、暂停、注销、撤销),标志加施的通用要求,分类管理的相关要求,风险分析的相关要求,以及认证机构、申请方、获证方的责任义务等,明确了风险分级、加工方式分类和企业分类管理的要求,同时增加了技术机构和

---

① 国家认监委《关于明确自愿性产品认证实施规则备案工作要求的通知》(认办证函〔2013〕36 号)、国家认监委《关于发布自愿性认证业务分类目录及主要审批条件的公告》(2014 年第 38 号)、国家认监委《关于加快发展自愿性产品认证工作的指导意见》针对质量管理体系、食品安全管理体系、环境管理体系等体系认证,分别确定了其适用的认证规则,如《质量管理体系认证规则》《能源管理体系认证实施规则》《食品安全管理体系认证实施规则》《乳制品生产企业良好生产规范(GMP)认证实施规则》《乳制品生产企业危害分析与关键控制点(HACCP)体系认证实施规则》《测量管理体系认证实施规则》《中国森林认证实施规则(试行)》《良好农业规范认证实施规则》《有机产品认证实施规则》《体育场所服务认证实施规则》。

企业的责任和义务。具体产品规则包含产品范围、适用标准、适用的认证模式或企业可以选择的认证模式、证书和标志使用的特殊规定等，提高了规则的针对性。规则名称具体见表 2-1 和表 2-2。

表 2-1　通用规则名称

序号	编号	版本	通用规则名称
1	CNCA-00C-001	2008	《强制性产品认证证书注销、暂停、撤销实施规则》
2	CNCA-00C-002	2009	《强制性产品认证实施规则中涉及 ODM 模式的补充规定》
3	CNCA-00C-003	2013	《强制性产品认证实施规则　生产企业分类管理、认证模式选择与确定》
4	CNCA-00C-004	2013	《强制性产品认证实施规则　生产企业检测资源及其他认证结果的利用》
5	CNCA-00C-005	2014	《强制性产品认证实施规则　工厂质量保证能力要求》
6	CNCA-00C-006	2014	《强制性产品认证实施规则　工厂检查通用要求》
7	CNCA-00C-007	2014	《强制性产品认证实施规则　信息报送、传递和公开》

表 2-2　产品规则名称

序号	编号	版本	产品规则名称
1	CNCA-C01-01	2014	《电线电缆》
2	CNCA-C02-01	2014	《电路开关及保护或连接用电器装置(电器附件)》
3	CNCA-C03-01	2014	《低压成套开关设备》
4	CNCA-C03-02	2014	《低压元器件》
5	CNCA-C04-01	2014	《小功率电动机》
6	CNCA-C05-01	2014	《电动工具》
7	CNCA-C06-01	2014	《电焊机》
8	CNCA-C07-01	2017	《家用和类似用途设备》
9	CNCA-C08-01	2014	《音视频设备》

续表

序号	编号	版本	产品规则名称
10	CNCA-C09-01	2014	《信息技术设备》
11	CNCA-C10-01	2014	《照明电器》
12	CNCA-C11-01	2014	《汽车》
13	CNCA-C11-01/A1	2014	《汽车(消防车)》
14	CNCA-C11-02	2014	《摩托车》
15	CNCA-C11-03	2014	《摩托车发动机》
16	CNCA-C11-04	2014	《汽车安全带》
17	CNCA-C11-05	2014	《机动车喇叭》
18	CNCA-C11-06	2014	《机动车制动软管》
19	CNCA-C11-07	2014	《机动车外部照明及光信号装置》
20	CNCA-C11-08	2014	《机动车辆间接视野装置》
21	CNCA-C11-09	2014	《汽车内饰件》
22	CNCA-C11-10	2014	《汽车门锁及门保持件》
23	CNCA-C11-11	2014	《汽车燃油箱》
24	CNCA-C11-12	2014	《汽车座椅及座椅头枕》
25	CNCA-C11-13	2014	《车身反光标识》
26	CNCA-C11-14	2014	《汽车行驶记录仪》
27	CNCA-C12-01	2014	《机动车辆轮胎》
28	CNCA-C11-15	2017	《强制性产品认证实施规则　摩托车乘员头盔》
29	CNCA-C11-16	2014	《强制性产品认证实施规则　电动自行车》
30	CNCA-C13-01	2014	《安全玻璃》
31	CNCA-C14-01	2014	《农机产品》
32	CNCA-C16-01	2014	《电信终端设备》
33	CNCA-C18-01	2014	《火灾报警设备》
34	CNCA-C18-02	2014	《火灾防护产品》
35	CNCA-C18-03	2014	《灭火设备产品》
36	CNCA-C18-04	2014	《消防装备产品》

续表

序号	编号	版本	产品规则名称
37	CNCA-C19-01	2014	《防盗报警产品》
38	CNCA-C19-02	2014	《安防实体防护产品》
39	CNCA-C21-01	2014	《装饰装修产品》
40	CNCA-13C-068	2010	《童车类产品强制性认证实施规则》
41	CNCA-13C-069	2010	《电玩具类产品强制性认证实施规则》
42	CNCA-13C-070	2010	《塑胶玩具类产品强制性认证实施规则》
43	CNCA-13C-071	2010	《金属玩具类产品强制性认证实施规则》
44	CNCA-13C-072	2010	《弹射玩具类产品强制性认证实施规则》
45	CNCA-13C-073	2010	《娃娃玩具类产品强制性认证实施规则》
46	CNCA-C22-03	2014	《机动车儿童乘员用约束系统》

资料来源：国家认监委网：http://www.cnca.gov.cn/bsdt/ywzl/qzxcprz/ssgz_1104/201512/t20151209_50221.html，最后访问日期：2019年3月18日。

（七）认可制度

认可制度为第三方审核者确立了最低的专业和培训要求，这涉及审核者的能力验证问题。就强制性认证活动而言，概莫能外。政府针对认证机构的认可约束是国际惯例。为适应国际认可工作发展的需要，统一集中实施不同行业、不同领域的认可工作，2006年3月国家认监委（CNCA）批准成立中国合格评定国家认可委员会（CNAS），统一履行对认证机构、实验室和检查机构的认可职责，在国家认证认可体系中发挥认可技术与合格评定能力保障的核心作用。在CNAS框架下，建立了全体委员会、执行委员会和多个专门委员会，形成了体系完备的认可工作机制。作为国家授权的权威技术评价机构，CNAS通过对认证机构等的能力认可，提高认证活动主体的公信力和规范性，促进其内部质量体系和验证水平，从而推进认证的供给水平。《认证机构管理办法》第37条第1款规定，国家鼓励认证机构通过认可机构的认可，以证明其实施认证的能力符合要求。目前，中国建立了集中统一的国家认可制度，除《认证认可条例》之外，还有46部法律法规、行政规章和规范性文件直接或间接采信认可结果，形成了认证机构、实验室、检验机构等3大门类12

项基础认可制度、26个专项认可制度、35个分项认可制度构成的制度体系，广泛应用于第一、二、三产业、政府监管、公共服务等各个领域。我国认可的管理体系认证占全球的1/4，实验室和检验机构占全球的1/8，认可的机构和证书数量连续多年居世界第一位。①

“十二五”期间，我国认可制度种类增加了1/3，认可的合格评定机构数量和认可的认证数量分别增长了六成左右，认可服务能力得到明显增强，增强认可约束效果，认可制度的齐全性和认可实施的规模保持国际前列。“十二五”期间，我国共通过部际协作平台建立49项认证认可制度，共同推进128项认证认可工作。中国合格评定认可委员会（NAS）对认证机构进行认可约束，从成立以来制定出台了通用规则（4个）、专用规则（8个）、基本准则（5个）、专用准则（23个）、认可指南（6个）、认可方案（23个）共69个。前述规则、准则归纳如表2-3所示。

表2-3　认可规则及认可准则

类别	文件编号	文件名称
通用规则	CNAS-R01:2015	《认可标识使用和认可状态声明规则》
	CNAS-R02:2018	《公正性和保密规则》
	CNAS-R03:2015	《申诉、投诉和争议处理规则》
	CNAS-R01:2018	《认可标识使用和认可状态声明规则》
专用规则	CNAS-RC01:2018	《认证机构认可规则》
	CNAS-RC02:2018	《认证机构认可资格处理规则》
	CNAS-RC03:2013	《认证机构信息通报规则》
	CNAS-RC04:2017	《认证机构认可收费管理规则》
	CNAS-RC05:2017	《多场所认证机构认可规则》
	CNAS-RC06:2006	《对软件过程及能力成熟度评估机构的认可程序规则》
	CNAS-RC07:2017	《具有境外场所的认证机构认可规则》
	CNAS-RC08:2018	《温室气体审定和核查机构认可规则》

① 刘卫军：《在第六届合格评定认可工作会议上的讲话》，载中国合格评定国家认可委员会网：https://www.cnas.org.cn/rdzt/dlj/ldjh/2017/11/887228.shtml，最后访问日期：2017年12月6日。

续表

类别	文件编号	文件名称
基本准则	CNAS-CC 01:2015	《管理体系认证机构要求》(ISO/IEC 17021-1:2019)
	CNAS-CC 02:2013	《产品、过程和服务认证机构要求》(ISO/IEC 17065:2012)
	CNAS-CC 03:2014	《人员认证机构通用要求》(ISO/IEC 17024:2012)
	CNAS-CC 51:2014	《软件过程及能力成熟度评估机构通用要求》
	CNAS-CC04:2018	《温室气体审定和核查机构要求》
专用准则	CNAS-CC 11:2010	《基于抽样的多场所认证》(IAF MD 1:2007)
	CNAS-CC 12:2018	《已认可的管理体系认证的转换》(IAF MD 2:2007)
	CNAS-CC 13:2008	《高级监督和再认证程序》(IAF MD 3:2008)
	CNAS-CC 14:2008	《计算机辅助审核技术在获得认可的管理体系认证中的使用》(IAF MD 4:2008)
	CNAS-CC 18:2014	《食品安全管理体系认证机构要求》(ISO/TS22003:2013)
	CNAS-CC 31:2010	《〈人员认证机构通用要求〉应用指南》(IAF GD24:2009)
	CNAS-CC 105:2016	《确定管理体系审核时间》(QMS,EMS,OHSMS)
专用准则	CNAS-CC 106:2014	《CNAS-C C01 在一体化管理体系审核中的应用》(IAF MD 11:2013)
	CNAS-CC 121:2017	《环境管理体系审核及认证的能力要求》(ISO/IEC TS17021-2:2012)
	CNAS-CC 131:2017	《质量管理体系审核及认证的能力要求》(ISO/IEC TS17021-3:2013)
	CNAS-CC 170:2015	《信息安全管理体系认证机构要求》(ISO/IEC27006:2015)
	CNAS-CC 175:2015	《信息技术服务管理体系认证机构要求》(IAF MD18:2015)
	CNAS-CC 190:2015	《能源管理体系认证机构要求》(ISO50003:2014)

(八)行业自律规范

中国认证认可协会(Chinese Certification and Accreditation Association, CCAA)成立于2005年9月,是国家认监委(CNCA)授权的依法从事认

证人员认证(注册)的机构,开展产品认证检查员、管理体系审核员、服务认证审查员和认证咨询师的认证(注册)工作,是国际人员认证协会(International Personnel Certification Association, IPC)的全权成员,同时是由认证认可行业的认证机构、认可机构、认证咨询机构、认证培训机构、实验室、检测机构等组成的非营利性全国性行业组织,其主要职能是加强社会责任监督和行业自律、认证人员注册等。

为加强认证行业自律监管和推进规范化管理,中国认证认可协会成立了行业自律与诚信建设工作委员会和人员注册技术与申投诉委员会,制定和发布了《中国认证认可协会章程》《中国认证认可行业自律公约》《认证机构公平竞争规范——与认证证书有关的有违公平竞争行为约束》《认证机构公平竞争规范——认证价格自律规定》《认证机构履行社会责任指导意见》《不予受理认证机构认可申请和暂停、撤销认证机构认可资格有关规定的说明》《认证机构公平竞争规范——管理体系认证价格暂行规定》《认证审核员转换执业机构暂行规定》《强制性产品认证机构及检测机构的行业自律规范》《认证机构诚信经营规范》《强制性产品认证检查员自律规范》《强制性产品认证检查员注册准则》《认证人员考核注册、培训课程确认收费规则》《申诉、投诉和争议处理程序规则》《注册人员资格处置规则》《认证人员执业信用管理规范》等认证自律性行规行约。对人员注册实行担保、认证机构推荐和考试形式,CCAA 通过处理投诉、接受聘用机构和受检查方反馈及年度确认等方式,对检查员遵守行为规范情况进行监督,可给予强制性产品认证检查员警告、暂停注册资格、降低注册级别、撤销注册资格的处置;对认证机构可通过同行检查,以公开文件形式通报批评、公开谴责、处交纳违约金、向国家认监委和认可机构如实通报,以采取相应的联动措施。这些行业自律文件规定对强制性认证检查活动和认证机构管理起到了一定的约束性作用。

为贯彻国务院简政放权、行政审批制度改革要求,2015 年 8 月国家质检总局《关于修改〈认证机构管理办法〉的决定》放宽了认证市场准入限制,适时调整强制性产品认证竞争政策,简化审批程序。为引导认证检测机构提升服务能力,降低企业认证检测成本,落实中方在中美商贸联委会上的承诺,修订了强制性产品认证实施规则,建立产品目录和指定机构动态调整机制,解决部分产品领域"独家垄断"问题。[①] 规章的修订有利于企业降低经营成本,释放认证机构的改革活力,但规章对如何进一步加强认证机构的监管并未着墨。另外,我国《认证认可条例》第9条对认证机构准入实行"先证后照",但新的《认证机构管理办法》实行"先照后证",下位法的规章有违上位法的条例,其合法性有待商榷。

二、强制性产品认证的运行体制

(一)公权主导型的监管体制

在组织层面,按照国务院办公厅《关于加强认证认可工作的通知》(国办〔2002〕11号)的文件精神及《认证认可条例》要求,结合部门职责和认证认可专业技术性,我国逐步建立了由30个成员单位构成的全国认证认可工作部际联席会议制度,秘书处设在国家认监委(CNCA),"统一管理,共同实施"。国家市场监督管理总局为国务院直属机构,归口管理国家认监委,在CCC产品认证工作中的主要职能为:与国家认监委共同对外发布产品目录、制定相关规章制度。国家认监委除制定发布目录外,还发布目录内产品认证实施规则,指定承担认证任务的认证机构、检查机构、认证标志发放机构,指导地方市场监督管理部门查处CCC产品认证违法行为等。为便于工作协调沟通,按照惯例,国家认监委主任一般兼任国家市场监督管理总局副局长。中国合格评定国家认可委员会按照国际和国家标准,建立并运行认可体系,制定发布认可规则、准则、指南等规范性文件,开展能力评价,作出认可决定,并对获得认可的合格评定机构进行监管。中国认证认可协会(CCAA)作为认证认可行业自律组织,是国家认监委授权的依法从事认证人员认证(注册)的机构(授权号CNCA-A02),开展管理体系审核员、产品认证检查员、服务认证审查员和认证咨询师的认证(注册)工作,是国际人员认证协会(IPC)的全权成员,在提升行业信用、规范经营方面发挥积极作用。我国已建立了对认证机构和从业人员的组织和制度框架,体现了中国特色认可行业监管模式。

---

① 马文生:《认证认可迎来又一春——全国认证机构管理工作会议侧记》,载《中国国门时报》2014年9月9日,第2版。

根据《关于认证工作分工的意见》(国认法联〔2002〕22号),地方质量监管机构对目录产品实施监督,查处未获得认证或未加施认证标志的产品,假冒、伪造认证标志的产品,防止未获得认证的目录内产品进入本辖区。查处对象为产品的生产者、经销商、进口商和经营活动中的使用者,发现认证机构、检测机构、检查机构和认证人员有违法行为,须报国家认监委查处,涉及经济处罚的可委托相应省级质检部门执行。出入境检验检疫机构负责外资机构(含中外合资、合作机构和外商独资机构及驻华代表机构等)的监督,对相关强制性认证产品实施入境验证工作,查处对象一般为出口加工企业。概括而言,市场监督管理部门的监管对象主要限于产品本身及相关生产经营市场主体。

指定认证机构是目录内产品强制性产品认证工作实施的主体,其法定义务有:按照《认证认可条例》及相关认证实施规则要求,实施认证活动,颁发CCC认证证书,对获证产品及相关生产厂进行跟踪检查,暂停(注销、撤销)认证证书,处理对CCC产品及认证申请人的投诉、申诉。检测、检查机构接受认证机构委托,提供CCC产品的检测报告、生产厂商的工厂审查报告。为便于市场监督,避免假冒行为,由国家认监委指定的机构统一发放CCC认证标志。指定机构的具体任务为:发放认证标志、核准非标准规格的CCC标志,以及模压等其他方式使用的CCC标志使用方案。

(二)认证程序的实证考察

认证程序是强制性产品认证制度的核心内容。从广义上讲,认证程序是指定认证机构履行认证合同、协助政府进行市场监督的系列活动。从狭义上讲,认证程序是指在认证活动中任何直接或间接用以确定是否满足技术法规或标准中相关要求的步骤、方法、手段。我国《强制性产品认证管理规定》规定了CCC产品认证的基本程序,包括6个步骤,即认证申请和受理、型式试验、工厂审查、抽样检测、认证结果评价和批准及证后的监督。《认证机构管理办法》规定了认证机构的一般性行为规范和工作职责、要求。[①]《强制性产品认证机构、检查机构和实验室管理办法》规定了指定认证机构的具体业务准则及业务转让禁止条款。[②]《强制性产品认证管理规定》规定了认证机构证后监督责任。[③] 从上述规定可以看出，一方面，认证机构的认证程序与认证权利、义务存在内在关联，认证机构在认证活动中权利、义务具有同一性，权利、义务构成了程序的实体内容；另一方面，认证程序也是决定认证有效性的主要影响因素。

认证周期的长短和认证单元的划分对申请人至关重要。认证周期过长，单元划分过细，会阻碍企业产品和技术创新、进步，增加企业不必要的获证成本。《强制性产品认证管理规定》第 16 条规定，认证机构应当自受理认证委托起 90 个工作日内向认证委托人出具认证证书。然而有不少企业反映，在实际操作中，从申请到取证远远超过 90 个工作日；即便能在 90 个工作日中取到证，也难以满足市场对产品快速更新换代的要求。造成认证时间过长的主要原因包括：检测机构少而需获证企业多的矛盾较突出；[④]认证证书和 CCC 标志分开申请缺乏效率。因为《强制性产品认证标志管理办法》规定申请人必须持申请书、认证证书副本向指定认证机构申请使用 CCC 认证标志。企业从获得 CCC 产品证书到取得 CCC 认证标志，中间间隔约 20 日，这对照明、小家电类型等产品更新换代较快的企业影响较大。据调查问卷显示，41. 39%的获证企业

---

① 第 31 条规定，认证机构应当按照认证基本规范、认证规则的要求对其认证的产品、服务、管理体系实施有效的跟踪监督，确定合理的监督检查频次，以保证通过认证的产品、服务、管理体系持续符合认证要求；对不能持续符合认证要求的，认证机构应当暂停或者撤销其认证证书，及时向社会公布，并采取有效措施避免无效认证证书和认证标志继续使用。

② 第 24 条规定，经国家认监委指定的强制性产品认证机构应当在指定范围内按照认证基本规范和认证规则的要求为认证委托人提供服务，不得转让或者变相转让指定的认证业务。

③ 第 27 条规定，认证机构在跟踪检查中发现认证委托人违反认证规则、无正当理由拒绝接受跟踪检查或者跟踪检查发现产品不能持续符合认证要求情形下，要暂停认证证书。

④ 据家电企业反映，广东家电和电子产品等行业 CCC 认证检测样品多，检测机构少，检测人员加班加点也无法及时完成检验任务，造成检测时间加长。此外，具备相关检测能力的机构却由于种种原因未获取相关检测资格。以摩托车行业为例，广东摩托车生产企业数量居全国首位，整车年产量达 400 多万辆，占国内整车产量的 16%。广东省在江门市建立了国家摩托车及配件质检中心，具备了从事 CCC 产品检测实验室的全部条件，但至今未成为 CCC 产品检测实验室。广东省摩托车产品进行 CCC 认证检测要送到省外，既消耗时间，又增加了企业负担，地方政府和企业意见很大。

认为CCC认证单元划分过细,该意见大多数来自电器类产品企业。①

(三)综合型的认证模式

我国强制性产品认证模式来源于ISO的《认证的原则与实践》(1980年),该书将产品认证归纳为八种基本模式:(1)型式试验(样品试验),即按某种试验方法对样品进行试验,以证明其符合标准或技术规范要求;(2)型式试验+认证后监督(市场抽查检验),即从市场上购买商品进行检验;(3)型式试验+认证后监督(工厂抽样检验)从工厂发货前产品中进行检验;(4)型式试验+认证后监督(市场和工厂双重抽样),是第2、3种模式之和;(5)型式试验+工厂质量体系评定+认证后监督,相当于第4种模式加上质量体系监督评审;(6)工厂质量体系评定;(7)批量试验,即采用一定的抽样方案,对一批产品进行抽样检验;(8)全检,即在出厂前,对每一件产品依据标准进行100%检验。产品认证适用以上单一的认证模式或者若干认证模式的组合。八种模式之差异比较见表2-4。②

---

① 以《电气电子产品类强制性认证实施规则低压电器低压成套开关设备附件1——申证单元划分原则》为例,企业的意见集中在以下三个方面:一是认证单元划分办法与行业长期以来的惯例不同。按照行业惯例,低压成套开关设备(下称开关柜)凡新产品鉴定或技术转让后的验收,均是选取有代表性的样柜方案做型式试验。以额定短时耐受电流(Icw)为例,企业基于开关柜标准化及通用性、经济性考虑,基本柜体一般是相同的,若某系列开关柜Icw分为30kA、50kA、80kA,按行业惯例只需选取最大规格80kA做型式试验即可,型式试验结果覆盖其余规格是可信的,成本约18万元。但按CCC产品认证办法,则需3个申证单元,做3套样柜的型式试验,成本约40万元。二是存在重复取证现象。一个型号的开关柜通常有几十种典型线路方案,包括各种进线柜、计量柜、出线柜、联络柜、电容柜等,其线路组合方案由用户按实际需求而定。但电容柜被作为一个单独的产品列入CCC认证单元,出现整体产品需要取证,整体产品中的组成部分也要取证的重复认证现象。三是同类产品归类区分过细。电容柜控制投切电容器的元器件目前分为机电开关、半导体电子开关、复合开关三种,其功能都一样,但选择不同的开关须取得不同的CCC认证。以GCK、GCS、GHT、GGD、PGL5种电容柜为例,覆盖3种开关企业至少需申请15张CCC认证证书。上述认证单元划分过细的问题在玩具产品上同样存在。如功能、关键零部件完全相同的电玩摩托车,只因装饰物分别为熊猫、大象等不同的造型,就分属不同的单元,需要分别取证,既增加了企业的证书数量,又增加了企业的检测成本。家电企业、灯饰企业等也都存在相似的问题。

② 郭冰等主编:《CCC认证》,广东经济出版社2004年版,第4页。

表 2-4　产品认证八种基本模式

认证类型	型式试验	工厂质量体系评定	认证后监督		
			市场抽查检验	工厂抽样检验	质量体系监督
1	√				
2	√		√		
3	√			√	
4	√		√	√	
5	√	√	√	√	√
6		√			
7	批量检验				
8	全检				

20 世纪 80 年代初，ISO/IEC 向各国正式提出建议，以第 5 种认证模式为基础建立各国的国家认证制度，因为该模式最完善、最严格，其克服了其他模式的弊端和不足，被 ISO/IEC 导则 28 推荐为“典型的第三方产品认证制度”，是国际最通用的产品认证模式。

《强制性产品认证管理规定》考虑产品性能、对人体健康、环境和公共安全可能产生的危害程度、产品的生命周期特性等因素，按照科学、便利等原则确定认证产品范围、认证模式。我国发布新版实施规则，可结合历年监督抽查和行业发展水平，从原则上规定基本认证模式，认证机构可根据产品性能、特点和自身管理能力，制定具体的认证实施细则。这样可以给予认证机构更多自主权，改变呆板的工厂检查方式，提高工厂检查效率。认证机构制定的实施细则是其认证活动的“法律”依据，在某种意义上，也是检验监管机关实施监督、评价认证活动是否规范、合法的主要方式。

（四）收费制度：从政府强制到市场调节

收费制度是强制性产品认证制度的重要内容。CCC 认证收费的性质是经营服务性收费，实施机构为认证机构。2015 年以前，认证行业的收费实行政府定价，目前以政府定价与市场调节双轨制运行。《价格法》明确规定，中介机构提供有偿服务时，政府可以实行政府指导价或政府定价。认证收费制度设计须平衡和保证认证机构在提供认证服务过程中不受价格等经济利益的影响,确保其认证活动遵循客观独立、公正公开、诚实信用的原则,同时适当考虑竞争机制的运用。2014 年国家发展和改革委员会放开自愿性产品认证、质量(环境)体系认证价格服务。之前为防止相关认证机构低价、恶性竞争,中国认证认可协会出台了最低限价规定。对自愿性认证,其收费大多数实行市场调节价,以合同形式自行协商定价,如委托性产品质量检验、自愿性产品认证、体系认证等。

CCC 产品认证的收费政策性调整频繁。《关于强制性产品认证收费标准的通知》(计价格〔2002〕889 号)规定了 CCC 产品认证收费项目和收费标准:申请费 600 元(境外收通信费 500 元、翻译费 1000 元);产品检测费按《产品质量监督检验收费管理试行办法》执行,检测成本包括检测费、检测人员经费、管理费,而检测费=(材料费+水电燃料费+仪器设备维修费+检验用房维修费+仪器设备折旧费)×(1+10%)。以防盗保险柜为例,检测项目为分类和标记、一般要求、结构要求、电源、抗破坏要求、机械锁检验、电子锁检验、环境试验、抗静电试验,全项检测费 20450 元;工厂审查费包括三项,即文件审查、现场审核和出具工厂审查报告产生的费用,为 3500 元/人/日;质量体系认证证书在有效期内不收审查费;交通费用由认证申请人负担,食宿费认证机构自理;批准与注册费(含证书费)收费标准为 800 元/每次;监督复查费包括工厂审查费和抽样检测费,按不超过初次认证费用各 25%收取,但对涉及 CCC 产品扩展和变更的监督复查,按实际发生费用收取;年金每年 400 元/证;认证标志费分为标志费或标志批准使用费两种。①

在 2008 年国际金融危机影响下,国家发展和改革委员会《关于重新制定强制性产品认证收费标准的通知》(发改价格〔2009〕1034 号)对 CCC 产品认证收费项目和收费标准进行了调整:申请费降为 500 元,产品检测费收费降低 10%收取,工厂审查费降为 2500 元,批准与注册费 800 元/单元;产品检测费降为 25%以下收取,其中,按检测项目多少确

① 对按规定直接使用认证标志(CCC)的收取标志费,8 毫米标志 0.07 元/每枚;15 毫米 0.14 元/每枚;30 毫米 0.28 元/每枚;45 毫米 0.52 元/每枚;60 毫米 0.56 元/每枚,对经认证机构批准在产品或包装上自行印刷或模压标志的,收取标志批准使用费,每年 1000 元/标志。

定检测费,1 个项目的,按产品检测费的 100%计收;2 个的按 50%计收;3 个的按 33%计收,年金 100 元/每张,认证标志收费也相应减少。为充分发挥市场在资源配置中的决定性作用,《关于放开部分检验检测经营服务收费的通知》(发改价格[2015]1299 号)决定放开原实行政府定价的检验检测认证经营服务收费,CCC 产品认证机构、实验室和 CCC 产品认证标志发放管理机构开展 CCC 产品认证时,收取的费用实行自主定价。

认证是市场经济的产物,认证服务价格应该在相关法律规定的基础上主要由市场调节,这个改革总体方向是对的。认证机构根据其品牌影响力和竞争程度决定自身的认证收费价格,可促进认证质量提升,赢得市场认可。但 CCC 认证收费有其特殊性,CCC 认证市场主要是供方垄断市场。现阶段改革的目标不是简单的价格放开,而是重点权衡哪些费用是合理的,哪些是可以废除的。根据《认证证书和认证标志管理办法》第 13 条的规定,CCC 标志属于国家专有认证标志。在本质上,CCC 标志为信息类公共产品,它不是哪个认证机构的注册商标或商号,只要其对应的认证产品符合一致性和法规要求,就可以加贴。① 认证收费过高,会降低企业取证的意愿,带来的后果是,很多装配型的小厂被迫转为地下黑工厂,非法生产、经营无 CCC 认证的产品,扰乱市场秩序,危害消费者。有关部门应出台相应的基准价格指导意见,取消 CCC 认证产品印刷/模压标志等不合理的收费,把偏高的检测费用降下来。

第三节　我国强制性产品认证制度的主要特征

经过多年的发展,我国强制性产品认证法律制度正逐步完善。从上述相关制度不难发现,强制性产品认证法律制度具有渐进性、国际性、多层次和转轨性的表象特征。通过这些表象特征,还可以概括其内在的规律性特征。

① 赖新权:《改革和规范检验检测认证及其收费的建议》,载《粤港澳市场与价格》2009 年第 5 期。

一、政府主导干预的父爱主义

父爱主义(paternalism)来自拉丁语 pater,别称家长主义,意指像父亲那样对待孩子。中国传统思想中的仁政爱民思想可以成为法律父爱主义的本土化依据。[①] 由于历史和现实的原因,中国法治化进程主要由政府主导。特别是在市场经济有待进一步完善之时,民主化推进过程中,社会自治能力不高的情形下,在某些领域,政府运用强制力规制经济与社会的法治建设。

认证既是经济活动,也是社会活动。特别是我国正处在市场经济发展的初级阶段,工业发展水平还不高,市场经济体制和信用体系建设还不完善,所以政府高度重视产品质量问题。我国认证制度的演变有强制性变迁与诱制性变迁双重特征,是内外各种因素交互作用的结果。毋庸置疑,我国政府在强制性认证制度的建立及发展脉络中,承担了组织者和主导者"父亲"的重要角色。在改革开放初期,从最初的政府引进认证、自己办认证机构,开始产品认证、体系认证,到认证机构社会化改革,政府都是亲力亲为,主导认证工作的进程、发展方向和战略规划,逐步建立了有中国特色的认证认可体制。从制定产品标准、认证实施规则、认证产品目录、收费制度、证书和标志制度等,无不体现国家干预的色彩。从认证类型的发展路径来看,总体上,我国认证的推进是从自愿性产品认证开始的,并渐渐扩充到体系、强制性产品认证和服务认证等多个领域。从认证机构的独立性来看,在 20 世纪 80 年代,认证机构隶属于政府,承担的是行政职能,而现在,随着经济体制改革和市场经济的发展,我国认证机构的第三方独立性日益明显,这都有赖于政府的强力推动。波斯纳(Richard Allen Posner)指出,由于官员的有限理性,父爱主义色彩的规制反而可能具有反效果,因为政府作为父爱式法律和政策的制定者及执行者,也是具有"三个有限"的现实人,政府制定出来的法律不可

① 孙笑侠、郭春镇:《法律父爱主义在中国的适用》,载《中国社会科学》2006 年第 1 期。

能完美,而且它也不可能完美无瑕地执行法律。① 从法律学的角度来看,父爱主义政策下,法律实际上赋予政府更多的责任与义务。② 强制性认证制度本身的正当性毋庸置疑,但国家"父爱"式干预必须尊重经济民主和企业自由,理性区分、界定政府与市场的关系、角色定位及需要干预的范围、方式、频率,而不能越位、缺位。

二、质量规制的混合治理模式

认证作用的对象具有广泛性和复杂性:一方面,其通过产品认证,而存在于经济领域,即生产、交换、消费关系的领域;另一方面,其通过体系认证,不仅存在于经济领域,而且存在于社会领域,比如政府公共服务机构、森林资源。法律调整方式一般有公法调整和私法调整两种方式,具体到法律部门,前者为行政法、刑法调整,后者为民商事法律调整。经济法调整方式体现的综合性特征在于前两者的交融。具体到认证规制:首先,总体上《认证认可条例》对认证行业进行政府的强力监管,表现在资质认可、准入条件、运行要求、违反义务的法律责任之承担,体现公权干预的特点。其次,通过认证机构这个"市场医生"的认证审核即"问诊"、"对症下药"来调适市场主体的良性经营(保障健康)。这个"医生"看病的过程就是一个私人行为,用"医疗"合同来调整。反映到认证,那就是认证合同。据此,实现双方各自的权利义务,私法即合同法调整的内容。"在私法领域中的规制虽是个别地、直接地规制了个人关系,但在整体上实质上,它是从特定的政策目的出发,从私法上满足社会调整的要求。在其方式上,虽不同于公法的规制,但这只是手段的不同,而从其完成的目的和效果来看,都可以认为是同属于经济法的规制。"③《认证认可条例》第 6 条规定的认证活动应该遵循客观公正、公开公平、诚实信用条款就体现了对认证过程的总要求,我国《认证机构管理办法》第 25 条、第

① [美]科林·凯莫勒等:《偏好与理性选择:保守主义人士也能接受的规制——行为经济学与"非对称父爱主义"的案例》,郭春镇译,载《北大法律评论》第 9 卷第 1 辑,第 90 页。

② 赫然、亓晓鹏:《法律父爱主义的可能困境及保障策略》,载《长白学刊》2010 年第 5 期。

③ [日]金泽良雄:《经济法概论》,满达人译,中国法制出版社 2005 年版,第 57 页。

26条、第31条等对认证机构履行认证合同过程中的行为约束,在一定程度上体现了经济法调整方式的混合性。

强制性产品认证制度,在政府与市场之间引入了认证机构这个市场变量,政府与认证机构共同作用于产品质量监督,改变了传统的政府直接干预市场的治理模式。认证机构的独立与专业、客观替代了政府的低效,减少了政府规模和财政预算。现代政府在产品治理方面任务繁重,在治理经验、专业技术等方面,政府不一定有优势。强制性产品认证制度的技术评价与行政监管实行分离,能够让政府有充分的时间在制度和监管方面有所作为,尽心做好宏观调控和市场监督。但这并不是说让政府对强制性产品认证机构撒手不管。作为经济人的认证机构也存在道德风险和机会主义,容易滥用认证权力,谋取不当利益,不严格执行认证规则和程序,弄虚作假,从而扭曲信息传导机制。这就需要形成双层干预,即认证机构通过跟踪验证产品一致性对市场主体进行初次干预,而政府则对认证机构的认证行为进行再干预。政府进行干预的方式可以是直接干预,也可通过市场主体进行逆向干预。

三、发展路径的国际标准依赖

从发展之初起,我国的CCC认证制度走的就是国际路线,并按照国际认证规则逐步组建,不断加以完善、调整。我国发布的有关CCC产品认证的法律、行政法规和规章所使用的标准大多是以ISO/IEC联合发布的国际指南、国际标准为基础等同采用或等效采用制定发布的,符合WTO《贸易技术壁垒协定》的宗旨,这些标准是国际双边或多边互认的基础。我国强制性产品认证制度是ISO/IEC推荐的典型第三方产品认证制度,以ISO/IEC17025为依据评定检验机构的质量保证能力,按ISO/IEC指南38、39和40对检验机构、审核机构和认证机构实行认可制度。我国强制性产品认证的国际互认集中在电子产品领域。自1989年加入IECEE的检测结果的互认体系后,我国实现了与43个成员间的IECEE-CB测试证书的互认。目前,我国指定的认证机构已与欧洲、美国、日本、新加坡、马来西亚、韩国等国家和地区的认证机构、检测机构签署了双边合作协议,签约机构可以开展强制性产品认证过程中的工厂检查及抽样检测活动。①

在人员方面，按国际通行做法，我国对工厂检查员和评审员实行职业资格注册制度。《强制性产品认证检查员注册准则》(CCAA—107)中“检查”的定义取自 ISO/IEC17000:2004 标准(IDT GB/T27000—2006)，即“审查产品设计、产品、过程或安装并确定其与特定要求的符合性，或根据专业判断确定其与通用要求的符合性的活动”，“对过程的检查可以包括对人员、设施、技术和方法的检查”。

从上述制度渊源不难发现，我国认可准则采用的几乎全是国际标准，认可运行机制也符合相关国际标准要求。随着经济体制改革的不断深入，在坚持国家民族利益和认证主权原则下，我国的 CCC 认证工作将继续按照国际标准、导则、惯例以及国际通行的做法，适时调整 CCC 产品目录和认证模式，努力使我国 CCC 产品认证工作及自愿性产品实现更大范围内的国际互认。

四、经济法调整的社会本位观

李昌麒教授认为，经济法应当是国家对全局性、基础性经济生活的干预，它体现的是社会本位。② 在对经济关系的调整中，现代经济法的法益目标正由“个体本位”向“社会本位”转移，立足于社会整体主义观，以大多数人的意志和利益为重。作为经济法核心之一的市场规制法就是国家权力对市场交易活动依法进行的适度干预，其本质上是为了保障社会公共利益，对认证机构的干预亦然。

强制性产品认证法律制度是调整认证监管关系、认证行为规范、相关主体权利义务关系等法律规范的总称。从行政权力的运用来看，其具有鲜明的行政管理色彩。但在法域归属或部门法属性上，我国认证认可制度必定属于经济法市场规制法中《产品质量法》的子部门法，其在内容上是《产品质量法》就认证监管问题的特别规定。从强制性法律调整方式来看，其既有公法干预，又有私法调整特点；从立法的理念、宗旨、干

---

① 国家认监委认证认可技术研究所、中国科学技术发展战略研究院编著：《中国认证认可国际化发展研究》，中国标准出版社 2009 年版，第 34 页。

② 李昌麒主编：《经济法——国家干预经济的法律形式》，四川人民出版社 1995 年版，第 219 页。

预目的、价值来看,契合了经济法特征。从责任形式的的配置结构来看,《认证认可条例》在"法律责任"一章中所规定的责任形式有单独行政处罚性质的行政责任的,[①]有单独民事责任形式的,[②]有行政责任、刑事责任和民事责任几种责任方式聚合为一个条款的。比如,我国《认证认可条例》第 62 条规定,认证机构出具虚假的认证结论,处罚类型包括:撤销批准文件、撤销直接负责主管人员和负有直接责任认证人员的执业资格、构成犯罪的要依法追究刑事责任、造成损害的认证机构要承担相应的赔偿责任。《认证认可条例》的公法责任与私法责任交织的规定,体现了经济法的责任特质。

经济法调整对象的社会公共性是它区别于其他法的调整对象的一个最根本的特征,[③]经济法以维护社会整体利益为价值取向。《认证认可条例》及《强制性产品认证管理规定》坚持客观独立、公开公正和诚实信用三个原则。《认证认可条例》第 1 条开宗明义指出,该条例的立法目的是规范认证认可活动,提高产品、服务的质量和管理水平,促进经济和社会的发展。首先,根据立法例,一般会提出立法的依据,但是此条并没有列明制定条例的上位法依据。其次,目的很宽泛,是为了提高质量和管理水平,其根本目的或者说是立法的价值依归是促进经济和社会的发展。任何制度都有促进经济和社会的发展功能,因此《认证认可条例》应该体现立法功能的独特性。

对比我国《产品质量法》第 1 条立法目的之规定,《认证认可条例》少了"保护消费者合法权益""维护社会经济秩序"。此缺陷形式上看似立法技术上的问题,但究其实质,是立法指导思想上的问题。首先,认证作为一种合格评定手段,是为了让消费者对产品符合有关技术法规或标准建立充分的信任,并防止因不合格而导致的风险。消费者与认证机构是法定的信赖关系,而且消费者是认证费用的实际支付人。认证机构与

① 比如,第 57 条规定的未经批准擅自从事认证活动的取缔、罚款、没收违法所得的处罚,类似的条款有第 58 条、第 59 条、第 60 条等。

② 比如,《认证认可条例》第 74 条规定,认证机构未对其认证的产品实施有效的跟踪调查,或者发现其认证的产品不能持续符合认证要求,不及时暂停或者撤销认证证书和要求其停止使用认证标志给消费者造成损失的,与生产者、销售者承担连带责任。

③ 王保树:《经济法原理》,社会科学文献出版社 1999 年版,第 33 页。

认证证书持有人之间,认证机构相当于授信人,而这种授信通过认证证书或认证标志授予因之而购买产品的消费者。从这个角度,认证是一种信用生产与消费关系。其次,认证是一种依据标准对企业微观经济活动行为的塑造和监督,引导市场主体的生产经营秩序的良性发展,为宏观经济秩序奠定基础条件。企业是社会的细胞,企业规范了,整个社会才会可持续发展。立法目的必须结合制度的定位来设计,立法目的方向偏离了,就会影响制度条款的设计及其实施效果。因此,认证制度的直接目的或者工具性目的应该是保障产品、服务的质量安全和可靠性,保护消费者合法权益,终极目的或者说价值性目的应该是促进社会信用的提高,维护社会经济秩序,体现经济法的社会本位观。

五、与生产许可制度两轮驱动

在宏观上,许可制度与强制性产品认证制度目前均是国家产品质量规制的正式制度,但两者产生的背景不一样:前者是针对假冒伪劣现象盛行,政府为了提高当时企业质量水平而设立,而后者主要是为了适应WTO要求,促进国际贸易发展而设立。如前所述,我国的工业产品生产许可制度是特殊历史时期的产物,后来逐渐演变成配合产业政策实施、促进市场经济健康发展的一项政府行政审批制度。政府通过组织审查部门审查企业的生产必备条件,对产品进行抽样检验,根据检查结果来确定企业是否具备连续生产合格产品的能力。政府对符合条件的生产企业颁发证书,准予生产。"在所有许可证必要条件中,公共利益的保护就是保护消费者,避免低质的产品和服务。如果消费者无法分辨质量,许可证能够消除低质产品,提高产品的平均质量,增加消费者的福利。"①在某种程度上,许可制度是政府设立最低进入标准,其目的主要是排除未达到最低标准的产品和服务,以保护消费者的权益。生产许可制度与强制性认证制度比较见表2-5。

① [美]皮特·纽曼:《新伯尔格雷夫法经济学大词典》(第2卷),许明月等译,法律出版社2003年版,第652页。

表 2-5 生产许可制度与强制性产品认证制度对比

类型	旧规	立法目的	现行规章	立法目的	性质	管理模式	证后监督方式	程序	依据
生产许可	1984年4月《工业产品生产许可证试行条例》(废止)	加强产品质量管理,确保重要工业产品的质量	《工业产品生产许可证管理条例实施办法》(2014年修正)	未有规定	行政许可	统一产品目录、统一审查要求、统一证书标志、统一监督管理	国家监督抽查、地方监督抽查、日常执法监督和年度监督审查等	申请、审查、产品质量检验、审核发证	产品实施细则
强制性产品认证	1991年5月《产品质量认证管理条例》(废止)	保证产品质量、提高产品信誉、保护用户和消费者的利益、促进国际贸易和发展国际质量认证合作	《强制性产品认证管理规定》(2009年修正)	保护国家安全、防止欺诈行为、保护人体健康或者安全、保护动植物生命或者健康、保护环境	指定第三方认证机构	统一产品目录、统一技术规范的强制性要求、统一标准和合格评定程序、统一认证标志、价格放开	设计鉴定、型式试验、生产现场抽取样品检测或者检查、市场抽样检测或者检查、企业质量保证能力和产品一致性检查、获证后的跟踪检查	认证申请和受理、型式试验、工厂审查、抽检测、认证结果评价批准、获得认证后的监督	强制性产品认证规则

我国政府一直将发放许可证当作解决产品质量安全问题和配置资源的主流之道,这符合中国立法历来追求"有限准入""有序竞争"的要求。从市场失灵的角度来看,发证是解决市场失灵的一种方法,政府通过发证、授信向消费者披露厂商已经具备生产合格产品的资质和能力这样一种信息,排除不合格市场交易者,从而在某种程度上缓解商品市场上的"信息不对称"问题。这种准入实质上是授予精英的一种特权,以交换其对现政权的忠诚。① 生产许可的本质是行政许可,政府不许可即禁入,这是一种赋权行为,是政府发证允许市场主体准入的制度。而强制性产品认证制度是第三方认证机构发证的准入制度。2015 年 9 月

① [美]道格拉斯·诺思、约翰·沃利斯、巴里·温加斯特:《诠释人类历史的一个概念性框架》,载吴敬琏主编:《比较》(第30期),中信出版社2007年版。

《关于深化工业产品生产许可证制度改革的意见》指出,要构建"放、管、治"的质量提升工作格局,"基本建立'市场配置资源、企业主体责任、政府依法监督、社会共治质量'的工业产品生产许可证监管体系"。其中政府发证问题不容忽视,有观点认为,生产许可前置条件有待精简、实地核查制度不完善、审查员约束力较弱等问题导致安排实地核查耗时较多,建议建立审查机构的核查报告抽查监督机制,倒逼审查机构落实实地核查责任,严厉打击惩处审查机构寻租活动。① 观察生产许可与强制性产品认证这两种制度对比表,很难发现两者在运行模式上存在本质差异,技术评价都是社会化的第三方,只不过在外观上,前者是政府直接发证,政府背书、直接监管,后者是私人发证,私人跟踪监督,政府间接监管。在国务院加大行政审批改革背景下,运行40多年的生产许可制度面临着如何转型的问题。②

实践中,江苏宿迁市进一步明确"许可认证并轨"的最终目标,制定《工业类产品生产许可证制度改革实施方案》,减权去利,从整合到突破、从削减到取消,明确"力争用3年时间取消工业类产品生产许可制度",实行市场化认证制度,先后制定出台了《产品监管及过渡期发证办法》《质量安全事件应急处理办法》《证照合一衔接办法》等8个配套文件,形成了"1+8"政策体系,强化了事中事后监管。深化改革阶段,实施先证后核并逐步取消先证后核类生产许可,优化暂时保留类产品发证程序;全面深化改革阶段,取消暂时保留类产品生产许可,探索转为产品认证方式。③ 针对地方改革已突破《工业产品生产许可证管理条例》《工业产品生产许可证管理条例实施办法》等实际情况,有必要抓紧修改这些

① 王琳珠、汪莉薇:《工业产品生产许可证改革的思考》,载《管理观察》2015年第36期。

② 1996年,就有学者讨论了当时要不要废止生产许可制度和认证制度能否替代生产许可制度的问题,认为:认证制度是市场经济的产物,代表了我国社会主义市场经济条件下产品质量监督的发展方向,最终要取代生产许可制度,生产许可制度作为一种行政手段,已经日益不适应改革开放和社会主义市场经济的新形势,但当时废止生产许可制度的社会条件尚不具备。并预言,随着改革开放的进一步发展,社会主义市场经济体制的进一步健全、完善,生产许可制度将会退出历史舞台。参见胡光志:《工业产品生产许可证制度存废之探析》,载《现代法学》1996年第1期。

③ 高兰芳:《从生产许可制度到强制性认证制度的地方实践与探索——宿迁市生产许可制与市场认证制并轨改革的启示》,载《现代商贸工业》2017年第16期。

规定。在“四品一械”领域，认证机构隶属食药监部门的审评认证中心，机构为公益类事业单位，主要职责为承担食品（含食品添加剂、保健食品）、化妆品、药品、医疗器械等的技术审评及相关质量管理规范的认证工作，其认证权力实际上是政府行政许可的范畴，在责任承担性质上属于延伸的公法责任，并非第三方意义上的认证，而是属于一种由政府公信力保障、技术评价为基础的管理制度。2016 年 6 月国务院办公厅发布《关于印发药品上市许可持有人制度试点方案的通知》，突破了《药品管理法》产品注册与生产许可相捆绑的管理制度，试点实行药品上市许可与生产许可相分离，药品研发机构和科研人员可以申请注册并持有药品批准文号（成为药品上市许可持有人），自行设立企业生产药品，或者委托其他企业生产。该制度节约了药物创新成本，缩短了药品上市周期，增加了科研预期收益。上市许可持有人负责药品生产销售全链条和全生命周期管理，对药品临床前研究、临床试验、生产制造、经销配送、不良反应监测等承担全部法律责任，但在生产企业并非上市许可持有人的情况下，单个的研究机构或自然人的科研资金实力、管理经验等因素必然制约其法律责任的真正实现。在保健食品、医疗器械领域，基于风险管理和开放许可理念，也逐步从单一的注册审批向注册审批与备案相结合的管理方式转变，实行分类监管。实践部门正在探索按照“四个最严”和“四有两责”要求，努力构建“1+N”食品药品监管制度体系，推进药品医疗器械审评审批制度改革，构建公共检测、第三方检测和企业自检的新型检验检测体系，创新重大案件下管一级等制度建设，实现监管职能和方式从注重事前行政审批向注重事中事后监管的转变。①

理论层面，生产许可、注册等审批性质的行政管理方式与目前并轨运行的强制性产品认证制度的关系和边界究竟在哪里？在“四个最严”的背景下，食品药品领域的 GMP、GSP“强制性”认证如何转型、重塑？强制性产品认证制度能否及在多大程度上替代、融合生产许可制度？上述问题考问着监管当局和经济法律制度研究者。

---

① 骆文智：《以“九个着力”推进产业供给侧结构性改革》，载《中国医药报》2017 年 2 月 6 日，第 1 版。

第三章　市场体制深化改革背景下我国强制性产品认证制度存在问题

我国认证制度的发展是从"邯郸学步"到逐步"走向独立"的历史过程,既充分体现国际性,又体现治理知识的地方性。2002年运行以来,强制性产品认证促进了产品质量的提高,便利了外贸发展,逐步建立了法律规范、行政监管、认可约束、行业自律、社会监督"五位一体"的认证市场监管体系,建立了认证部际联席会议制度,①但各级行政主管部门、执法机构、认证机构、认证对象、采信方之间缺乏行之有效的互动,相互认同、共同促进的良性循环局面还未真正形成。本章将全面梳理我国认证制度运行现状,考察相关法律在经济生活中是怎么发生的,以什么样的方式发生,怎样发挥其独特价值与功能,从而对其能有一个概貌、感性的认识,旨在探寻强制性产品认证制度背后的逻辑、发展规律及规制的主要方向。

---

① 2015年,国家认监委会同各单位共同推进部际联席会议运作机制改革,推动部际协作高效推进:会同国家发展和改革委员会建立节能低碳认证制度,举办巴黎气候大会中国认证认可主题峰会;与财政部等部委开展电子招投标系统产品认证工作,推动政府采购信息化;与发展和改革委员会、工业和信息化部落实"中国制造2025",筹建机器人国家质检中心和机器人产品认证制度;与公安部推进刑侦技术机构能力建设,助推平安中国建设;与科技部积极推进检验检测认证机构高企认定,支持认证认可科技课题立项;与住建部推动绿色建筑认证,加力新型城镇化建设;与国家知识产权局建立知识产权管理体系认证制度,提升企业自主创新能力;与国家林业局推行森林认证制度,促进森林可持续发展;与国家统计局推行检验检测统计制度,引导检验检测服务业发展;与国家中医药管理局、全国供销合作总社建立合作机制,共同推进中医药健康认证体系和农产品检测认证体系建设等。中央机构编制委员会办公室、原国务院法制办、人力资源和社会保障部、财政部在《认证认可条例》修订、事业单位改革、收费改革等方面给予多方支持,完善配套政策。

第一节　我国强制性产品认证制度的宏观态势

从最近几年的实施情况来看，我国的认证认可蓬勃发展，呈现多样性、广泛性、深入性、国际化等特点。从产品看，不仅涉及初级产品，而且涉及中间产品和工业制成品；从领域来看，从有形产品正扩展到电子商务、信息技术服务、投资、知识产权、环境保护、建筑、能源、政府采购、公共服务等各个领域。2002 年以来，统一的 CCC 认证制度为维护社会公共安全、保障产品质量安全、提升企业及产品核心竞争力发挥了基础性保障作用。截至 2017 年 10 月底，中国合格评定国家认可委员会（CNAS）累计暂停各类机构的认可资格 1361 家，其中认证机构 50 家、实验室 1279 家、检验机构 32 家；累计撤销各类机构的认可资格 641 家，其中认证机构 25 家、实验室 559 家、检验机构 57 家；累计注销各类机构的认可资格 777 家，其中认证机构 28 家、实验室 709 家、检验机构 40 家。①

一、认证主体社会化

2002 年国家认监委指定了 9 家认证机构按指定业务范围开展强制性产品认证工作，指定了 68 家检测机构承担相关产品的强制性认证检测工作。认证机构为中国质量认证中心、中国电磁兼容认证中心、中国安全技术防范认证中心、北京东方凯姆质量认证中心（原中国农机产品质量认证中心）等。截至 2017 年 3 月 9 日，经国家认监委指定承担 CCC 产品认证工作的认证机构达 25 家，CCC 产品指定实验室达 195 家。从产权性质上讲，认证机构有国有企业、事业单位、有限公司，而指定实验室形式更为多样，大致有市场监督管理的产品质量计量检测所（质量检测研究院）、出入境检验检疫系统的检验检疫技术中心、检测认证公司、大学实验室、企业实验室（如成都三方电气有限公司）、农业部检验站、科学研究院等。

---

① 中国合格评定国家认可委员会秘书处：《CNAS 认证机构、实验室、检验机构认可通报》，载中国合格评定国家认可委员会网：https://www.cnas.org.cn/rkxx/rzjgtjxx/11/886592.shtml，最后访问日期：2017 年 12 月 6 日。

在新形势下,如何积极推进认证机构及事业单位改革,逐步实现认证市场化、社会化和法治化是我们面临的现实问题。从早期指定的“国”字头认证机构来看,我国 CCC 产品认证实际上就是政府强制,指定的性质可以说是行政授权。但随着政企关系的变化,指定的性质也随之发生变化,指定对象呈现社会化、市场化的特征越发明显。比如,方圆标志认证集团有限公司是由原方圆标志认证中心改制后组建注册的具有独立法人资格的第三方认证企业集团,北京泰瑞特认证中心是中国电子科技集团公司第三研究所投资、具有法人资格的第三方认证机构。这些机构从计划经济脱胎而来,与政府关系紧密,但随着市场化的进程发展,其独立性、公正性、权威性正在逐步增强。

为落实国务院全面深化改革、加快发展第三方检测认证服务要求,国家认监委对 CCC 产品认证制度及其实施规则进行了调整,进一步开放 CCC 认证检测服务市场,全面放开指定实验室“地域限制”。经过自愿申报和专家评审,3 家外资实验室首次获准成为中国 CCC 认证的指定实验室,这有利于促进认证检测服务市场的公平适度竞争,发挥市场在资源配置中的决定性作用,进一步推动我国强制性产品认证制度的市场化、社会化、国际化。

二、证书分布集中化

根据中国合格评定国家认可委员会(CNAS)《2017 年认证机构认可年报(6 月)》显示,获其认可的认证机构为 159 家,共颁发有效认证证书 1078903 份,QMS 和 EMS 的注册级别审核员 63480 位,QMS(质量)证书 271076 份,EMS(环境)证书 102837 份,OHSMS(职业健康)证书 86713 份,FSMS(食品安全)证书 9326 份,自愿性产品认证证书 16338 份(组织数:3413 家),23 家强制性产品认证机构颁发 CCC 证书 567170 份(组织数:76534 家),52 家自愿性产品认证机构颁发认证证书 16338 份(组织数:3413 家);1 家低碳认证机构颁发证书 16 份(组织数:6 家);按地区分布,CCC 证书广东省、浙江省、江苏省位居前三名,分别为 137754 份、97920 份、72794 份,青海省、香港特别行政区、西藏自治区最少,分别为 177 份、89 份、41 份,按业务范围,低压电器、机动车辆、家用设备证书数最多,分别达 136442 份、107745 份、92870 份,无线局域网产品最少仅 36

份。2004 年至今，我国强制性认证、食品安全管理体系认证发证数量逐年稳步上升。《认证证书分类统计》见表 3-1。

表 3-1　认证证书分类统计

认证领域	标准类型/认证规范	证书数(本)/人员数(人)	比率(%)
质量管理体系认证	GB/T 19001—2008/ISO9001:2008	202563	17.732
	ISO9001: 2015 与/或 GB/T 19001—2016	39590	3.466
	TL9000 4.0	143	0.013
	中国共产党基层组织质量管理体系	55	0.005
	工程建筑施工企业质量管理体系	28725	2.514
环境管理体系认证	GB/T 24001—2004/ISO14001:2004	85665	7.499
	ISO14001:2015 与/或 GB/T 24001—2016	17172	1.503
职业健康安全管理体系认证	GB/T 28001—2011	86713	7.591
食品安全管理体系认证	GB/T 22000:2006/ISO22000:2005	9326	0.816
信息安全认证	GB/T 22080:2008/ISO27001:2005	16	0.001
	ISO/IEC 27001:2013	2822	0.247
信息技术服务认证	ISO/IEC 20000	931	0.081
危害分析与关键控制点认证	GB/T 27341; GB/T 27342; GB 12693; GB 23790; GB 14881	3836	0.336
良好生产规范认证	GB 12693 ; GB 23790	152	0.013
软件过程及能力成熟度评估	SJ/T 11234 或 SJ/T 11235	13	0.001
产品认证	自愿性产品认证	16338	1.430
	强制性产品认证	567170	49.648

续表

认证领域	标准类型/认证规范	证书数(本)/人员数(人)	比率(%)
有机产品认证	GB/T 19630—2011	14933	1.307
良好农业规范	GB/T 20014—2008	612	0.054
森林认证	LY/T 1714—2007	121	0.011
服务认证		581	0.051
能源认证	GB/T 23331—2012/ISO 50001:2011	1410	0.123
低碳认证		16	0.001
人员认证(QMS/EMS)		63480	5.557
总计		1142383	100

资料来源:《2017年认证机构认可年报(6月)》。

不难发现,在体系认证证书方面,我国质量管理体系认证、环境管理体系认证、职业健康安全管理体系认证列前三名,占比40.32%,表明这三种认证对企业和相关组织的适用性强,得到企业和组织的普遍重视。在产品认证方面,CCC证书占所有证书1142383份的49.648%,获证组织数达76534家之多,平均每个企业持证7.5份,平均每家CCC认证机构发证24659.6份,这集中反映了国家推动CCC认证制度的力度。自愿性产品认证、有机产品认证、食品安全体系认证次之,分别占1.430%、1.307%、0.816%。原因在于,近年来,随着我国经济结构调整升级,以及"一带一路"倡议、"中国制造2025"国家战略的实施,消费需求和市场需求日益呈现差异化、品牌化、国际化的趋势,这对电子电气及部件类、燃气具、医疗器械类、建材、家具、铁路产品、纺织品及鞋类、汽车零部件、饮料、机械、化工产品、体育用品、农产品及可再生能源、节能、低碳、有机产品等认证提出了旺盛的需求。同时,由于我国食品安全事件频发,特别是《食品安全法》修订出台,加大了此类事件处罚力度,进一步促使食品企业自觉申请食品安全体系认证,以提高食品安全风险的防控水平。

从表3-2来看,暂停、撤销与注销CCC证书总数最多,分别达30253份、296422份和277031份。三大体系认证变动也较大,QMS认证、EMS

认证、OHSMS 认证被暂停、撤销与注销总数分别为 76332 份、19037 份、14882 份。这在一定程度上显示了我国认证的“形式主义”和虚假繁荣，这种证书持有的大幅波动和极强的不稳定性喻示我国生产经营企业申领认证证书动机不纯，存在为拿证而拿证或被“逼”拿证的现象。

表 3-2　暂停、撤销与注销认证证书统计

单位：份

类别	QMS认证	EMS认证	OHSMS认证	食品认证	信息安全认证	信息技术服务	HACCP认证	GMP认证	SPCA认证	产品认证	强制产品认证	有机认证	良好农业规范	森林认证	服务认证	能源认证	低碳认证
暂停	18840	5775	5246	654	95	18	132	11	0	124	30253	41	0	8	35	57	0
撤销	57327	13203	9592	1556	87	19	131	4	1	808	296422	39	1	15	163	56	0
注销	165	59	44	6	2	0	1	1	0	26929	277031	107	1	0	40	1	0

资料来源：《2017 年认证机构认可年报(6 月)》。

考察图 3-1 可发现，2014 年年底，我国自愿性产品认证证书达 31910 份，而到 2015 年年底，减持到 14086 份，减少 17824 份，减少幅度高达 55.86%。在这种形势下，国家认监委《关于加快发展自愿性产品认证工作的指导意见》提出了促进产品创新、产业升级、推动结构调整、绿

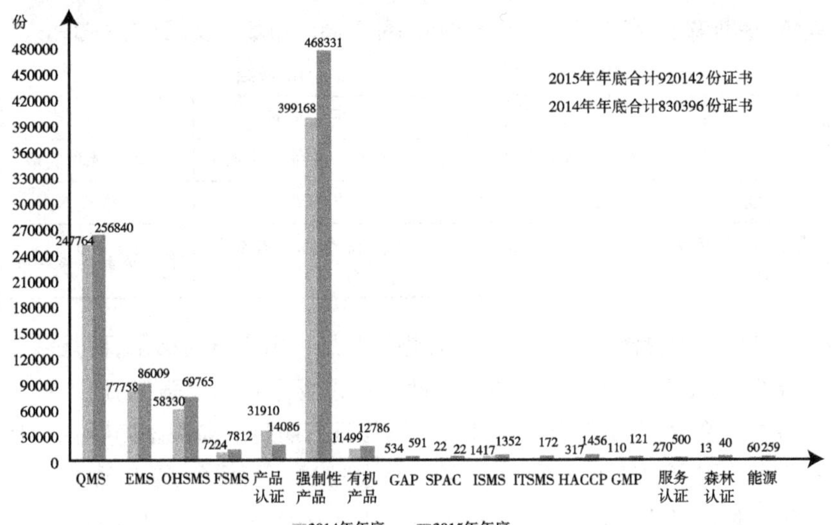

图 3-1　2014 年与 2015 年各领域有效认证证书发放量对比

资料来源：《2015 年认证机构认可年报(12 月)》。

色发展、引导消费、助力“中国制造2025”的若干政策举措。到2017年6月,我国自愿性产品认证证书增加到16338份。总体而言,证书持有率及变动情况反映我国企业和相关组织的强制性认证政策性压力,良好农业规范认证、低碳认证、普通产品认证等自愿性认证内驱不足,体现了国家对CCC认证干预过度与对自愿性认证干预不足并存的特点。

三、认证市场结构寡头垄断化

我国认证市场是一块巨大的蛋糕,各种性质、形式的企事业单位、公司参与进来。供应链的非本地化加剧了市场对发展中国家出口产品的检验认证需求,国外大型的检验认证机构不断扩大规模和布局。① 总体上,我国认证行业存在两个市场,即强制性产品认证寡头垄断市场和体系认证垄断竞争市场。通常不同的市场结构会演化出不同的市场竞争行为,相应地,针对不同的市场竞争行为必须采取不同的规制方法与规制工具。

在西方微观经济学中,通常用产业集中度、产品差别、进入壁垒三个基本指标来说明市场结构的竞争程度,按竞争强度把市场结构划分为完全竞争、垄断竞争、寡头垄断、完全垄断四种不同的市场结构,见表3-3。

表3-3 四种不同竞争程度的市场结构

完全垄断	垄断竞争	寡头垄断	完全竞争
一个卖者	许多卖者竞争许多买者	少数卖者竞争许多买者	大量买者和卖者
不能进入	理论上能自由进入	有限进入	自由进入
没有十分相近的替代品	各厂商的产品存在差别	各厂商产品同质或稍有差别	各厂商的产品同质

目前我国检测认证行业垄断态势并非是市场竞争的结果,而是基于政府的“指定”。总体上,我国强制性认证市场还是法规强制,尚未进入市场强制阶段,强制性产品认证市场结构具有明显的寡头垄断特征。从一些发达国家的经验来看,认证认可行业通过市场竞争,最后形成寡头垄断有其合理性和必然性,可是我国认证行业的垄断并非由市场的充分

① 郭朝先等:《国际检验认证行业发展的基本模式及其启示》,载《中国市场》2011年第11期。

竞争而导致,而实际上大多是由行政力量所主导。在这些被指定的认证机构中,大多是各部委所属的事业单位,它们与行政机关存在千丝万缕的关系,有的尽管表面上与原部委脱钩,但实际上这些部委的服务中心仍然是认证公司的投资股东。就认证活动而言,这些认证机构很难做到真正意义上的独立,直接影响了监管机构对其违法行为进行查处的有效性。另外,对指定认证机构尚未借鉴有效的退出机制,认证机构只有进入而没有退出,客观上没有形成应有的监管威慑力。①

这些认证机构大多集中在较大城市,而中国幅员辽阔,企业及其产品众多,无论从人员、设备等资源来讲,仅仅25家指定机构根本满足不了必要的检查任务,认证需求与供给严重不对称,其结果必然影响认证本身的有效性,更遑论证后监督了。某些产品只能找一家认证机构,导致企业认证没有选择权,处于弱势地位。尽管指定模式是欧美通行的国际惯例,但欧美发达国家的指定机构在政府“指定”之前大多运行了百年,其以专业和自律精神获得了市场和消费者的青睐和广泛认可,从而获得政府指定。而我国的认证机构和检测实验室大多从计划经济脱胎而来,其“权威”来自政府的权力授予,因此我国的“指定”制多年来备受诟病。竞争是市场经济的本质要求,以约束各种限制竞争行为、规制可能导致垄断的市场结构和行为、维护和促进市场竞争为目的的竞争政策被视为市场经济的基本经济政策。② 我国目前研究认证的学者日益增多,他们的研究主要集中于认证的作用和影响,但也有学者认识到认证有限制竞争的效应。叶明认为,行业协会滥用标准的制定权和认证权,实施限制竞争行为,应认定不构成权利滥用的技术标准化行为,应按照反垄断法适用除外处理。认定构成权利滥用的,应利用合理原则进一步分析是否违反反垄断法,对于违法的技术标准化行为,应依法追究其民事和行政法律责任。③ 然而,就CCC产品认证的限制竞争的消极影响尚未引起学界重视。

CCC认证制度在我国运行十多年来,产品质量稳中向好,但从公布

---

① 刘宗德:《认证认可制度研究》,中国计量出版社2009年版,第66页。

② 徐士英:《竞争政策研究——国际比较与中国选择》,法律出版社2013年版,第3页。

③ 叶明、吴太轩:《技术标准化的反垄断法规制研究》,载《法学评论》2013年第3期。

的数据来看,质量治理效果并不如意。[①] 诚然,CCC 认证是比生产许可更为严厉的制度,国家认监委多次组织开展认证机构专项监督抽查和认证产品专项监督抽查,按常理,产品质量合格率应稳定在 95%~100%。国务院国有资产监督管理委员会《关于推进国有资本调整和国有企业重组的指导意见》中将电网电力、军工、电信、石油石化、民航、煤炭、航运这七大行业解释为关系国民经济命脉的重要行业。[②] 根据生产性服务业的特性,认证行业似乎可归属于上述指导意见中所云的"高新技术中的企业",但实难纳入上述"七大行业"。《反垄断法》能否适用于重要骨干企业,在学者间存有分歧。有学者指出,我国《反垄断法》第 7 条立法具有相当的模糊性,既尊重了国有企业垄断的现状,又坚持限制其商业行为,禁止其滥用市场支配地位。[③] 监管部门与具有垄断地位的国有企业之间存在一种特殊的"父子关系",这种特殊关系可能导致政企不分,并可能使二者演变为利益共同体,[④]从而减弱行业主管部门管制过程的公正性。从市场经济发展的内在逻辑分析,行业主管部门直接规制国有企业不具有合理性。垄断国有企业通过资产重组形成巨型国有企业集团,便在行政特许授权和事实的市场份额两方面拥有了强大的市场地位。[⑤] 它们更容易实施设置市场进入壁垒、提高竞争对手成本等反竞争行为。过渡经济具有制度混合性、市场结构差别性和市场行为不稳定性等特征,需要转轨的国有企业不可能一下子蜕变为市场主体,国有企业和政府部门的关系也很难一下子复归到市场与政府应然的结构状态,加上利益

---

① 参见施京京:《我国强制性产品认证制度不断完善》,载《中国质量技术监督》2012 年第 4 期。该文报道:在国家监督抽查中,家电产品合格率从 2002 年的 76.7%上升到 2010 年的 85.5%,电焊机产品合格率由 2001 年的 56.5%上升到 2010 年的 94.7%,灯具产品合格率由认证实施初期的 32.7%上升到 81.90%。在童车生产企业聚集的河北平乡县,2005 年 CCC 认证实施前,童车抽查合格率几乎为零,童车企业对相关技术和标准要求知之甚少,产品质量安全难以保障,CCC 认证实施后,2010 年国家监督抽查合格率为 67.64%,2011 年合格率提高到 77.50%。

② 王晓晔主编:《中华人民共和国反垄断法详解》,知识产权出版社 2008 年版,第 50 页。

③ 张骏:《〈反垄断法〉第 7 条述评——兼论垄断国企的规制》,载《竞争政策研究》2015 年第 9 期。

④ 戚聿东、柳学信:《自然垄断产业改革——国际经验与中国实践》,中国社会科学出版社 2009 年版,第 270 页。

⑤ 林晓慧:《"私有化"还是破除垄断——国企改革的方向选择》,载《文化纵横》2012 年第 4 期。

多元化使政府也试图在利益结构中占据一席之地。[①] 转型国家竞争法的鲜明特点是对行政垄断的规制，行政垄断企业往往是由政府授权取得垄断权的企业，这在根本上有别于市场竞争中发展起来的自然垄断企业。

欲真正发挥认证机构良好的质量协管作用，前提是建立起可竞争性的认证市场。首先，只要达到基准要求，就可以合法地从事认证业务。一个只有进入或有限进入、没有退出的检测认证市场，不能激励"在位"认证机构。其次，要使市场化认证机构的行为公开化。在某种意义上，要使市场化认证机构达到公务机构的水准，只有其行为过程和行为结果相关信息在市场中得到充分传递，才能让社会来鉴定和监督这些机构。[②] 2015 年 7 月国家认监委在国务院"放、管、服"改革背景下，依据《认证认可条例》和《强制性产品认证机构、检查机构和实验室管理办法》等规定，向社会发布通知，欲补充指定认证机构和实验室，[③]但指定条件、程序、标准仍有待进一步完善。

第二节　强制性产品认证制度运行存在的主要问题

经过多年努力，中国特色认证认可治理体系已经初步形成，按照"统一管理，共同实施"原则，广泛建立了部际协作、行业采信、地方联动、社会共治等工作机制，形成了多部门、各地方、全社会协同推进的工作格局，健全了法律规范、行政监管、认可约束、行业自律、社会监督"五位一体"的监管体系，认证监管执法体系建设覆盖 90% 的地方认证监管部门，

---

① 刘继峰：《竞争法学原理》，中国政法大学出版社 2007 年版，第 47 页。

② 程虹、李丹丹：《我国宏观质量管理体制改革的路径选择》，载《中国软科学》2009 年第 12 期。

③ 申请条件为：(1)依照《认证认可条例》规定设立，具有相应领域 2 年以上认证经历或者颁发相关产品认证证书 20 份以上；(2)取得国家确定的认可机构的认可；(3)在申请前 6 个月内无不良记录；(4)本机构的法人性质、产权构成和组织结构等能够保证其强制性认证活动的客观公正；(5)具备能够公正、独立和有效地从事强制性产品认证活动的技术与管理能力；(6)具备从事强制性产品认证活动所需要并且可以独立调配使用的检测、检查资源，拥有与强制性产品认证工作任务相适应的符合《认证认可条例》规定的认证人员和稳定的财力资源；(7)建立相应程序以确保认证机构负责人和认证人员(包括初评、复评、签发)能够承担相应法律责任。

建立了 11 个认证监管区域联动机制。但实践中,还存在一些问题需要认真对待。

一、体系性立法缺陷——基于立法机制视角

(一)立法位阶低层次

根据本书第二章对认证法律渊源的描述,我国认证立法主要有四个层次:一是法律,《产品质量法》对产品认证机构的定位、职责和认证标准、法律责任进行上位法调整;二是行政法规,《认证认可条例》对认证机构的准入、强制性产品认证活动等进行规范;三是部门规章,《认证机构管理办法》《认证违法行为处罚暂行规定》《强制性产品认证机构、检查机构和实验室管理办法》等对认证活动进行具体规定;四是国家认监委或其与相关部委颁布的规范性文件。从性质上看,这些约束认证机构的认证规则、技术规范不具有严格意义上的法律效力。

首先,《认证认可条例》未涉及强制性产品认证的核心法律关系。从内容上看,认证立法可分为"基础—核心—外围"三个层面。基础层面的立法是指为强制性产品认证的运行提供基本法律依据的立法,如《立法法》《产品质量法》《标准化法》可从基本原则、法律效力角度对技术性法规、认证与质量之关系、认证与标准之关系等进行与国际接轨的定位。核心层面的立法是指规范认证主要当事人之间法律关系的立法,主要针对认证机构、检测机构、认证申请人或获证市场主体围绕认证程序、认证模式、认证单元、认证周期及认证秩序保持而产生的权利、义务和责任,《认证认可条例》几乎没有涉及,这是未来制定合格评定法的重点内容。外围层面的立法是指为认证的某一方面提供依据和支持的法律制度,如相关信用制度的构建、国际互认合作的开展、非诉纠纷解决机制的革新等。基础层面和核心层面都应主要采用法律形式,外围层面的立法可采用条例或行政规章等立法形式。目前我国立法离此目标相去甚远。

其次,行政规章对强制性产品认证的调整具有局限性。我国认证立法集中于行政规章以及其他规范性文件,这些文件多由原国家质检总局(国家市场监督管理总局)、国家认监委出台,其缺陷在于:一是国家市场监督管理总局和国家认监委具有不同的监管重心,各行其是的立法可能导致不衔接;二是国家认证监管部门主要是刚性调整,缺乏鼓励创新和增进效益的柔性措施,只有改变目前狭隘的"管理"思路,提升立法层

次，才有可能避免与《产品质量法》等法律的不协调，并促进监管机关恰当履职，促进强制性产品认证的健康发展。《产品质量法》对产品实行“二元式”分段监管模式，在生产领域执法主体是原质量技术监督部门，在流通领域是原工商行政部门。《强制性产品认证管理规定》只赋予了原质量技术监督部门对CCC产品的全过程监管。①《认证认可条例》第55条规定了省级市场监督管理部门有执法权，而《强制性产品认证管理规定》并未赋予基层市场监督管理部门执法权，特别是市场监督管理部门取消省以下垂直管理之后，在上位法没有修订情况下，基层市场监督管理部门对CCC产品是否有执法权还存在争议。

最后，规范性文件对强制性产品认证法律关系的调整减损了法治的权威。规范性文件通常是法律、行政法规、地方性法规、行政规章之外规范化程度较低的政府文件，不属于法的范畴，但其可操作性、实用性很强。在条件成熟时，应赋予一些涉及核心法律关系的规范性文件以正式法律效力；同时，逐步实现强制性标准向技术法规过渡，改变以“政策代法律”的弊端，推动强制性产品认证发展的法治进程。

（二）法律规范不协调

我国认证制度几经修订，目前还处于发展调整阶段，难免存在法律修法和政策变动，制度体系难以保持稳定性。认证管理办法、认证标准与认证实施规则性质有异，存在散乱和不配套的问题。② 总体而言，在

---

① 成都CCC家电行政诉讼案：第一审人民法院审理后，认定青白江分局越权执法，应当将案件移送工商部门查处，并作出了撤销青白江分局行政处罚决定的判决。第二审人民法院对青白江分局提供的证据予以采信，撤销第一审判决，维持青白江分局所作的行政处罚决定。引起争议的是，《产品质量法》规定的是分段监管，而国务院办公厅《关于国家质检总局的三定方案》第1条第2款规定，将原国家技监局负责的流通领域商品质量监督管理的职能划入国家工商行政管理总局。载新浪财经网：http://finance.sina.com.cn/roll/20070606/07321455976.shtml，最后访问日期：2017年12月3日。另外一宗案件是：嘉峪关质监局在流通领域的一起手机质量问题的处罚案件，嘉峪关中院以质监部门在流通领域无执法权判质监局败诉而上诉省高院，载三亿文库网：http://3y.uu456.com/bp_3tnq798qa13fre38i3pn_1.html，最后访问日期：2017年12月3日。两起案件的司法判决不一致，导致执法的不适应，其后果要么缺位，要么越位。

② 比如，《有机产品认证管理办法》是部门规章，《有机产品认证实施规则》则是国家认监委颁布的文件。有机产品有管理办法，而质量体系却没有管理办法；体系认证实施规则有些有，比如，质量管理体系、能源管理体系，而有些无，如环境管理体系、职业健康管理体系。经实地走访调研，认证行业普遍认为不应该制定实施规则，主要原因是与国际认可规则重复，甚至出现矛盾。

我国市场规制法律体系中，关于认证的个别性规定散见于三十几部法律中，大多规定在“法律责任”一章，且责任模式各异。《标准化法》只有个别条款涉及认证，仅能证明产品认证工作的合法性。《产品质量法》与《认证认可条例》在认证机构法律责任承担方面存在诸多不一致甚至冲突的情形。

首先，关于认证机构性质的定位不协调。在目前逐步放开的竞争政策条件下，认证机构的定位正逐步走向市场化、社会化，立法对其界定需统一化。从历史上看，计划经济背景下制定的《标准化法》规定，认证机构是指国务院标准化行政主管部门或者国务院标准化行政主管部门授权的部门。2000 年修订的《产品质量法》第 20 条规定了认证的中介性、独立性及与政府的非隶属关系。《认证认可条例》第 9 条、第 10 条明确规定了认证机构准入的基本条件，第 14 条规定了认证机构的独立性和公正性要求，其中第 1 款要求认证机构不得与行政机关存在利益关系，这是对《产品质量法》进一步确认和重申。立法的超前与现实运作存在较远距离。目前有政府背景的所谓第三方认证机构不在少数，其中大部分是国家认监委指定的强制性产品认证机构或指定的实验室，这很容易导致认证市场竞争的不公平和认证业务的市场垄断，比如，中国质量认证中心（China Quality Certification Centre，CQC）是国企中国检验认证集团的下属单位，其既有事业单位的牌匾，又实行企业化运营，在第一批 CCC 认证目录中 19 大类 132 种产品中承担了 16 大类 125 种产品。第三方认证机构背靠政府，如何才能保证其认证活动的独立性和权威性？在形式上，某些认证机构与行政机关脱离，但其在人事安排、资金来源等方面都会受主管机关的影响，比如，我国无公害食品认证隶属于农业部的农产品质量安全中心。

其次，关于强制性认证的规定不协调。在机构管理方面，除《认证认可条例》之外，涉及的还有《强制性产品认证管理规定》《认证机构管理办法》《强制性产品认证机构、检查机构和实验室管理办法》《认证机构及认证培训、咨询机构审批登记与监督管理办法》等，在这些冠名认证机构的规章中，并未界定认证机构的性质，在法律适用上是否存在一般与特殊的区分存有疑问。在标志管理方面，《认证证书和认证标志管理办法》《强制性产品认证管理办法》《强制性产品认证标志管理办法》均规定了相关标志不同的使用规则、法律责任或重复规定。这种现象破坏了法制的内在统一性与严肃性。

再次,标准表达不协调。在本质上,认证是对标准的确认和适用。根据《标准化法》,进行产品质量认证的依据是国家标准和行业标准,《产品质量法》以"国际先进的产品标准和技术要求"为参照,而《认证认可条例》涉及标准的条款为第2条,规定了认证机构的认证依据,即"相关技术规范"、"相关技术规范的强制性要求"或者"标准"。这种立法措辞与TBT协议接轨,淡化了标准的强制性色彩。在一些发达国家,标准通常是自愿性的,其本身并不具有强制之属性。在我国业已加入WTO的今天,以"国际先进的产品标准和技术要求"为参照进行认证有利于我国产品提高国际竞争力,冲破国际贸易技术壁垒,真正体现认证的普世价值。从广义上讲,技术规范的强制性可理解为"事实上"必须使用的标准或某一标准条款在法律援引下而具有强制效力。在中国目前标准化体制下和技术性法规缺位的情形下,卜位法的变通凸显了立法的尴尬和困境。

最后,认证机构法律责任存在不协调。《产品质量法》与《认证认可条例》对认证机构认证后跟踪调查的对象、法律责任的规定不一致,《标准化法》对此没有规定,《产品质量法》第21条第2款规定了产品质量认证机构对其认证产品实施"认证后跟踪调查"和"对不符合认证标准而使用认证标志的,要求其改正;情节严重的,取消其使用认证标志的资格",第57条第3款规定"不符合认证标准而使用认证标志的产品,未依法要求其改正或者取消其使用认证标志资格的,对因产品不符合认证标准给消费者造成的损失,与产品的生产者、销售者承担连带责任,情节严重的,撤销其认证资格"。而《认证认可条例》第27条规定了认证机构对其认证的产品、服务、管理体系实施有效跟踪调查的义务,第60条第1款第3项规定了责令改正、5万~20万元的罚款、没收违法所得、责令停业整顿、撤销批准文件的法律责任。《认证认可条例》第74条规定认证机构若未尽跟踪调查义务,及时暂停或撤销义务,导致消费者损失要承担连带责任。《产品质量法》、《认证认可条例》和《认证违法行为处罚暂行规定》针对认证活动同一违法行为规定了不同的法律责任,这必然会导致执法部门法律适用的困难和混乱。与《认证认可条例》配套的诸多部门规章和国家认监委以公告形式发布的认证规则错综复杂,体系尚不完整,尤为重要的是,很多规范性文件对认证活动中大多数禁止性行为实际上没有处罚条款，达不到应有的规制效果。

上述不协调问题的存在严重制约了认证产业的发展、标准的进步，制约了认证治理体系的法治化。《标准化法》、《产品质量法》、《计量法》与《认证认可条例》相伴生，关系紧密，互相影响。怎么实现技术性法规体系的科学性和融洽性，更好地立法定位，协调它们与认证认可的功能，值得加以认真思考。

（三）立法内容粗疏

目前我国对强制性产品认证立法主要集中在业务监管层面，旨在控制产品风险，但市场对认证需求的增长，决定其所涉及的领域和影响具有广泛性，调整对象的特定性。立法务求精细化，立法的不足表现在以下方面。

第一，对认证活动的规范化程度低：一是目前最大的问题是认证有效性不高及对购买认证服务的消费者权益保护不足，对不认真履行认证规则要求的认证企业的法律责任很难落实到位。二是对认证机构的业务垄断问题，相关法律规定未涉及。三是对认证机构与认证申请人有意思联络的共谋行为，立法也未规制。四是对认证合同的效力没有规定，通常认证申请后必须缴纳认证费用，但不可能确保100%审核通过，有必要从原则上规定认证不通过情形下的费用承担问题。在企业发生转让、继承或发生重大情势变更时，在认证有效期内证书的效力有待法律明确。五是对同时在两个认证机构从业的违法行为，只对认证人员作执业资格处罚，没有剥夺其非法利益，且对聘用认证机构无约束机制。六是《认证认可条例》未涉及“合格评定”的范围和内容，对第一方、第二方合格评定行为监督不明确。七是对“野鸡”认证、“山寨”认证没有规范，导致中国产品质量协会自2006年曝光以来还在猖獗活动，进行非法信用评价。[①] 八是《认证认可条例》第14条规定了避免认证机构可能存在的利益冲突问题，但对如何认定以及如何防止利益冲突并未作详细的规定。

第二，在行政处罚权的配置方面，地方市场监督管理部门对强制性产品认证违法行为仅限于查处目录内产品的生产者、经销商、进口商和经营活动中产品的使用者。对于监督检查和查处过程中发现认证机构、

---

① 《中国产品质量协会涉骗大揭底，原来是个“山寨协会”》，载质量与认证杂志网：http://www.cncete.com/news/show-436.html，最后访问日期：2018年9月20日。

检测机构、检查机构和认证人员违规或违法行为的要报国家认监委，由国家认监委全权负责查处，涉及经济处罚的可由国家认监委委托相应省级市场监督管理部门执行。地方市场监督管理部门查处方式通常是从形式上核实涉案产品是否属于目录内产品、有无CCC证书、证书是否伪造、标识是否伪造冒用、只能被动检测涉案产品有无内在质量问题。由于执法人员对CCC的运行不熟悉和执法信息不对称，其难以发现指定认证机构的违法行为。指定机构是国家认监委指定的，难以确保监管的有效性，难以发挥地方市场监督管理部门的积极性。

第三，对涉案产品的生产行为查处无依据。一方面，我国《认证认可条例》第67条针对市场主体未经强制性认证而出厂、销售、进口或在经营活动中使用的违法行为设定了罚款和没收违法所得的行政处罚，①但该条与《产品质量法》对产品的强制措施有异，并未规定涉案产品的处理。②这有悖于以保护国家安全、人体健康为宗旨的强制性认证制度设计的初衷，很容易导致潜在的产品风险。在实践中，对产品的处理五花八门，诸如要求企业补办证书、自主销毁涉案产品、申请免办强制性认证证书、引入检测程序（产品合格的适用《认证认可条例》处理、不合格的适用《产品质量法》或“两法”并用）。③另一方面，《认证认可条例》和《强制性产品认证管理规定》也并未规制无强制性认证情形下的生产行为。《强制性产品认证管理规定》第37条第2款只规定了地方市场监督管理部门对未经认证的生产企业及时进行认证的告诫义务。立法的空白，无异于让执法机关“罚过放行”。换言之，企业可以生产，但不能出厂、销售。企业生产的目的肯定不是自用，而必然是销售牟利。强制性

---

① 列入目录的产品未经认证，擅自出厂、销售、进口或在经营活动中使用的，责令改正，处5万元以上20万元以下罚款，有违法所得的，没收违法所得。

② 有观点认为，无CCC认证产品的，应予以查封、扣押，并责令当事人7日内送法定检验机构检验。检验结果不合格的，依照《产品质量法》第49条规定处罚，合格的，责令停止销售并限期实施认证或者退回生产厂家，拒绝送检的，以不合格论处。参见吴振祥、杨炳森：《强制性产品认证管理规定应作修改》，载《中国质量技术监督》2005年第1期。

③ 参见韩苏冬：《国家强制性产品认证执法的后处理》，载《中国质量技术监督》2011年第10期。事实上，《认证认可条例》第71条援引《产品质量法》，处罚的适用条件是伪造、冒用、买卖认证标志或者认证证书的违法事实，对产品质量不合格，且没有上述违法事实情形下，能否适用《产品质量法》且有异议。强制性认证产品执法误区在于：强制性产品认证行政执法过程中，一方面，法律和规章并未强制要求执法人员对目录产品进行抽样检测；另一方面，认证执法的关键在于证书的有无与一致性，产品内在质量不是认证执法的重点。

认证制度,本质上是市场准入制度。在理论上,未经强制性认证程序,是不能从事相关产品生产的。

第四,对滥用"认证"没有规制手段。当前,一些协会、研究机构、银行等金融机构将本不属于《认证认可条例》调整范围的一些评价、鉴定、评定、确认活动,均冠之以"认证"字样,使公众、消费者、经营企业产生误解,误认为其是得到官方认可的合法行为,可能导致公众、消费者经营企业上当受骗,引发社会纠纷。因此,立法可以把滥用"认证"和不当使用"认证"的行为认定为违法,纳入认证监管视野,做到有限度地使用,从而使"认证"一词的使用逐步清晰化、规范化。

第五,《产品质量法》和《认证认可条例》均未涉及服务认证、体系认证不符合认证要求的情形及认证机构相关法律责任。

(四)立法体系不完整

第一,重行政管理,轻法律调整。在目前的法律框架下,强制性产品认证除《认证认可条例》之外,主要通过《认证机构管理办法》等行政规章和国家认监委的公告来治理,这些规章或文件普遍被冠以"管理办法"四字。可见,对我国认证行业主要还是从传统行政管理角度立法,而不是以认证法律关系主体权利义务的确认及激励性的角度进行立法。这种重行政管理、轻"激励性"与"惩罚性"并重的立法思路,有可能造成行政干预过多的倾向,不利于发挥认证机构等相关主体的能动性和创造性,从而制约认证行业的可持续发展,终极意义上,也不利于保护消费者的权益。过于严苛细致的认证要求,在某种程度上严重限制了企业的技术创新和变革。①

第二,重主体立法,轻业务立法。我国认证立法将认证机构作为特殊的中介机构加以规制,确立市场准入条件,规定规范经营、监督管理等制度及相应处罚条款,虽然其中包含了认证业务规则,但总体上比较笼统。比如,对认证机构的跟踪调查的具体措施和频率没有具体规定。其实质是,立法者并没有从理念上把握认证机构代行政府职能部门的质量监督之定位,没有思考怎么发挥认证机构的监督、协助、服务功能。认证机构应根据获证产品的安全等级、产品质量稳定性、企业的规模、信誉、

---

① 何云福:《未申请证书扩展与未经认证的区分》,载《中国质量技术监督》2011 年第 3 期。

国家专项抽查、消费者投诉等情况对获证产品及生产经营企业进行分类管理，确定合理的跟踪检查频次，保证认证过程和认证结果具有可追溯性。在产品认证过程中，没有规定认证机构对检测机构（实验室）的制约和保密义务。俄罗斯联邦《技术监督法》第 26 条“强制认证的实施”第 4 款规定“认证机构无权向认可测试实验室（中心）提供有关申请人的信息”，①以确保测量、测试的可靠性和公正性。由于我国认证市场发展迅速，认证机构质量参差不齐，认证市场机制不完善，这使从事认证机构本身的质量差距较大，有些认证机构缺乏有效的内部质量管理体系，没有按照每个技术领域确定所有认证人员能力准则，包括评价认证人员能力的人员能力准则。人员能力资格准则制定不充分，从业人员素质和专业技能较低等，导致审核/检查组总体业务能力不足，对认证企业的现场审核服务不能体现相应的社会价值，严重影响了认证有效性及认证市场竞争秩序。② 故有必要进一步加强业务规则的制定，促进行业自律，从而真正发挥第三方认证机构对市场监督的“社会之眼”作用。

第三，重监管职权的创设，轻监管职权的约束。《认证认可条例》赋予国家认监委、中国合格评定国家认可委员会及地方市场监管部门对认证活动的监管职权，它们有权对市场准入、业务活动、认证违法行为等进行监管，可是对这些职能部门监管行为缺乏有效的制度约束，可能导致其职权滥用，甚至不作为、乱作为。比如我国《认证认可条例》第 69 条对认可机构的 4 个约束性条款的责任仅是责令改正和警告，③《国家认可

① 《国外标准化法规选编》，国家标准化管理委员会编译，中国标准出版社 2005 年版，第 18 页。

② 认证风险：(1)认证风险的分析与管理机制未见实效，如个别认证机构的获证组织出现质量、安全事件的频次较高，认证机构相关改进措施实质性内容不足，重视程度不够；关于获证企业发生事故的处理和信息通报，机构只做事故调查，没有对认证有效性进行核实。(2)认证审核实施不到位：审核方案策划考虑不全面，制订的审核计划未考虑多个生产场所之间路途的时间；安排某个部门某个领域由非专业或非该领域的审核员来进行了审核；特殊过程/重大危险源/重要环境因素存在审核实施不充分、审核过程明显覆盖不全问题；对审核不符合的验证不充分，指定的验证人员能力明显不足；审核报告缺少必要的评价内容；获证后 12 个月内没有进行监督审核。

③ 4 个条款为：受理认可申请，向申请人提出与认可活动无关的要求或限制条件的；未在公布的时间内完成认可活动，或者未公开认可条件、认可程序、收费标准等信息的；发现取得认可的机构不当使用认可证书和认可标志，不及时暂停其使用或撤销认可证书并予公布的；未对认可过程作出完整记录，归档留存的。

机构监督管理办法》(国认可〔2002〕20号)第13条规定,国家认可机构若发生违反国际准则和有关规定的,责令其采取措施予以纠正,查处有关责任人。这些规定与认证机构相类似行为的责任条款相比,显得不对称。中国合格评定国家认可委员会是国家认监委的事业单位,即事业单位的事业单位。尽管二者在职能上有所分工,但这种机构的设置模式,使国家认监委对中国合格评定国家认可委员会的内部监督变得难以执行。另外,认证机构或申请认证机构资格的潜在"进入者"所涉及的举报投诉、申辩、复议、听证、诉讼等救济权等方面的规定比较粗略,甚至付之阙如。监管权力得不到有效约束和规范,最终难以有效保证认证机构的正当性权利和竞争公平。

第四,重实体规范,轻程序规范。实体与程序的关系问题是法律制度设计必须权衡的重大问题。认证机构由于其业务的广泛性,特别是跨国公司的分支机构遍布全球,可能跨地域甚至国别开展认证检测活动,这给传统的诉讼法带来挑战。未来的合格评定立法,除在实体机制方面的构建和完善之外,还应紧密结合《侵权责任法》、《民事诉讼法》及相关司法解释之相关规定,加强认证诉讼、复议等纠纷程序机制的创新和完善。针对大规模风险产品侵权的可能性,经济法的集团诉讼或者公益性诉讼机制在认证机构是共同侵权人还是第三人的定位问题值得深入研究。

二、政府监管不到位——基于行政干预视角

在市场经济活动中,拥有权利的主体在没有外力制衡或监管不力的情形下,为了谋取自身利益的最大化,往往会铤而走险,滥用自己的权利实施不正当行为,这对认证机构而言也不例外,其有可能以牺牲社会公共利益和消费者权利为代价,滥用认证权违法认证。

(一)机构设置不合理

按照中共中央《关于深化党和国家机构改革的决定》、《深化党和国家机构改革方案》和第十三届全国人民代表大会第一次会议批准的《国务院机构改革方案》,国家市场监督管理总局是国务院正部级直属机构,对外保留国家认证认可监督管理委员会、国家标准化管理委员会牌子,负责统一管理、监督和综合协调全国认证认可工作,建立并组织实施国家统一的认证认可和合格评定监督管理制度。其内设机构认证监督管

理司职责是,拟定实施认证和合格评定监督管理制度,规划指导认证行业发展并协助查处认证违法行为,组织参与认证和合格评定国际和区域性组织活动。国家认监委(CNCA)名义上是国务院授权履行统一监督管理和综合协调全国认证认可工作的主管机关,法律赋予其监管职能以便于统一牵头协调和集权性的行政干预。横向看,国家认监委在与其他部委的协调方面,缺乏体制上的独立性,其权威性和协调性弱。对产品认证方面,还有隶属其他部委的产品认证,如公安部的消防产品、农业部的绿色食品认证等,认证管理工作还很难做到统一,存在事实上的多头管理。纵向看,国家市场监督管理总局与国家认监委是领导与被领导关系,国家认监委是国家市场监督管理总局管理的副部级单位,认监委主任一般兼总局副局长,在机构、人事上存在附属性和依存性。另外,国家认监委与地方市场监督管理局并非是直接的上下级关系,仅存在业务指导关系。省、市级市场监督管理局设立认证监管处,个别例外,如舟山市市场监督管理局设立科技评管处,①保定市市场监督管理局无认证相关监管职能,②而县(区)或县级市通常没有对口的专门监管机构,规范和监督认证市场行为职能通常设在产品质量监督管理科(股)③、质量与标准计量股、④标准化与计量监督管理科(股),⑤这种行政架构直接影响认证监管工作的有序开展。而地市、县没有专门对口的监管机构,这种行政架构影响了监管工作有序开展。

---

① 《舟山市市场监督管理局机构设置》规定,科技评管处职能为:组织实施认证认可法律、法规和规章,负责检验机构及其检验服务活动的监督管理工作;规范和监督认证市场行为;指导企事业单位开展实验室认定、强制性产品认证、自愿性认证监管、有机产品等食品农产品认证监管工作。载舟山市市场监督管理局网:http://zsscjg. zhoushan. gov. cn/art/2018/3/15/art_1558666_22865276. html,最后访问日期:2019 年 3 月 20 日。

② 机构职能参见保定市市场监督管理局网:http://bdfda. gov. cn/index. php? m=content&c=index&a=show&catid=22&id=116,最后访问日期:2019 年 3 月 20 日。

③ 靖江市市场监督管理局简介参见靖江市人民政府网:http://www. jingjiang. gov. cn/art/2016/10/24/art_7185_154797. html,最后访问日期:2019 年 3 月 20 日。

④ 质量与标准计量股职责为:负责组织实施认证监督管理。负责机动车检验机构计量认证;组织实施对资质认定获证实验室和检验机构监督管理;依法组织对认证机构、认证咨询机构、认证培训机构及其人员的认证活动实施监督管理;组织、协调、指导质量体系与产品(商品)质量认证行为的监督管理。载五常市市场监督管理局网:http://www. wcscjd. gov. cn/a/zhengwugongkai/zhinenzhize/,最后访问日期:2019 年 3 月 20 日。

⑤ 参见浦县人民政府网:http://www. hepu. gov. cn/bmdh/zfbm/gszjj/nsjg/201609/t20160923_1777278. html,最后访问日期:2019 年 3 月 20 日。

在执法体制上，国家认监委与地方稽查执法机构没能有效对接，中间隔了总局执法稽查局，根据《国家市场监督管理总局三定方案》，执法稽查局职责是拟定市场监管综合执法及稽查办案的制度措施并组织实施，指导查处市场主体准入、生产、经营、交易中的有关违法行为和案件查办工作。承担组织查办、督查督办有全国性影响和跨省（自治区直辖市）的大案要案工作。指导地方市场监管综合执法工作。国家认监委只对口各省级认证监管处，而认证监管处并没有处罚权，执法体制不顺。在中央层面，有必要进一步厘清国家认监委与执法稽查局就认证执法权限的内部分工和案件管辖。指定认证机构只对国家认监委负责，这种体制带来的后果就是地方监管部门无法真正行使执法权，反而起到激励和纵容违法认证的效应。地方市场监督管理部门的主要精力和工作重点放在抓民生产品的质量安全违法案件，而对案件中涉及的产品是否经过认证、认证的真实性如何无暇顾及，这就容易导致认证机构与企业共谋和"脱法"情况的发生，其必然的后果就是认证质量下降和虚假认证、不实认证情形的发生。

（二）运行机制不顺畅

根据调研，基层监管部门对 CCC 认证的意见主要集中在信息透明度、过程监督等方面。在信息沟通机制层面，CCC 认证监管工作难度大，介入难，监管难以到位。在实际运行中，地方市场监督部门主要通过国家认监委网站获取 CCC 产品认证企业信息，再从资料库中筛选整理出辖区内认证获证企业名单。指定认证机构基本在系统内封闭运行，认证机构与监管部门之间信息沟通不顺畅，导致执法机构不能及时掌握本地认证企业和产品的情况，很容易造成监管的"盲区"。在监管能力层面，地方行政监管资源不够。由于地方市场监督部门对 CCC 产品的监管目前仍局限于"获证后的监督"这一环节，其他环节基本都由认证机构实施，监管人员难以了解产品的内部结构、性能的基本信息，形成信息不对称，且 CCC 认证细则、标准较为庞杂，执法人员大多不具备专业知识水平和现场审核经验，这影响了监管有效性。在执法权限方面，稽查机构与业务监管既交叉又脱节。地方政府机构改革带来认证职能弱化、执法主体资格不明确、执法监管做法不统一等问题。① 监管方式不够科学合理，表现为目前对指定认证机构的监管方式是以国家认监委组织专项检查为主，这种模式下对产品的低覆盖率、对认证机构核查频次的有限性、检查的可预期性降低了执法的效力和可靠性。地方认证监管部门对指定机构等无监管权限，极大制约了认证、检测活动的监管效能。②

（三）执法力度不够大

首先，处罚力度轻，执法威慑力不够。根据规定，对指定认证机构后续处理措施包括撤销指定、暂停、行政告诫、限期整改等。对强制性产品认证工厂检查员的处罚措施包括资格撤销、暂停等。但从公开的网络资料看，截至目前，国家认监委仅对两家指定认证机构进行过行政告诫。③在国家认监委网站上公开的2007年9月~2017年9月的27宗行政处罚案例中，除5宗违反《认证及认证培训、咨询人员管理办法》同时在两家认证机构执业处停止执业资格6个月或1年的行政处罚之外，另外22宗案件中，查处的13家机构中仅1宗案件涉及强制性认证，5宗撤销批准文件，6宗停业整顿，违法行为分别是超范围从事认证、出具虚假结论，编造虚假认证记录、"减少、遗漏认证基本规范、认证规则规定的程序"、"代表处开展非法认证活动"案、认证人员未到审核现场即出具认证证书、"未审核即发证、伪造审核记录"案。首先，从案件责任内容来看，一方面因为法律制度缺失的问题，比如《认证认可条例》没有规定没收违法所得和对认证机构的处罚，只有资格罚；另一方面法律执行没有到位，比如对出具虚假结论的，没有按照《认证认可条例》第62条追究认证机构和主管人员的法律责任。其次，从案件类型上来看，主要针对自愿性案件，只有1宗针对指定认证机构的行政处罚案件，未处理责任人员。具体见表3-4。

① 王大宁：《在全国认证认可工作会议暨第十四次全国认证认可工作部际联席会议上的总结讲话》，载国家认监委员网：http://www.cnca.gov.cn/rdzt/2016/2016bjlx/hyjs/201602/t20160224_47462.shtml，最后访问日期：2017年2月29日。

② 江西省质量技术局：《江西省强制性产品认证行政监管分析及思考》，载《质量探索》2013年第8期。

③ 《刘卫军副主任出席强制性产品认证指定认证机构及工厂检查员专项监督通报会》，载中国国家认证认可监督管理委员会网：http://www.cnca.gov.cn/xxgk/xxgkml/ldxx/lwj/zyhd/201503/t20150319_23200.shtml，最后访问日期：2017年3月11日。

表 3-4　2007 年 9 月至 2017 年 9 月的 27 宗行政处罚案例

序号	处罚时间	违法主体	违法行为	违法依据	处理结果
1	2007	扬州金达信息咨询有限公司	不明	《认证咨询机构管理办法》	撤销认证咨询机构批准文件
2	2007	杜某等 7 人	不明	同上	停止执业 1 年或 2 年
3	2007	北京振业兴管理体系认证有限公司	不明	《认证认可条例》	停业整顿 6 个月
4	2007	苏某等 3 人	同时在两家认证机构执业	不明	停止执业 6 个月或 1 年
5	2008	周某等 4 人	同时在两家认证机构执业	不明	停止执业 6 个月或 1 年
6	2008	北京光大联合国际认证有限公司	超范围从事认证活动	不明	停业整顿 6 个月
7	2009	奥瑞(沈阳)认证有限公司	超出批准范围擅自开展环境管理体系和职业健康安全管理体系认证	不明	停业整顿 6 个月
8~14	2009	任某等 7 人	同时在两家认证机构执业	不明	停止执业 6 个月或 1 年
15	2010	任某	同时在两家认证机构执业	不明	停止执业 6 个月
16	2011	北京挪华威认证有限公司	超出批准范围擅自开展 IT 服务管理体系认证	不明	停业整顿

续表

序号	处罚时间	违法主体	违法行为	违法依据	处理结果
17	2011	朱某	同时在两家认证机构执业	不明	停止执业6个月
18	2011	北京振业兴管理体系认证有限公司	未审核即发证，伪造审核记录	不明	撤销批准文件
19	2012	印度泛太平洋认证有限公司长沙代表处	开展认证活动	不明	撤销备案
20	2014	凯新认证（北京）有限公司	认证人员未到现场出具认证证书	不明	停业整顿6个月
21	2014	王某等2人	出具虚假结论，编造虚假认证记录	不明	撤销执业资格
22	2016	广东中检认证有限公司	在提出设立认证机构申请时提供虚假材料	不明	警告
23	2017	上海埃摩森认证有限公司	减少、遗漏认证基本规范、认证规则规定的程序	《认证机构管理办法》第52条第2项	停业整顿6个月
24	2017	昆仑检验认证有限公司	减少、遗漏认证基本规范、认证规则规定的程序	同上	撤销认证机构批准书
25	2017	凯邦检测认证有限公司	出具虚假认证结论的	《认证认可条例》第62条	撤销认证机构批准书

续表

序号	处罚时间	违法主体	违法行为	违法依据	处理结果
26	2017	黄某	编造虚假认证记录、出具虚假结论	《认证及认证培训、咨询人员管理办法》第17条	撤销执业资格
27	2017	国家轻工业装饰材料陶瓷质量监督检测广州站	存在重大变更事项未申报、出具虚假报告	《强制性产品认证机构、检查机构和实验室管理办法》第11条、第39条	撤销瓷质砖产品强制性产品认证检测业务

资料来源：作者整理。

三、认证有效性不高——基于认证绩效视角

在某种意义上，上述政府监管的问题也是目前认证有效性不高的主要原因。总体上，我国政府在认证认可领域的监管处于“强监管”的状态，监管依据有法律、行政法规、部门规章、标准、认证规范和实施规则，自2002年以来我国组织了十几次的专项执法，投入了大量的人力、财物，但从近年频发的安全事件和社会消费心理来看，认证制度其绩效值得怀疑的。

近年来，ISO 9000族标准经多次改版，质量内涵不断演变，从最初的“符合性质量”发展到追求“顾客满意”“顾客忠诚”。有观点认为，有效性来源于过程、结果的增值效率，认证有效性包括体系有效性、认证工作有效性和认证证书的有效性。就强制性产品认证而言，认证的有效性应包括过程有效性和结果有效性：一是企业质量保证体系运行的有效性；二是指定认证机构认证活动的有效性。两者互为因果，共同作用于产品质量和生产秩序。前者包括企业按强制性产品认证标准建立起来的质量保证能力体系是否实现本组织的质量方针和质量目标、顾客满意度是否提高、质量持续改进机制是否形成，这本身既是认证决定能否得以批

准的依据,也是认证后的实施效果。后者是指指定认证机构依据有关强制性产品认证实施规则和其据以制定的实施细则开展审核和监督检查工作的有效性,包括认证和检测工作实施的规范性、合法性、获证产品的一致性、指定机构自身的公正性等要素。而认证证书的有效性并不在于在形式上证书是不是过期或是否在有效期内,更在于是否得到市场和消费者的认可。

(一)认证机构独立性不强

《产品质量法》赋予了认证机构独立性,但其独立性的外部条件尚不完全具备。我国认证机构从一开始就是政府主导,比较有实力的大型认证机构一般都有政府部门背景,这在很大程度上影响了认证第三方的独立性、公正性。比如,上述言及的中国质量认证中心(CQC)是经中央机构编委员会批准、国家市场监督管理总局委托国家认监委管理的认证机,2007 年重组改革后,隶属中国检验认证集团。认证机构的独立性决定了其真正市场主体地位和法律责任的独立,机构没有独立性,在认证活动中,很容易受到行业主管部门、地方政府的干预,从而可能丧失认证的严肃性和公正性,直接降低认证在经济社会中的应有功能。尽管国家认监委正逐步放开认证市场和认证机构的准入条件,但我国良好公平竞争环境尚未真正形成。

(二)认证技术标准不协调

目前,标准与技术还不能满足强制性产品认证工作的需求,认证中标准失位现象严重,如部分产品还缺乏强制性标准,标准滞后现象严重,认证领域国际标准转化率“低”“慢”,标准和技术规范的国际化程度不高等,①这在很大程度上影响了认证效果。有观点认为,虽然强制性认证实施规则大多数内容体现的是强制性标准,但也大量引用了推荐性标准,《轮胎类产品认证实施规则》引用的推荐性标准达 11 个之多,这些推荐性标准通过强制性认证实施规则具有了强制性。② 根据《标准化法》的规定,强制性标准是必须执行的标准,而目前强制性产品认证的标准既有

---

① 张佳军:《我国产品认证及其规制研究》,西北大学公共管理学院 2009 年硕士学位论文,第 30~31 页。

② 彭莉等:《我国 TBT 领域的主要技术法规》,载《中国质量与标准导报》2013 年第 1 期。

强制性标准，又有推荐性国家标准和行业标准，还包括强制性产品认证专家组的技术决议，而生产许可制度实行的标准形式也包括强制性标准和推荐性标准，两种市场准入制度在标准使用方面并没有体现差异性。

（三）认证程序不规范

尽管在强制性产品等认证领域，国家认监委制定了相应的产品认证实施规则，规定了较为详细的认证程序性规范，但认证机构为减少认证成本，并没有很好地按照实施规范和程序履行，特别是在认证时间、认证方案、认证模式、工厂质量保证能力及产品一致性监督频次、人数，以及暂停、撤销、注销认证证书等方面，认证机构往往会有较大的伸缩空间和自由裁量权。以《强制性产品认证实施规则》（电线电缆产品）为例，其中“认证模式”中赋予了指定认证机构一定的自由裁量权，即其可依据《强制性产品认证实施规则　生产企业分类管理、认证模式选择与确定》；在基本认证模式基础上，可酌情将企业质量保证能力、产品一致性检查、获证后监督方式等相关要素进行组合。认证机构向受审核方颁发认证证书，即证实获证企业有能力稳定地提供满足法律要求和客户要求的产品。若认证机构认证程序不规范、不严谨，对认证产品和企业跟踪检查责任不落实，就可能扭曲市场信号传导机制。

（四）虚假认证未根治

诚信缺失是当前较为普遍的社会问题，这同样会投射和影响产品认证领域。根据相关规定和专项监督的情况，指定认证机构的严重性问题可归纳为：违反《认证认可条例》和《强制性产品认证机构、实验室和检查机构管理办法》，出具虚假证书、不按规定收费、超范围认证、对认证和检测结果不具备评价能力、缺少关键认证环节、工厂检查过程缺少必备要素的检查等问题。与指定认证机构签约的实验室存在的严重性问题主要有缺少检测设备（包括设备精度不符合要求）和检测能力、能力比对结果严重偏差、出具虚假报告、不按规定执行检测收费、不当的试验过程和方法导致结果出现严重偏差等问题。承担强制性产品认证检查的工厂检查员严重性问题主要有出具虚假工厂检查报告、工厂检查过程缺少必备要素的检查、专业能力不足、利用工厂检查非法获益等。作为认证委托人的企业的主要问题有：提供虚假样品，使用过期认证证书，假冒、伪造认证证书和认证标志，虚构出口购销合同等。问题的存在对认证有效性及认证声誉很大负面影响。

（五）认证采信度不高

消费者层面，通过调查发现，54.8%的机构认为认证知识在国民中的普及程度比较低，仅有38.6%消费者对ISO 9000了解，25%的消费者了解HACCP认证，了解CCC认证的有25.4%，而了解环保和节能认证的只有18.8%和16%。[①] 可见，消费者对认证的认知有待提高。政府层面，相关各部门的许可事项与产品质量认证之间的关系还没有完全理顺，认可机制与政府监管机制一定程度上脱节，认可结果尚未被政府、社会各方利用，重复评价的情况仍然存在。社会层面，生产许可制度及监督抽查制度的实施导致生产者对产品认证需求降低。

上述问题的存在是认证不规范的表现，从某种意义上讲，也是认证有效性不高的主要原因。总体上，我国认证制度供给过度与干预失灵、内生性需求不足与认证有效性不高是强制性产品认证活动的主要矛盾和根本问题。

第三节　强制性产品认证制度存在问题的成因与影响：案例研究与批判

一、三则典型案例述介

（一）消防认证产品执法权争议案[②]

2015年5月6日某市公安消防大队联合该市工商行政管理局、质量技术监督局稽查队员进行消防产品巡查，在某KTV发现正在安装调试的标称“广州某公司生产的电气火灾监控系统”（生产日期：2014年11月25日）未标注CCC认证标志。经调查，该电气火灾监控系统由该市某装修装潢公司向该市某消防产品销售公司购进。根据原国家质检总

① 郭金发：《论政府在构建中国特色的认证认可制度中的主导作用——以政府信用为视角》，吉林大学行政学院2010年博士学位论文，第67页。

② 案件来源：L市质量技术监督局优秀案例，同类性质案件参见陈永远：《消防产品无CCC认证该如何处理》，载《中国质量技术监督》2013年第9期。

局、公安部、国家认监委《关于部分消防产品实施强制性认证的公告》规定，电气火灾监控系统是火灾报警产品系列，对应 HS 编码 8531. 9010，在产品性质上属于强制性认证范围，自 2013 年 1 月 1 日起，未获得 CCC 认证证书和未标注 CCC 标志，不得在经营活动中使用。对该案要不要处罚，谁有权处罚众说纷纭。①

(二)丙公司不服甲质量技术监督局行政处罚申请行政复议案②

2010 年 7 月 22 日甲质量技术监督局执法人员对甲市乙公司高、低车间正在安装的低压成套开关设备进行检查，发现该批低压成套开关设备共计 43 台，单台的铭牌上均有 CCC 标志，铭牌上标注的产品型号为 GGD，标注的额定电流有 3600A、2500A、2000A、1600A、1000A，标注的生产厂家为申请人丙公司。经立案调查，确认该批低压成套开关设备中有 19 台产品无 CCC 认证，其中 14 台额定电流为 2000A、额定短时耐受电流 50KA 的 GGD 型低压配电柜无 CCC 认证。申请人提供了两份 CCC 认证证书，证书的产品覆盖范围分别是 In = 5000-2500A，Icw = 80kA；In = 1600-630A，Icw = 30kA，其中缺少额定电流 2000A 额定短时耐受电流 50KA 的等级范围，证实了申请人未对该范围的 GGD 型低压配电柜进行 CCC 认证，另外的 5 台无 CCC 认证的 GGD 型低压配电柜总货值 435300 元，这 5 台低压配电柜实为低压无功功率补偿装置(又称电容柜)，在单个柜体里面都贴有线路图，上面标注的均为电容柜。在当事人提供的两份 CCC 认证实验报告中的样品描述及说明里，未发现低压无功功率补偿装置所需的关键电器元件及辅件内容。

---

① 在行政处罚适用时，第一种意见认为，根据上位法优于下位法原则，《认证认可条例》第 3 条规定了地方质监部门和出入境检验检疫机构可查处 CCC 产品认证违法活动，该案应由该市质监局负责查 KTV 商家、装修公司、销售公司，工商部门和公安部门无管辖权。第二种意见认为，按照后法优于前法和特别法优于普通法原则，作为部门规章，《消防产品监督管理规定》(公安部令第 122 号)第 4 条规定了县级以上地方质量监督部门、工商行政管理部门和公安机关消防机构都有职权按照各自职责对生产、流通和使用领域的消防产品质量实施监督管理，公安消防大查处 KTV、装修公司，工商部门查处销售公司，质监部门查处生产环节的厂商。第三种意见认为，既然联合执法，牵头部门是消防大队，应共同下达行政处罚决定书。第四种意见认为，按照《认证认可条例》释义，KTV 商家与装修公司无主观明知故意，不构成违法，公安消防大队责令限期改正；广州公司未经 CCC 认证即出厂销售，销售公司销售未经 CCC 认证的产品，由质监局进行立案查处。

② 案件来源：L 市质量技术监督局优秀案例。

2010 年 8 月 10 日甲局依据《认证认可条例》对丙公司作出了责令改正、处罚 15 万元、没收违法所得 57,301.75 元的行政处罚。2010 年 8 月 30 日申请人不服被申请人对其作出的行政处罚，向省质量技术监督局提出了行政复议，复议请求是：申请人生产制造的 43 台 GGD 开关柜主母线额定电流为 4000A-3600A 开断 80KA，其中使用有 630A、1000A、3600A 框架式断路器，均有元件厂家提供 CCC 认证，该公司具有 GGD 主进线 In = 2500A - 500A，Icw = 80KA 规格的 CCC 认证，不存在违规。甲质量技术监督局作出答辩：对于申请人所生产的 43 台 GGD 型低压配电柜，认定的有 19 台为无 CCC 认证，其中有 14 台额定电流为 2000A 的 GGD 型低压配电柜，5 台实为低压无功功率补偿装置。根据《认证认可条例》《强制性产品认证管理规定》和国家认监委 2007 年 8 月 15 日实施的《电气电子产品类强制认证实施细则》（低压电器—低压成套开关设备）的规定，GGD 型低压配电柜，电柜低压无功功率补偿装置属于国家 CCC 认证目录内产品，应当取得 CCC 认证后方可出厂、销售。

复议机关查明：申请人销售的 14 台额定电流为 2000A 的低压配电柜未经过 CCC 认证。申请人两份 CCC 证书（编号：2004010301124EEE 和 200410301124EEE）对应的产品名称为“低压开关柜”，型号为“GGD”，未覆盖 14 台额定短时耐受电流 50 KA、额定电流为 2000 A 的 GGD 低压开关柜。上述事实认定依据现场检查笔录、调查笔录、现场照片、设备购销合同、设备技术合同、产品检验报告等。省质监局根据《行政复议法》第 28 条第 1 项之规定，予以维持原“罚”。

（三）L 认证机构在认证过程中违反认证规则行政处罚案①

2013 年 5 月 6 日 P 市质量技术监督局认证监管人员对 L 认证机构在 P 市某县食品厂的认证情况进行执法检查。经调查核实，L 认证机构在对该厂的质量管理体系认证过程中，第一阶段审核计划时间是 2012 年 1 月 15 日全天，审核组成员是甲（组长）、乙（技术专家），评审计划时间是 2012 年 1 月 22 日至 23 日，审核组成员是甲（组长）、丙、乙（技术专家）。通过对该厂管理者代表张某调查发现：在 L 认证机构对该厂的认

① 案件来源：H 省质量技术监督局典型案例。鉴于从公开的资料，无法获取 CCC 产品指定认证机构违法案例，此案件类型与工厂检查员的行为有类似之处，故择取之。

证行为中，第一阶段审核人员甲、乙均未到场，仅咨询公司胡某到场；第二阶段审核人员乙、丙未到场，甲到场，胡某陪同。两次审核记录签名均有甲签名。其间P市质量技术监督局多次通知L认证机构接受调查，L认证机构未回应。P市质量技术监督局将此情况上报H省质量技术监督局质量处和国家认监委，国家认监委答复协助调查此案。随后，执法人员根据第二阶段审核期间由食品厂安排食宿这一线索，在该县某宾馆提取到第二阶段审核当日的宾馆住宿登记单，进一步证实了第二阶段仅有甲、胡某两人到场。后经国家认监委协助调查，丙在国家认监委的调查笔录上的本人签名与在《质量管理体系审核报告》、现场审核首、末次会议上的签名不一致；甲、丙提供了现场审核首、末次会议人员签到表，证明其到场进行了审核，与企业的反映有出入。执法人员对国家认监委传真的2012年1月15日和22日、23日的首次会议与末次会议签到的部分人员进行了调查，经调查确认，丙、乙未到场，首、末次会议未开，部分人员签名系代签，审核记录系伪造。执法人员又根据国家认监委邮寄调查资料，对L认证机构兼职审核员丙本人所提取的亲笔签名与该案中第二阶段“质量管理体系审核报告”中丙的签名字样，委托P市某司法鉴定所做司法鉴定。鉴定意见为：第二阶段“质量管理体系审核报告”中丙某的签名不是丙某所写。

L认证机构未按GB/T 19011—2003《质量和(或)环境管理体系审核指南》第4章“审核原则”和第5章第3条“审核方案的职责、资源和程序”要求开展认证活动，收取认证费用5000元，涉嫌违反认证基本规范和认证规则规定的程序，第一阶段审核人员未到场；第二阶段只有审核组长到场，首次会议与末次会议都未召开，在认证过程中减少、遗漏认证基本规范、认证规则规定的程序，违反《认证认可条例》第22条，P市质量技术监督局依据我国《认证认可条例》第60条第1款第2项规定，给予L认证机构责令改正、处以罚款50000元、没收违法所得5000元的行政处罚。主要证据有：认证有效性检查企业审核报告、调查笔录、《质量管理体系咨询合同》《质量管理体系审核报告》《质量管理体系认证证书》、营业执照、司法鉴定书等相关证明材料。

上述择取的行政处罚典型案例，分别从CCC产品执法权冲突、CCC产品认证单元不合理、认证审核员虚假认证三个视角，客观描述了我国

CCC认证制度和体系认证制度在我国的运行生态。约翰·C.科菲探讨了看门人机制失灵现象的理由，包括：代理成本问题；看门人职业的市场竞争不完美，导致同一市场中的各个看门人相互串通，或心照不宣地协同行动；看门人的声誉资本价值可能减少到很低，以至于变得无所谓，不再努力地保护自己的声誉资本；受到法律诉讼追究的风险很低。[①]这对于认证失灵的理由大抵也是适用的。

二、认证法律制度移植出现异化

对法律移植所隐含的文化意义研究存在两种不同的进路：一种基于普遍主义的立场和方法论；另一种秉持一种文化相对主义的哲学基础。[②] 关于制度移植，学界有制度移植论、不可移植论、附条件移植论等。张文显教授指出，法律移植是在认同、鉴别、调适、整合的基础上，引进、吸收、摄取、同化外国的法律概念、法律技术、法律规范、法律原则、法律制度和法律观念等，并使之成为本国法律体系的有机组成部分。[③] 何勤华教授指出，法律移植是指将其他国家或地区的法律体系、法律内容、法律形式或法律理论吸纳到自己的法律体系并实施的活动。信春鹰认为，制度和规则的移植必须要有文化的支持，要不然，法律移植很可能沦为立法者的游戏。[④] 法律移植是多元文化之间相互碰撞融合的过程，必须处理好制度与意识关系，关键在于文化和社会心理的认同。[⑤]

我国强制性产品认证制度是在20世纪80年代采用ISO/IEC推荐的第5种认证模式基础上建立并发展起来的国家认证制度，这种“典型的第三方产品认证制度”得到很多国家的运用。我国认证市场具有其特殊性，表现在以下方面：首先，是政府主导性。在加入WTO之前，中国认

① ［美］约翰·C.科菲：《看门人机制：市场中介与公司治理》，黄辉等译，北京大学出版社2011年版，第9页。

② 王勇：《法律移植研究与当代中国的法律现代化》，载《法制与社会发展》2008年第4期。

③ 张文显：《继承·移植·改革：法律发展的必由之路》，载《社会科学战线》1995年第2期。

④ 信春鹰：《法律移植的理论与实践》，载《北方法学》2007年第3期。

⑤ 魏建功：《多元视野中的法律移植——基于法社会学和法文化的思考》，载《曲靖师范学院学报》2006年第4期。

证市场长期是一个垄断性市场,国外认证机构要想到中国开展认证业务,必须获得国家质检总局的审批,因此,国际大型认证机构不得不采取合资、合作的方式进入中国市场。中国认证行业一直享受着政府"幼稚行业"的保护政策,国内认证机构凭借"政策性壁垒"获得较高的市场份额,但这种保护不利于国内认证机构竞争力的提高。其次,是规制的渐进性。随着形势的变化,从《产品质量法》到《认证认可条例》再到《认证机构管理办法》及各种规章、认证规则、技术规范等,政府的法律法规正在逐步完善。最后,是市场的不成熟性。认证市场缺乏对高质量认证的需求。企业的目的就是拿证,真实动机并不是为了改善企业经营管理水平和产品质量,带有明显的功利性。与国际大公司相比,国内认证机构无论是规模、研发能力、声誉等方面都存在较大差距。随着中国加入WTO,认证市场变得更为开放,国外认证机构及办事处进入和退出中国认证市场也会变得更为自由,外资认证机构必将与国内认证机构展开更为激烈的竞争,从而将会对国内认证机构构成更大的威胁和挑战。

传统的不完全竞争假设往往只关注市场结构的生产过程,而忽视交易过程。在交易过程中,交易双方产权不明晰或者没有界定,就会削弱市场的竞争程度。交易费用经济学认为,在利润最大化目标下,决定企业的边界除了生产成本,也包括交易成本。交易成本包括合约制定过程中的搜寻成本、当事人之间谈判和讨价还价的成本以及执行合约的成本。根据交易成本的类型不同,交易成本对市场竞争性程度的影响也不同。外生的交易成本会增加市场范围,增加市场的竞争程度,但内生的交易成本会使市场范围缩小,市场的竞争性也会随之减弱。认证市场是对认证服务的供求关系,认证市场的交易成本的存在必然会对认证机构的规模和边界及合并行为产生影响。认证制度降低交易成本只是理论上的假设,要达到此目的,还必须从制度上加强规制。

由于市场经济发展的进程和阶段各有不同,除药品等由政府发证管制之外,美国等主要发达国家强制产品认证制度已过渡到社会强制或市场强制,政府只负责外部监督。然而我国实行改革开放、发展社会主义市场经济40年,要赶超发达国家发展了二三百年的市场经济历程。在全球化时代,只有主动顺应和适应WTO/TBT国际贸易规则,才能融入国际社会,发展本国经济,认证认可国际化是国际经贸框架下我国认证认可工作发展的必然选择。认证作为一种公正的市场化的质量监督和证明活动,必须遵循市场经济规律运作,在引入竞争机制的同时,确保认证市场公平、公正、公开,以及认证规范化。另外,须在认证与认可的国际活动中遵循国际惯例和国际行为准则,实现与国际接轨。CCC 制度是我国按照 WTO 要求制度的认证制度,完全符合国际通行规则,检测标准等同采用 IEC 国际标准。通过互认机制,CCC 产品能够为获得其他国家的认证证书奠定基础。在申请 CCC 认证的同时,企业申请 CB 测试报告和 CB 测试证书,利用这些报告和证书可以便捷地得到其他国家的认证证书,减少重复检测和认证程序、认证费用,为产品进入国际市场提供方便。针对这种有利国际贸易的法律制度的移植对后进国家显然是成本最小化的。

然而缘何这种制度移植到中国就异化呢?哈耶克(Friedrich August Hayek)云,一个经济体中的秩序演进,是一个自生自发的过程,外来的知识和力量只有通过影响经济体的内在机制才能对其秩序演进发挥作用,而这个内在机制,按照奥尔森(Mancur Lloyd Olson, Jr)和阿西墨格鲁(Daron Acemoglu)等的理解,则是社会内在的权力结构,它预置了社会群体博弈的初始规则并规定了决定最后均衡的力量分配,作为社会规则的制度,就是这种博弈的结果。标准认证是市场的选择,是历史的选择,制度移植需要受体文化和民族心理的认同。从 CCC 制度的发展历史看,它是国门打开后,基于国际贸易发展的需要,改革进出口许可制度和国内安全认证制度的结果。在一个自然经济简单商品经济条件下,产品结构简单,认证制度是不需要的。在一个封闭运作的国内市场,认证制度大抵也是不需要的,生产者责任和政府责任共同起作用,表现为传统民商法、行政法、刑法的私法、公法调整。然而,在经济全球化、风险社会时代背景下,基于对风险产品制造的不信任、贸易保护主义等因素,诞生了认证认可制度。在某种意义上,发展中国家没有选择。

我国在制度引进并逐渐改进的过程中,制度本身运行的社会条件尚不是很成熟,政府没有发挥好应有的作用,在制度设计方面,还有不足之处,表现为:首先,产品认证单元划分过细也不清晰,增加了企业不必要的获证成本。在产品单元本身的识别方面,地方监管部门经常请示国家认监委等上级主管部门,对执法管理和企业申报造成极大不便。其次,监管部门对获证企业过多监管且有不当罚款,导致企业不愿做认证的问题。最后,认证收费过高,降低了企业取证的主观意愿。标准换版重新认证所产生的费用过高,关键零部件的报备检测费用过高,新增关键元器件供应商及扩展型号须向认证机构报备。由于原材料成本压力、配套行业产能以及产品不断升级、优化等因素,获证后的产品新增关键元器件供应商及扩展型号不可避免。CCC 制度发挥过促进产业升级、淘汰落实工艺的积极作用,但日益异化成限制企业技术创新的拦路虎、认证机构制度谋利的工具。另外,中国市场化改革过程中,认证机构的社会化程度发展太快,社会信用机制不健全,中介机构作为缓冲政府与市场的中间力量,尚需要政府引导和加强监管。就我国对产品监管而言,主要按生产许可(审批)、认证认可两个轨道,并行运作。行政资源的有限性、监管对象的广泛性、两个制度的“同质性”决定了行政效率不高。CCC 认证制度要实现本来功用,必须转型,重视企业产品的更新换代,不宜捆扎住企业的手脚,而应根据产品风险等级,在认证单元、认证模式等方面进行粗化,在如何重点发挥认证机构这一社会中间层的事中、事后监管与服务方面进行制度再造。

三、认证合谋导致监管机制缺失

(一)利益主体博弈分析

博弈论是增进对合作与冲突理解的理论,分为合作博弈理论和非合作博弈理论。合作博弈强调“团体理性”,非合作博弈主要研究在给定的约束条件下,如何选择最优策略,强调“个人理性”。一个最基本的博弈结构,至少包括三个要素:局中人(player)、战略空间(strategy space)和支付结构(payoff structure)。博弈论假定,局中人是理性而明智的、在博弈中选择行动以最大化自己效用的决策主体;①每个局中人是独立的,不受其他局中人胁迫;局中人的支付结构表现在不同战略组合下博弈终了时的收益,局中人之间的利益相互牵连和制约。左伟在《基于食品安全的企业、监管部门动态博弈分析》一文中,通过建立食品企业与监

① 张维迎:《博弈论与信息经济学》,格致出版社、上海三联书店、上海人民出版社 2013 年版,第 7 页。

管部门间的动态博弈模型,结合“三鹿”事件进行分析,认为食品企业出于短期利益,可能忽视产品质量,对监管部门行贿,而监管部门放松对企业的监管行为。这个结论对于认证机构而言,同样是适用的。

假定市场上存在A、B两个认证机构,二者在工厂审查和后续跟踪监督中存在严格与不严格两种策略。甲企业选择一个进行认证,交纳认证费用T。当认证机构选择不严格策略时,将受到执法机构的惩罚C。当某一认证机构选择严格,另一认证机构选择不严格时,不严格认证机构的认证收益为2T,而严格认证机构的认证收益为T。通过以上假设,认证机构之间的博弈模型如表3-5所示。

表3-5 认证机构之间的博弈模型

A认证机构 / B认证机构	严格	不严格
严格	T,T	T,2T-C
不严格	2T-C,T	2T-C,2T-C

完全信息静态博弈——纳什均衡(Nash Equi-librium)这种战略组合由所参与人的最优战略组成,没有任何局中人积极选择其他战略,从而维持这种均衡。当A、B认证机构均选择严格认证策略时,收益分别为:T,T;当A认证机构选择严格认证策略,B认证机构选择不严格认证策略时,收益分别为:T,2T-C;当A认证机构选择不严格认证策略,B认证机构选择严格认证策略时,收益分别为:2T-C,T;当A、B认证机构均选择不严格认证策略时,收益分别为:2T-C,2T-C。当C<2T时,认证机构将选择不严格作为最优策略,达到纳什均衡,即(不严格,不严格),这就导致企业交钱买证、合谋认证现象的发生。

在改革开放不久的认证早期,比如像ISO体系认证供不应求情形下,卖方居于垄断地位,企业议价能力低,认证机构居于市场优势地位。随着认证市场的开放,企业认证议价能力上升,认证机构往往会出现低价揽客的现象。尽管认证行业协会颁布了价格自律规定,但为了争夺市场,认证机构往往会在价格基准线上打折。认证机构作为第三方商业组织,其所有市场竞争的目的是赚取更多的认证费用,CCC认证指定机构也不例外,故必然会产生认证机构之间价格竞争现象,从而驱动认证机构降低认证审查标准。可是当C>2T时,也即加大执法惩罚力度,认证机构此时无利可图，甚至倒贴，认证机构将选择严格认证作为最优策略，从而转变为新的纳什均衡。当缺乏监管或监管不力时，对于逐利的认证企业来说，往往会忽视认证质量，只顾眼前利益，忽视产品安全，而对于监管部门将造成严重的信誉损失，并形成巨大的社会成本。

上述只考虑了一次博弈的情形，而实际上认证是有有效期的，存在再认证的情形，认证企业与认证机构的博弈是可重复进行的。就强制性产品认证而言，这种博弈结果可能更为稳定，被发现的概率比较低，因为认证主体是政府指定的，认证委托人也是法律规定必须要认证。认证机构与企业各取所需，很容易合谋，所以加强对认证本身的透明度和可追溯性是必要的。另外，只要执法部门加大打击力度，发现一起查处一起，这种虚假认证行为便可以控制到最低程度。

可信性威胁是抑制博弈"机会主义"的必要条件，当认证机构意识到监管威胁不可信时，就自然会去选择采取对其有利的行动策略。实际上，在博弈论看来，法律禁止的行为仍可能会是参与者的行动选择。一个理性的参与者是否会违法，主要取决于预期收益与成本（风险）的差额。上文简单分析了认证机构之间及与监管机构的博弈行为和行为之间的互动关系，下文以实际经济生活中广泛存在的 CCC 认证为例，进一步对其他相关博弈主体进行利益分析。

1. CCC 认证企业。在实施 CCC 认证过程中，企业会权衡实施 CCC 认证费用与所得的收益。企业要通过 CCC 认证，就需要支付认证审核费用，并且为了使其生产经营、体系等方面达到标准要求也需要增加成本。企业通 CCC 认证后，可能的收益包括：声誉提高、品牌提升、订单增加、价格提高、抵御技术壁垒、消费者青睐，进而提高销售额，获得市场竞争优势等。按照经济学中"经济人"的假设，在国家法律法规没有强制要求认证的情形下，实施其他策略比如商标策略、其他自愿性认证，企业增加的成本小于 CCC 认证，则企业就会放弃 CCC 认证。但 CCC 认证是法律强制，企业没其他选择，企业策略是申请一个或尽量少的认证单元，来覆盖更多型号和规定的同类产品，以减少认证成本。对组装型的小企业而言，其往往采取逃避监管或伪造冒用手段。

2. 政府监管部门。国家认监委监管对象为 22 家指定认证机构、64093 家认证企业、468331 张证书覆盖的产品、180 家检测实验室，检查方式为年度专项监督或 CCC 产品监督抽查,通过认证企业或产品倒查追溯认证活动规范性,监管任务繁重,监督经费高企。执法成本会影响政策对象的效用函数,并进而影响参与者行动策略的选择。各相关违法行为发现成本较高,有限的监管资源根本管不过来各个环节。理论上可以发挥指定认证机构的协管作用,但实际上有限的认证机构也无法完成数量不少的跟踪任务。加上监管意愿内驱不足,对认证机构和企业没法形成有效的监管链条,降低了 CCC 产品及相关机构、人员规制的效率。

3. 消费者。消费者购买和使用 CCC 认证产品,需要在不同制造商之间及同一制造商的同类产品之间进行选择,需要支出搜寻费用。而 CCC 认证是一个信号传导机制,表明该认证的产品安全是得到保证的,这个强烈的信号可以给消费者以信心。理性的消费者在获得 CCC 认证和未获得相关认证的产品之间,在价格相当的情形下,肯定会毫不犹豫地选择前者。实际上,产品价格自然包含了认证的平均费用。不过,消费者购买 CCC 产品,可以获得精神满足、安全感。

指定认证机构在认证及监督过程中承担 CCC 产品质量信息发现成本,并占有信息租金。这种模式的优点在于能够调动认证机构积极发现 CCC 产品质量信息,在努力追求商业利益的同时实现整个社会福利最大化。然而,这种模式的缺点在于认证机构可能会与企业共谋,欺骗政府和消费者,从而非法占有信息租金,这也就产生了对付这种共谋行为的制度需求。可借鉴反垄断执法中的"宽大政策",通过增加企业的背叛激励、降低惩罚,来成功地从内部瓦解俘获。①

(二)认证合谋无有效法律手段规制

作为当代政府的重要职能和治理手段,规制是政府对市场主体的决策活动施加影响和干预的机制。政府规制经济的理论引导下的好的规制政策,可明显地改变市场结构和市场效率,提高受规制产业的竞争力,降低价格和成本,促进社会总福利的增长。基于公共利益目标规制理论的源头是阿尔弗雷德·马歇尔(Alfred Marshall)在《经济学原理》所提到的自然垄断、外部性而导致市场失灵,因而市场失灵成为政府规制理论

① 唐要家:《反垄断与政府管制理论与政策研究新进展——反垄断与政府管制:理论与政策国际研讨会观点综述》,载《中国工业经济》2009 年第 1 期。

的逻辑起点。该理论三个假定条件即“政府是公共利益的总代表”、政府是完全理性的公而无私的“道德人”及“规制有效”欠缺实证和实践支持,受到利益集团规制理论的挑战。利益集团规制理论将规制者当作“经济人”及“政府强制权代表利益集团”作为两个基本假设,认为规制者与利益集团通过设租、抽租活动形成规制供给与需求的一致或达到平衡,通过规制制度供求关系间接影响社会经济活动。利益集团理论的理论假设从公共利益目标规制理论的道德人假设转化到另一个极端的“经济人”假设,把规制动机从解决市场失灵的公共利益价值追求转向通过政治程序而获取各自的“特殊利益”。

无论是“内驱型”认证还是“外生型”认证,①是真正持续改进、增强企业竞争力,还是把获得认证证书作为摆设和交易的筹码,都需要认证机构的操作。由于认证机构与求证主体之间存在某种特殊交易型监管关系,这种“你情我愿”的关系使合谋的达成与维持相对容易。认证机构若没有按认证实施规则及自身制定的实施细则规定的程序要求,放宽认证条件,未尽跟踪监督义务,进行虚假认证和不实认证,认证合谋也就自然滋生了。在这个过程中,企业通过造假,伪造文件,配合认证形式与程序要求,获得市场准入收益,同时规避了认证机构的跟踪监督带来的预期风险与成本。对认证机构而言,则可以节省认证所耗成本及监管成本,在得到认证对价的同时,与认证对象维持着稳定、“和谐”、持续的客户关系。

我国现有的立法对合谋行为的法律责任的界定较为模糊,使认证合谋有恃无恐。《认证认可条例》规定在认证机构出具虚假的认证证明造成损害时,赔偿责任语焉不详。《产品质量法》《认证认可条例》等法律法规均规定认证机构的虚假认证法律责任,但条款之间差异较大。一些认证机构和企业因此进行不规范操作却仍能免予严厉的处罚,从而导致

---

① 根据调查,就体系或自愿性认证而言,容易达成认证合约的订单有四类:(1)顾客要求;(2)市场驱动(申报资质或者招标设置了门槛);(3)行业趋势,也叫“蝴蝶效应”(本行业里的企业都在做认证或已通过认证);(4)自身管理要求(企业管理者想通过认证提高自身管理,这种占比非常小,通常这类动机来做认证,可以很好地避免“两张皮”现象,而CCC认证是强制认证,企业没得选择)。

认证合谋的现象屡禁不止。[①] 在这种情形下，监管机构发现违法线索的可能性基本为零。另外，更重要的一点是，监管机构与指定认证机构存在利益同盟关系，即使合谋行为被捅破，指定认证机构受到惩罚的可能性也不会太大。到目前为止，从公开的信息看，只有两家认证机构受到行政告诫即可证明之。认证服务的供给者是有限理性的经济人，尽管找到了认证合谋的经济动因与行为动因，但从监管方式上如何破解，这就需要从制度上进行回应。

《强制性产品认证指定机构和检查员年度监督检查工作规范》只是检查工作程序规定，并未涉及认证合谋的表现及查处方式，而《管理体系认证活动监督规范》有所涉及，其中4.2.1.2“方式和原则”规定，监管检查以实地巡查、资料查阅核对、询问等方式，对已发生的认证活动进行监督检查，强调除非受检查组织主观故意，原则上，检查中发现的认证不规范行为，其责任由认证机构承担。按照该规范，管理体系认证活动监督检查是指认证监管行政机关依据有关法律、法规、技术规范的规定，通过对获得有效管理体系认证证书组织（获证组织）的检查，对认证机构的认证活动是否遵守有关认证法规、规章及认证基本规范、认证规则的情况进行调查的行政行为，针对的是认证机构的行为。“强调除非受检查组织主观故意”，是何种情形的故意，是与认证机构合谋取证“弄虚作假”的故意，还是没有按体系认证的要求运作的故意？对这种自愿性的体系认证，执法机构能否查处，是值得深究的问题。有一种观点认为，“我不认证你不查我，我认证了你倒查我”，对企业不依照体系要求操作执行，监管法无依据。企业取得体系认证，是对企业行为的自我承诺。一方面，受认证合同的约束外，不遵守体系的规范运行，认证机构是可以暂停或取消其体系证书的，遵守体系是企业的合同义务；另一方面，从政府干预的角度讲，企业不遵守体系运行义务，长期来讲，破坏了整个社会信用，降低了认证制度的功用，所以通过政府的干预、执法与引导，被认证企业的商业诚信才逐渐养成，企业管理水平才会提升。反观CCC认证规范性检查，对CCC获证企业主动配合的造假行为，比如型式试验的

① 王丽丽：《认证合谋的成因及规制——基于认证市场结构的研究》，大连理工大学经济学院2010年硕士学位论文，第21~25页。

送样产品与实际生产的产品不一致,质量保证体系没正常运行或保持,立法上规制是可行的。由信息不对称或不完全导致的成本主要表现为搜寻成本、决策成本、交易成本和监督成本等。信息结构的变化会影响市场的竞争性,信息越完全越对称,价格机制的作用就越明显,市场的竞争程度就越高;反之,价格机制就无法实现对资源的有效配置,也无法均衡市场供求,市场的竞争程度就越弱。①

就认证市场而言,认证市场信息不完备、不对称存在于认证企业(认证委托人)与认证机构(认证受托人)的委托代理关系中。由于认证市场信息不完备和不对称,认证机构被聘任前后常常会导致"逆向选择"与"道德风险"。认证机构逆向选择表现为,认证委托人在选择认证机构时并不知道其专业胜任能力的高低,为了得到认证业务,每个认证机构都会倾向于夸大自己的能力。由于认证委托人只能根据受托人的资质情况推断其专业胜任能力的平均水平,并据此支付认证报酬,这将导致专业胜任能力高于平均水平的认证机构因为不能接受太低价格而退出认证市场,市场上愿意提供认证服务的认证机构能力又低于平均水平。当委托人再次购买认证服务时就会进一步降低支付费用,这又驱使高水平的认证机构退出认证市场。若长期如此恶性循环,认证市场就会演变为"柠檬市场"。另外,审核员"道德风险"是指,由于委托人对认证过程同样具有信息不完备和不对称,审核员就可能滋生机会主义行为,尽可能选择符合自己利益的认证方案,不惜损害委托人的利益,如减少认证资源的投入,减少认证程序,降低职业注意责任等。更有甚者,与委托人合谋,出具与事实不符的认证结论。认证市场存在信息不完备和不对称性,在制度上就要求如何避免认证市场中出现的"逆向选择",即如何区分不同能力的审核员;如何避免认证市场出现"道德风险",即如何确保审核员能恪尽职守提供高质量的认证服务。

短期来看,认证委托人、认证机构和审核员都追求各自的利益最大化,则可能出现认证委托人与审核员合谋对付监管机构、认证机构的情况。审核员要使自己的认证成本最低,则可对认证委托人的认证资料不进行任何形式的审查,在既定的认证费用前提下,实现其自身的利润最

---

① 芮明杰:《产业经济学》,复旦大学出版社2005年版,第345~346页。

大化，而认证委托人顺利拿到认证证书而获得自身利润最大化，这种做法短期内可能没有太多的风险。但从长期来看，由于市场存在监管机制，这种合谋会招致惩罚和认证机构失去指定机会。在市场竞争激烈情形下，为了求生存，认证机构也会放松对审核员的业务管理，低价揽客，减少审核的时日与人数，偷工减料。换言之，在认证市场中政府缺位，不存在行为约束和法律责任，这样，审核员就可以从事边际收入大于边际成本的活动。事实上，审核员与认证委托人是否合谋取决于市场是否真的需要高质量的增值认证，同时取决于政府的监管力度。

认证结论是对认证委托人执行标准体系情况客观、公正、标准性符合性的鉴证，目的是提高企业的产品、服务的质量保证水平，有利于消费者区分产品和服务的良莠。认证市场中审核员及认证机构提供的产品——认证证书具有公共产品的属性。萨缪尔森（Paul A. Samuelson）将公共物品定义为“将该商品的效用扩展与他人的成本为零；无法排除他人参与分享”，[①]它具有两方面的特征：一是非竞争性，当增加物品的消费而没有带来成本增加；二是非排他性，即消费者事实上不能阻止其他人对该物品的消费，或者说阻止消费的成本很高。认证证书及认证标志是认证结论的物质载体，通常消费者能在商品上视见的是后者。认证标志作为符号来讲，具有同一性和统一性，其附着于产品，具有消费非竞争性和非排他性，即 1 个消费者对同一类型 CCC 标志的使用不能排除其他人对它的使用。除认证委托人支付了认证费用之外，其他人和组织不付费，至少形式上是这样的。这种形式的公共物品会滋生外部性问题。若认证机构出具了虚假的、非公允的认证结论，将使信赖其的利益相关者利益受损，体现了负外部性。一方面，私人提供公共产品往往导致激励不足，因为无法向“搭便车”者收费；另一方面，私人收费很容易导致公共产品的公正问题。

与有形消费品相比，认证服务由于其高度专业性、技术性、无形性，比其他服务更难以感知。普通人不能凭肉眼感知其存在，即使在使用后也很难察觉，或要等一段时间才能感觉到效用。认证服务提供的最终产

① ［美］保罗·萨缪尔森、威廉·诺斯豪斯：《微观经济学》，于健译，人民邮电出版社 2004 年版，第 119 页。

品是1份标准格式的认证证书及认证标志，从外观上，看不出存在差异。由于认证行业是一个讲究职业判断的行业，对同一认证对象或业务，具有不同专业学识和行业认证经验的审核员可能会得出不同的专业判断结论。认证委托人很难对审核员的质量水平以及其投入资源状况进行检测和评价。认证服务质量不易被观察，会导致部分审核员产生机会主义动机，减少审核项目，压缩审核时间，进而损害认证质量。特别是当市场对高质量认证需求动机不足时，审核员、认证机构可能会“顺水推舟”或迫于“市场压力”提供迎合认证委托人需要的认证结论。此外，在认证质量难以直观界定的情形下，价格往往被市场当作衡量服务质量高低的标志之一，而认证溢价又为认证机构提供高质量认证服务提供了激励，提高了产品的异质性，进而推动了认证质量的不断提高。认证服务质量不易被观察和检测、产品有异质性特征为我们提供了理解认证机构从事差异化竞争行为的可能性与合理性，也促使我们思考，判断认证及不同认证之间违法的标准是什么，谁来判断更为合适？

四、政府干预不足与干预过度并存

政府的干预对象、干预方式、干预力度和干预内容直接影响干预的绩效，干预对象、干预方式、干预力度和干预内容的选择取决于法律所保护的法益。

在立法宗旨方面，就强制性产品认证而言，法律所最终保护的是消费者安全权。1985年的联合国《保护消费者准则》把“安全保障权”作为“消费者八项权利”中的重要权利。在我国，消费者享有的《消费者权益保护法》九项基本权利中，安全保障权是消费者最重要、最基本、最关心的首要权利。安全保障权具体是指消费者在购买、使用商品和接受服务时所享有保障其人身、财产安全不受损害的权利。经济法学界有学者将消费者权上升为宪法性权利，[①]认为消费者权利符合人权的实质性要求。作为一项弱势性和集合性权利，我国强制性产品认证的立法应聚焦于消费者权利这一核心权利进行设计和架构。而遍观《强制性产品认证

---

① 钟瑞华：《论消费者权利的性质》，载方流芳主编：《法大评论》(第4卷)，中国政法大学出版社2005年版，第35~36页。

管理规定》条款，不难发现立法导向发生偏离的表现在于，只规定未经强制性认证不得出厂、销售和使用等，而对未经认证的产品在生产环节和进入流通领域除对生产经营市场主体罚款外没有其他法律手段，整个规章给人以仅仅强调认证这个“事实”行为本身，而不在产品的风险及风险规制的手段，手段目的化了。换言之，只要交钱认证了，就可以“合法化”地从事相关产品的生产，即使针对目录内产品，不经强制性认证，也可“合法化”地生产，这就给企业一个法律空子可以钻。一个浅显的辩证道理是，一方面，针对目录内产品，即使未经强制性认证，但内在质量不一定有问题；另一方面，即使认证，质量也不一定会合格。这就导致强制性产品认证的执法误区，即相关产品执法的重点，只在于检查企业有无认证证书，其他不管，这将导致执法的形式主义。正如有论者认为，我国的强制性认证制度只关注是否认证本身，而不关心立法目的是否真正实现。①

在干预对象方面，在一定意义上，干预对象会影响干预力度。因为认证机构是自己指定的，而且被指定的机构大多脱胎于政府部门，在这种情形下，认证机构被处罚的可能性几乎是零，尚未有公开的处罚案例证实被指定的认证机构被撤销“指定”过。我国《强制性产品认证管理规定》第56条、第57条分别规定了认证机构出具虚假结论、转让指定业务等情形下的撤销指定，第44条、第45条分别规定了撤销的条件，即行政机关自身违法指定下的撤销和指定机构“欺骗”“贿赂”等不正当方式取得指定资格的撤销，而对被指定机构业务违法，只规定了对指定机构停业整顿期间指定业务的暂停。② 在这些违法情形中，很多已构成情节

① 张志国：《论强制性产品认证法律制度的完善》，对外经济贸易大学法学院2005年硕士学位论文，第29页。

② 《强制性产品认证管理规定》第43条规定，认证机构、检查机构、实验室有下列情形之一的，国家认监委应当责令其停业整顿，停业整顿期间不得从事指定范围内的强制性产品认证、检查、检测活动：(1)增加、减少、遗漏或者变更认证基本规范、认证规则规定的程序的；(2)未对其认证的产品实施有效的跟踪调查，或者发现其认证的产品不能持续符合认证要求，不及时暂停或者撤销认证证书并予以公布的；(3)未对认证、检查、检测过程作出完整记录，归档留存，情节严重的；(4)使用未取得相应资质的人员从事认证、检查、检测活动的，情节严重的；(5)未对认证委托人提供样品的真实性进行有效审查的；(6)阻挠、干扰监管部门认证执法检查的；(7)对不属于目录内产品进行强制性产品认证的；(8)其他违反法律法规规定的。

严重,这种“大事化小”的立法例对指定认证机构而言简直是“保护伞”而非“紧箍咒”。进一步而言,假若将这些严重情形设定为取消指定的条件,指定认证机构的自律意识及认证有效性会大大提高。

在干预方式方面,根据《强制性产品认证管理规定》《国家认监委认证认可专项监督检查管理规定》《强制性产品认证目录内获证产品监督抽查工作规范》《强制性产品认证指定机构和检查员年度监督检查工作规范》,国家认监委对指定认证机构的认证活动实施的监督方式大致有两种:一种是实施年度监督检查和不定期的专项监督检查,另一种是按照国家质检总局统一计划,对获证产品采取定期或者不定期的方式抽样检测。一年一度的监督抽查和所谓的专项检查,这种基本上是“准备好”的例行检查,只能定义为面上的形式检查,真正发现指定认证机构存在问题的可能性微乎其微。因为与指定机构的特殊指定关系的存在,加上指定认证机构违法线索的发现难度,这两个因素导致国家认监委的监管重心必然发生根本性的转向,即更多地将监管精力和资源投放到获证企业及相关 CCC 产品上,通过组织地方质检两局开展对所属辖区内的产品进行抽样,包括市场抽样和企业成品仓库抽样,来验证 CCC 产品的合格率及强制性认证的工作有效性。然而,针对不合格 CCC 产品是哪个认证机构认证的,如何倒查其认证跟踪责任可能姑且不论。另外,对应该 CCC 认证的产品及相关企业,也可能无暇顾及,这将导致对获证企业的不公平。正如 CCC 认证企业所云,“我不认证你不管我,我认证了你倒经常管我”,因此在一定意义上,也减弱了企业申请 CCC 认证的意愿。

在干预力度方面,本章前述有所涉及,此处不再赘言。

在干预内容方面,指定认证机构基本在本系统内封闭运行,地方监管部门很难在第一时间得到企业获证情况,很容易造成监管上的盲区和漏洞。尽管规定了认证机构认证活动的信息报送义务,但没有规定其法律责任,导致认证机构主观上没有报送的积极性。

上述立法宗旨的定位与干预对象、干预方式、干预力度、干预内容等密切相关。立法宗旨的定位决定了干预对象、干预方式、干预力度和干预内容,而反过来,干预对象、干预方式、干预力度和干预内容也会影响立法宗旨的实现,从而影响认证整体活动的有效性。在干预主体上,过度依赖政府,其他主体参与不足。一方面,由于干预主体与干预对象的特殊“指定”关系,必然会存在干预主体干预意愿的不足问题;另一方面,事实上也存在干预能力的不足问题,即在干预过程中必须借助于认可机构的技术支撑。总体而言,我国现阶段强制性产品认证活动存在政府干预不足与干预过度并存的现象。

第四章　强制性产品认证制度运行的域外考察与启示

认证起源于发达国家，目前，英国、德国、美国、日本、俄罗斯、韩国的标准、认证运行机制和制度相对较为成熟。由于英美法系和大陆法系国家基于经济发展水平、历史文化传统、消费心理习惯、市场成熟度及政府规制能力、规制必要性强弱程度差异，对认证存在不同的规制政策和规制路径，其监管方式和具体制度也会呈现一定的差异性。因此，有必要通过规制实践的比较，找到并总结这些差距和经验，从而促进我国强制性产品认证法律制度的改革与完善。

第一节　主要国家强制性产品认证运行概述

世界经济合作组织（Organization for Economic Co-operation and Development，OECD）通过对成员规制改革经验的总结，认为一国的规制改革一般分为三个阶段，即放松规制阶段（deregulation）、规制品质的改善阶段（regulatory quality improvement）和规制管理阶段（regulatory management）。[①] 在世界主要发达国家的认证规制改革大致也经历了上述三个阶段的演化。

一、放松规制下的制度替代

自20世纪70年代发达国家掀起“放松规制”的改革浪潮以来，放松规制成为发达国家经济改革的主线。放松规制改革的主要措施即取消

① 转引自王建：《中国政府规制理论与政策》，经济科学出版社2008年版，第326页。

政府不合理的规制。例如,在1981年1年的时间里美国就废除了17300多件规制规章。① 认证制度其合理性在于,它是与特定的经济生活方式相联系的,是社会需要的产物。总体而言,在产品规制领域,行政审批与第三方认证呈现此消彼长趋势,政府审批压缩的地方正是第三方认证生长的空间。在先进的工业社会,确立和加强信任的制度的存在,可以提供一个竞争优势,其竞争优势部分来自降低了缔结合同的成本,也就是交易成本。② 认证机构的兴起与一国的经济、政治环境有关,发达市场经济国家认证行业的发展属自发内生型,早期一般由民间组织源于市场和产品交换的客观需求,自发运行或某种情况下的政府强制要求,之后再通过立法进行规范或认可约束。③ 欧盟式监管国家的特点体现在依赖正式的规则,其独特之处在于,很多新的监管体制都是通过自愿的协议建立的,无须诉诸强有力的执行机制,并明显无视"国家主权"这样的价值。④ 国外主要认证机构及规制机构见表4-1。

表4-1　世界主要认证机构

机构	性质	主要业务	成立	规制机构	认可机构
BV(英国)	上市公司	检测、质量认证、体系认证	1828年	英国贸工部	1995年英国国家认可机构(UKAS)
TüV(德国技术监督协会)	非营利机构	检测、质量认证、体系认证	1863年	德国经济技术部	1991年德国认可委(DAR)
DNV(挪威船级社)	非营利机构	风险管理、专业认证	1864年	挪威贸工部	挪威国家计量与认可组织(NA)
SGS(瑞士)	营利性企业	检测、质量认证、体系认证和鉴定	1878年	联邦经济事务部	瑞士认可委员会(SAS)

① 路瑶:《中国行政审批权配置研究》,西南政法大学经济法学院2015年博士学位论文,第85页。

② [英]休·柯林斯:《规制合同》,郭小莉译,中国人民大学出版社2014年版,第112页。

③ 郭朝先:《国际检验认证行业发展的基本模式及其启示》,载《中国市场》2012年第3期。

④ 刘亚平:《中国式"监管国家"的问题与反思:以食品安全为例》,载《政治学研究》2011年第2期。

续表

机构	性质	主要业务	成立	规制机构	认可机构
UL(美国)	非营利机构	检测、质量认证、体系认证	1894年	司法机构	1976年成立商务部授权的负责检测和校准实验室认可工作的国家实验室自愿认可计划(NVLAP)
BSI(英国)	非营利机构	质量认证、体系认证、标准业务	1901年	英国贸工部	1995年英国国家认可机构(UKAS)
BIS(印度标准局)	官办机构	制定标准、认证	1955年	印度消费者事务及公共分配部	印度认证机构国家认可委员会(NABCB)

从国际上认证机构的组织形式来看,既有非营利形式(Non-Profit Organization,NPO),如BSI,国家主办的官方机构,如BIS,也有有限责任公司,甚至是上市公司,完全以营利为目标,如SGS,而TüV以上两种性质兼有,公司化运作,但不存在股东分红,利润不是终极目标,更多的还是承负社会责任。

20世纪80年代以来,中国也在开始一场从中央政府到地方政府,从政府到市场的放权运动,权力下放的形式以行政审批项目的减量、取消和下放为主。20世纪90年代,放权运动在经济、社会、行政等领域陆续展开,到21世纪初,在全球化的背景下,中国繁复低效的行政审批制度已经明显不适应经济发展的需要,深化行政审批改革迫在眉睫。市场规制权力体系配置是否科学合理,直接关系到政府能否真正实现党的十八届三中全会确立的"市场机制能有效调节的经济活动一律取消审批"的要求。中国的检验认证机构出现于改革开放前期,在当时的计划经济管理体制下,认证机构由标准化管理部门或授权的机构承担,因《产品质量法》《认证认可条例》规定认证机构不能与政府有"隶属"或"利益关系",认证机构正逐渐与政府部门脱钩,加上国有企业改制、民营及外资认证机构的迅猛发展,我国检测认证行业发展路径和规制结构也发生了很大变化。我国已加入WTO多年,应积极借鉴国际经验,切实改进和优化认证机构发展的外部环境服务,推动和发展多种所有制形式的认证主体,加强检验检测与认证一体化品牌建设,总体增强我国认证检测行业的国际竞争力。

二、行政规制权的社会转向

在20世纪70年代放松规制浪潮中,发达国家许多经济性行政审批权被取消和下放。随着经济水平的提高,人们更加重视食品卫生、环境等公共领域,政府规制的重心开始从经济领域转向社会公共领域。发达国家政府在推进规制改革的同时,更加关注规制的效率、质量和对规制的管理。事实上,在放松规制背景下,行政权改革的主要内容是政府退出不该规制或者规制效果不好的领域,将政府手中的行政规制权归还给市场和社会。

在认证认可领域,美国、德国、英国、日本等发达国家均通过授权本国标准学会或认可机构对认证机构进行认可注册约束,授权或指定认证机构开展检测、合格评定活动,以提高产品安全和市场认可度。美国《有机农业条例》规定,有机食品要由美国农业部授权的认证机构按照美国国家标准进行认证,这些机构在形式上分为官方机构、私人机构及非营利机构,其中私人认证机构占大多数。[①] 欧盟"全球措施"(global approach)提出,特定、高风险的产品必须由欧盟指定的机构(notified bodies)进行合格评定。在欧盟,已经形成了各成员国政府、国际标准化机构和私人部门互动配合、协调统一的有机体。政府履行市场监督职责和推动标准的转化与执行,欧洲一些老牌第三方检验认证机构既是标准制定的参与者,也是检验认证活动的主体。[②] 在发达国家,私人机构、非政府组织、第三方检验认证机构等社会中间层正发挥着越来越大的协同治理作用。

---

① 解卫华等:《美国和加拿大有机农业及国际等效互认的意义》,载《中国农学通报》2011年第27期。

② 郭朝先等:《发达国家对检验认证行业的监管及其借鉴》,载《中国市场》2012年第20期。

第二节　域外强制性产品认证制度运行检视

一、标准先行、市场推动

（一）美国

1. 标准体系。标准制度是认证制度的基础。美国没有制定标准化法，美国标准体制有如下特点：制定主体的广泛性、内容结构的分散化及“强制性”与“自愿性”“二元”并存性。表现为：联邦政府相关机构，比如国防部、能源部、农业部、消费者安全委员会、环保局、食品与药物管理局等负责制定强制性安全标准，主要涉及交通、环保、食品和药品等，其他实行“自愿性标准”，由社会公益组织及私人部门自愿制定、采用。美国民间标准机构、行业协会、专业学会等多达 400 多个，制定了 4 万多个“自愿标准”。2000 年，为实现对国际市场的控制，增强美国企业的国际竞争力，打破欧盟和日本技术贸易壁垒，美国国家标准协会颁布美国《国家标准战略》，大力推进本国技术标准的国际化。作为美国在 ISO 的代表机构，美国国家标准协会（American National Standards Institute，ANSI）由政府机构、行业组织、企业及学术团体共同组成，负责标准引导和协调，ANSI 授权第三方检验机构按照国际、国内标准开展检验认证业务，并对它们进行监管。在产品安全领域，美国主要的技术法规有《消费品安全法案》《可燃纺织品法案》《联邦危险品法案》《制冷器安全法案》《包装防毒法案》。

2. 检测认证体系。美国市场经济很发达，运行一个多世纪的检测认证市场已成为美国政府质量监督的重要技术保障机构和民众的消费依赖。相对于欧洲，美国的认证机构规模较小，多数机构呈现本土化倾向，且私人机构、协会、学会等自愿性产品认证被市场广泛接受，表现出“准强制”的特点，形成以民间认证为基础、政府协调和认可的质量认证格局。

美国认证机构认可委员会（Registration Accreditation Board，RAB）成立于 1989 年，是美国质量控制协会（American Society of Quality

Control,ASQC)的分支机构,其主要使命是:为那些根据公认的标准,特别是ISO9000系列标准,对质量体系进行审核和注册的第三方组织所具有的能力和可靠性提供保证(认可)。[①] 业务范围包括三个方面:认证机构的认可、质量体系审核员注册和审核员培训课程的认可。1996年3月美国《国家技术转让与促进法》规定,美国标准和技术研究院(National Institute of Standards and Technology,NIST)在质量认证(合格评定)方面履行政府协调职能,实施质量认证协调和认可工作。一是建立并实施“合格认证国家认可体系”,NIST代表美国政府对民间合格认证机构实施认可,并取得外国政府的承认;二是通过政府和工业界质量联络委员会(Government and Industry Quality Liaison Panel,GIQLP)协调质量体系和环境管理体系认证活动,以确保体系认证证书在联邦政府机构和采购过程中均得到承认。[②] 出于保护公众利益的考虑,美国联邦政府侧重对社会影响较大的产品的检验认证,通过立法形式确定了50多项强制性认证,[③]各州政府也有自己的认证方案。自2011年1月起,美国“能源之星计划”要求,在贴“能源之星”标志之前,必须接受指定第三方认证机构的验证,且产品上市后要接受抽样测试,确保此产品拥有持续的能效性。[④] 美国没有质量管理体系认证的强制性要求。

美国普遍采用“第三方评定”,民营机构代行官方机构职权,认证按美国ANSI标准Z—341—1993“美国认证国家产品的第三方认证计划”,认证主体是专门从事测试认证的独立实验室,由其测试后,提供产品是否符合标准的检测结果,美国独立实验室委员会达400多个会员。美国政府核准独立实验室的资格,认可其颁发的证书具有法律效力。美国

---

① 洪生伟主编:《质量认证教程》,中国标准出版社2008年版,第82页。

② 同上书,第83页。

③ 联邦政府的产品质量认证包括:食品和药物管理局(FDA)的医药、生物及其他产品的认证批准;联邦航空管理局(FAA)的飞机及其航空产品的适航认证批准;矿山安全与健康管理局(MSHA)的矿山劳动安全和电工设备的认证;农业部(USDA)对食用肉类、家禽产品的强制性检验;国家海洋与大气管理局(NOAA)、商业部(DOC)对加工鱼类及贝类海产品作检测和等级鉴定;国防部(DOD)武器装备采办的合格产品目录(QPL)。美国联邦政府规定,所有供应商、制造商都要进行ISO9001认证注册,否则不购买其产品。

④ “能源之星”认证范围涉及灯具,消费类电子产品,制冷和加热器具以及相关家用电器等。

UL 成立于 1894 年，是美国最有权威、最负盛名的产品安全认证机构，具备百年安全科技积累以及认证标准研发的深厚经验，有一套非常严谨的认证程序。目前美国拥有 180 家民间机构进行不同类别产品的检测和认证。① 虽然许多产品没有被法规覆盖，但是未取得某种形式认证的产品，在开放的市场中获得成功的可能性很小。② 通常，美国商检公司的检测实验室往往按职能分设两个分公司，即检测分公司和跟踪检查分公司，前者接受供应商、制造商检测、认证申请，进行检测和批准认证；后者根据前者出具的检测报告或技术文件，对使用本公司认证标志的产品实施跟踪检查，跟踪检查一般每个季度 1 次。美国的商检公司提供商业性检测认证服务，收费由双方协商确定，收费项目由检测费、标志费、跟踪费构成。③

UL 认证产品涉及安全、环保、电磁兼容等众多领域，有 2 万多类。UL 按照产品的危险性、产业的成熟度将跟踪检查的产品分为两类：R 类和 L 类。R 类主要用于电气产品，比如电烤箱、电扇、电吹风、电视及其他流水线生产的产品，跟踪检验频次为每季度 1 次，1 年 4 次为限。而针对 L 类产品，主要是危险性高的产品，比如防火门、灯具、电线电缆、烟雾探测器等，具体的检验频次根据 UL 标签的使用量来确定。工厂检查要求为：产品一致性检查+现场目证测试。④ 与 CCC 工厂质量保证能力检查九大要素相比，UL 认证工厂检查不包括文件和记录、采购和关键原材料控制、生产过程控制、认证产品的变更及一致性控制与产品防护和交付。⑤ 美国认证管理体系活动呈现动态、多层次、松散化和市场推动的特征，对第三方检测认证的监管侧重于认可约束和行业自律，国家干预较少。

---

① 袁俊：《浅析美国、日本、韩国及欧盟的合格评定》，载《制造技术与机床》2006 年第 6 期。

② 曹雅斌：《美国认证体系的特征》，载《监督与选择》2004 年第 12 期。

③ 袁俊：《浅析美国、日本、韩国及欧盟的合格评定》，载《制造技术与机床》2006 年第 6 期。

④ 刘志光等：《实施分类监管、提高 CCC 认证有效性》，载《中国国门时报》2006 年 10 月 17 日，第 2 版。

⑤ 董跃、贾旻：《中国 CCC 认证与美国 UL 认证工厂检查的比较分析》，载《质量与认证》2015 年第 2 期。

(二)德国

在全球制造业竞争加剧的背景下,随着物联网技术和制造业服务化的兴起,德国政府在 2010 年 7 月公布德国《高技术战略 2020》,“工业 4.0”是德国版的“再工业化战略”,以保持德国在全球制造业中的竞争地位为主要目的。[①] 德国奉行社会市场经济发展模式,注重政府投入及奉行私人企业的“更为自由”的创业、无限制竞争和社会平衡观点,其认证认可体系体现了政府与民间团体合作的特点。德国的各种行业和贸易协会以及认证和标准化组织在加强各类产品质量、促进行业发展、加快整体经济增长方面起到至关重要的作用。德国拥有几家大型集团和专业协会致力于满足特定行业需求,而认证和标准化组织也在维护各种产品和服务所要求的质量规范和标准中扮演了重要的角色。这些协会和组织确定了产品和服务的可靠性,使消费者对其质量和效率放心,也满足了行业和政府所要求的标准和法规。[②]

1917 年德国标准化学会(Deutsches Institut für Normung e. V. ,DIN)以非营利组织身份在柏林注册,是德国最具代表性的公益性民间机构,主要职责是制定行业标准,并在政府授权下代表德国参与国际准则的制定,共有约 2.8 万名专家致力于发挥其经验和技能来促进标准化进程。DIN 与德国联邦政府签订协议,成为公认的代表欧洲和国际标准化组织的国家标准制定单位。[③] 1991 年 5 月,德国联邦政府、德国劳工部和德国工业部共同组建德国认可委员会(German Accreditation Council,DAR),其主要任务是协调实验室、检测机构、认证机构及合格评定机构在认证/认可领域的工作,特别是强制与非强制领域认可组织之间的关系,处理自愿性及强制性领域内的一般问题,在国内外代表德国认可组织,发布被认可的认证机构和被认可的实验室名录。德国是欧盟的成员国,获得 DAR 认可的实验室所出具的报告会在欧洲范围内获得广泛的接受和认可。德国认可组织的性质呈现“二分法”,即在产品强制领域,认可组织

① 丁纯、李君扬:《德国“工业 4.0”:内容、动因与前景及其启示》,载《德国研究》2014 年第 4 期。

② [印度]阿盖什·约瑟夫:《德国制造　国家品牌战略启示录》,赛迪研究院专家组译,中国人民大学出版社 2016 年版,第 49 页。

③ 同上书,第 176 页。

是政府机构;在非强制领域,其认可机构是民间或非营利机构,显示政府对强制领域的重视。在各非强制领域认可机构之上,成立认可联合公司(Association for Accreditation,TGA),负责协调会员关系,确定各认可机构的工作范围。①

德国企业的研发活动特别活跃,从全球看,德国注册的三方专利(triadic patents)仅次于美国和日本,涉及研究领域中的38%为汽车,19%为电子,14%为化学,11%为机械工程,剩下的18%为其他领域。共有32.2万名研发员,年度研发预算为461亿欧元,②企业的技术标准研发为国家标准奠定了坚实基础。德国联邦工业研究协会成立于1954年,是一家注册的非营利协会,主要支持中小型企业的工业研发活动,联合会共有101个非商业性研究联盟,46家研究机构,并和700多家机构保持紧密联系。其目的是支持科研项目落地和推进,增强中小企业的竞争实力。德国政府发起了一系列针对网络和集群的项目,主要是为了促进工程、生物技术、能源和环境、化学和纳米技术等领域的新技术应用。德国联邦政府集中所有产业界和学术界的研发活动,形成集群的目的之一是加快新技术产品市场化的进程。③

作为德国乃至欧洲市场公认的德国安全认证标志,GS认证是以德国《产品安全法》(ProdSG)为依据,按照欧盟协调标准(EN标准)或德国工业标准(DIN标准)进行的自愿性检测认证,④凡涉及安全的产品如洗衣机、木工机械、电视机、厨房机械等均可申请GS标志。2004年5月,在德国《设备安全法》、德国《产品安全法》合并基础上,德国引入欧盟2001/95/EC《关于通用产品安全》指令,最终形成德国《器具与产品安全法》,规定对其范围内的产品须经联邦劳工和社会组织部认可的实验室检验或由TUV、VDE、KEMA、Intertek等第三方检验认证机构认证,并加盖GS合格标志。如果没有通过GS认证的产品造成意外事故时,制

---

① 刘恒新、张金魁:《德国质量认证体系简介》,载《农机试验与推广》1996年第12期。

② 同上。

③ [印度]阿盖什·约瑟夫:《德国制造　国家品牌战略启示录》,赛迪研究院专家组译,中国人民大学出版社2016年版,第177页。

④ 申海鹏:《浅谈德国模式下的检测认证市场演变》,载《食品安全导刊》2014年第11期。

造商会受到德国及欧盟产品安全法的加重制裁。因此,制造商会主动对产品进行 GS 认证,以确保其满足产品安全法的要求并可借此将部分产品责任转移。

在德国,认证机构大多数都由行业协会演变而来,例如,德国电器工程师协会研究所(Prufstelle Testing and Certification Institute, VDE)隶属于电子电气和信息工程协会,主要为电器制造商、与电气有关的工程施工商、电源供应商、政府部门、消费者等提供认证、检验、培训等方面的服务,并承担德国电子电气和信息技术领域的标准制定工作。德国莱茵 TUV 股份有限公司起源于 1872 年的蒸汽锅炉监督协会,其品牌被视为经过公正测试的安全和质量标记,集团目前共提供约 2500 项服务,将业务分成 36 个领域,形成 6 条业务线,包括工业服务、交通服务、产品服务、生命科学服务、培训与咨询服务和管理体系服务。德国技术监督基金会是由德国联邦政府基于民法创建的独立基金会,成立于 1964 年,其宗旨是通过匿名的方式购买商品和服务,并指导独立机构利用科学手段进行评估,对产品和服务测试比较,提供独立客观的从"非常好"到"差"分析报告,基金会年度预算的 11%左右由德国政府资助。[①] 德国将认证作为主要的产品质量保证方式,对民间机构的依赖较为普遍。以建筑领域为例,作为唯一的受德国政府委托的机构,德国建筑技术研究院承担大部分的建筑技术与产品的评估和认证工作,负责与欧盟标准化机构的对接,实现德国政府对工程建设技术与产品质量监管的统一管理。欧洲协调标准(hEN)涉及认证机构、工厂检查机构和检测机构,德国境内这些机构都是由德国建筑技术研究院依法指定,并通知欧盟管理机构备案并公示。[②]

目前,根据市场需求和机构自身技术能力,德国境内授权依据欧洲协调标准(hEN)认证的机构有 19 家,涉及不同的产品标准,基本没有重叠业务领域,且认证机构几乎同时都是检测机构和检查机构,检查机构 19 家,涉及不同的检查领域,个别检查机构同时也是检测机构,仅从事

---

① [印度]阿盖什・约瑟夫:《德国制造　国家品牌战略启示录》,赛迪研究院专家组译,中国人民大学出版社 2016 年版,第 177 页。

② 佟晓超:《德国建筑领域认证认可制度对我国的借鉴启示》,载《工程质量》2013 年第 12 期。

检测的授权检测机构有 8 家,所有机构都通过了德国认可委(DAAK)的认可。[①] 德国根据德国《建筑产品法》《建筑法规》制定了建筑产品目录,德国建筑产品目录内的产品和在欧盟 CE 强制性产品认证范围内的建筑产品执行 CE 认证;在 CE 认证范围之外的建筑产品执行德国 U 标志产品认证。在认证目录内的产品未进行认证不得使用,否则依法采取严厉的处罚。通过认证的产品,都由认证机构实时在网上公示,便于任何利益方和监管部门随时查询,实现了信息公开化管理。CE 认证属于强制性认证,德国还有 GS、ENEC、VDE、TUV、BG 等众多自愿性认证。德国的认证制度高度体现了民间机构参与的特点。制造业发展并不是单一的,而是整个系统诸多要素共同作用的结果,在德国工业 4.0 当中,德国专利标准与产学研的高度融合、自愿性认证与强制性认证相结合的模式也为我国标准认证提供了借鉴。[②]

二、立法规范、政府主导

(一)俄罗斯

俄罗斯成立之初,继承了苏联的标准化体制,产品质量主要通过标准化机制保证。俄罗斯发现标准化体制存在一定的复杂性和弊端,为此,开始制定与认证相关的法律法规,建立强制性产品认证制度来替代强制性的标准化体制。俄罗斯工业与贸易部、俄罗斯联邦技术调控和计量署是俄罗斯认证活动的主要管理机构,2011 年俄罗斯借鉴中国统一国家认可制度的经验,总统签署法令设立了独立的认可组织,认可工作由俄罗斯经济部负责,成立了国家认可机构对合格评定机构实施认可。俄罗斯第三方认证制度体现立法规制的特征,相关认证制度包容在《俄罗斯联邦技术监督法》之内。1991 年俄罗斯成立了俄罗斯标准化、计量和认证委员会。

2004 年俄罗斯为了适应加入 WTO 的需要,对认证认可等机构进行了改革,俄罗斯联邦技术调节与计量署取代标准化、计量和认证委员会,

---

① European commission,"Nando information system",Accessed June 1,2013,http://ec. europa. eu/enterprise/newapproach/nando/2013-06-01.

② 韩硕:《探索中国制造业的新未来——德国工业 4.0 对中国制造业发展的启示》,载《中国集体经济》2015 年第 6 期。

代表俄罗斯参加ISO活动。俄罗斯相继出台了《保护消费者权益法》,《标准化法》,《产品与服务项目认证法》,《保障计量统一法》,《认证程序》,《认证规则》,《国家标准认证体系》,《信息、信息化和信息安全法》,《俄罗斯联邦技术监督法》(2002年)。1995年俄罗斯颁布《产品与服务项目认证法》,开始实施强制性产品认证,不定期发布强制性产品清单,产品范围主要包括:食品和罐头产品、电子产品、纺织品、化妆品、电器设备、玩具、工业设备及机械、机电设备、建筑材料、农业设备、石化工业。① 俄罗斯对强制性认证机构实行认可和许可制。《俄罗斯产品与服务项目认证法》第9条规定:"俄罗斯国家标准和计量委员会和其他权力机关对认证机构和检测实验室进行认可并为其签发有权进行某些强制性认证工作的许可证。"为使实验室在确定的业务范围内进行的检测更具有权威性,俄罗斯联邦国家标准510003——俄罗斯1996年《实验室的一般要求》规定了实验室的资质和条件,负责实施标准工作的是俄罗斯国家标准委员会认证局和计量局。② 这一系列法律文件的出台标志着俄罗斯的合格评定法律制度逐渐走向成熟。

《俄罗斯联邦技术监督法》分为十章,将技术法规、标准化、合格保证融为一体,并单独成章,予以详细规定,这种立法框架与WTO/TBT保持一致。《俄罗斯联邦技术监督法》第一章总则第2条界定了认证和认证机构的含义。③ 在第二章中对技术法规的制定规则作了比较完善的阐述。在第四章、第五章对合格保证作了详细的规定并作了区分,即强制性合格评定和自愿性合格评定,同时规定了产品合格性自我声明,体现了法律的全面性和超前性。第四章第20条关于合格保证的模式规定,在俄罗斯联邦境内的合格保证分为自愿的或强制性的,强制性合格保证应通过供方声明和强制认证模式进行;④第23条规定强制性合格保

① 李庄:《俄罗斯质量监督管理机制研究》,载《标准科学》2016年第1期。

② 国家认监委认证认可技术研究所、中国科学技术发展战略研究院编著:《中国认证认可国际化发展研究》,中国标准出版社2009年版,第74页。

③ 认证是由认证机构证实对象符合技术法规的要求、标准的条款或合同条件的方式。认证机构是指根据既定程序获得认可进行认证工作的自然人或法人。认证的定义扩大了认证的对象范围。认证机构的定义扩大了认证的主体。

④ 《国外标准化法规选编》,国家标准化管理委员会编译,中国标准出版社2005年版,第15页。

证仅应用于相应技术法规规定的情况下,并且,仅是为了符合技术法规的要求;①第 29 条规定向俄罗斯联邦境内进口的产品须进行强制性合格保证。② 俄罗斯联邦技术调控与计量署和俄罗斯海关委员会根据《俄罗斯产品命名法》共同制定须获得强制认证的产品清单。商品如果被列入强制性认证目录,无论是在俄罗斯本国生产的还是进口的,都必须通过认证并获得俄罗斯国家标准合格证书(GOST 证书)。GOST 认证体系主要包括电器、机械设备、建筑材料、医疗设备、化妆品、五金制品、儿童制品、农产品及化工产品等,针对不同的产品采取不同的认证模式。③《俄罗斯联邦技术监督法》第七章第 41 条、第 42 条分别规定了违反认证工作规则的责任和认可测试实验室(中心)的责任,即认证机构及认证机构的官员,如果违反认证工作的规则,且违反行为导致不符合技术法规要求的产品进入流通领域,根据俄罗斯联邦法律和认证工作合同承担责任;认可测试实验室(中心)和专家对研究(测试)和测量结果的不可靠或不客观承担责任。④

(二)日本

日本先有产品认证,后有体系认证,其产品认证是依据国家法律开展的。日本从 1950 年开始依据《日本工业标准化法》实行产品认证工作,并作了认证范围的分工:通产省标准部主管工矿产品及工业制品的认证;运输省的船舶局和铁道监督局分别主管船及铁道运输设备的认证;卫生省医药事务局主管卫生安全设备的认证。上述机构再授权一些经审定的检验机构,如通产省工业技术院等从事产品认证中的产品检验工作。⑤ 20 世纪 90 年代初,日本决定在工业标准委员会成立认证机构。1991 年 10 月根据国际组织的倡导要求,尽管有不同的反对声音,但日本政府还是等同采用 ISO 9000-9004 标准,将其转化成本国标准,作为体

---

① 《国外标准化法规选编》,国家标准化管理委员会编译,中国标准出版社 2005 年版,第 16 页。

② 同上书,第 19 页。

③ 国家质量监督检验检疫总局编:《中国质检工作手册 认证认可监管》,中国质检出版社 2012 年版,第 18 页。

④ 《国外标准化法规选编》,国家标准化管理委员会编译,中国标准出版社 2005 年版,第 24 页。

⑤ 洪生伟主编:《质量认证教程》,中国标准出版社 2008 年版,第 85 页。

系认证活动的依据。1993 年日本成立质量体系评定注册认可协会,1994 年 1 月开始受理质量体系注册机构、培训机构和审核员的注册申请,开展体系认证工作。2004 年日本政府修订了《日本工业标准化法》,共 7 章 76 条,包括总则、日本工业标准调查会、日本工业标准的制定、对矿工业品适应日本工业标准的认证、产品试验事业、杂则、罚则等,[①]对 JIS 认证制度进行改革,充分利用社会中介组织力量,修订后的认证主体由之前的经济产业省或其指定的认证机构调整为由符合 ISO/IEC 指南 65 的注册认证机构,对企业实施认证,即管理方式由指定改为注册。在认可领域,有政府性质的认可机构,如日本国家技术与评价研究院,也有民间认可机构,如日本合格评定认可理事会(Japan Accreditation Board,JAB)是财团法人,负责对产品认证机构及检测实验室认可。工业制品和矿产品的合格评定工作由经济产业省下属的工业技术院标准部负责,企业质量保证能力的合格评定由 9 个地方经济产业局负责,《日本工业标准化法》是其开展认证认可相关活动的法律依据。

日本的产品认证制度分强制型和自愿型两类,《日本电气用品安全法》确立了 PSE(Product Safety of Electrical Appliance & Materials,日语称为“适合性检查”)强制性认证制度,PSE 认证是日本电气用品的强制性市场准入制度,用以证明电机电子产品已通过该法或国际 IEC 标准的安全标准测试,是《日本电气用品安全法》中规定的一项重要内容,将电气用品分为“特定电气用品”和“非特定电气用品”,其中“特定电气用品”包含 116 种产品,“非特定电气用品”包含 341 种产品。凡属于“特定电气用品”目录内的产品,进入日本市场,必须通过日本经济产业省授权的第三方认证机构认证,取得认证合格证书,并在铭牌上加贴菱形 PSE 标志;而属于“非特定电气用品”目录内的产品,进入日本市场,须经过自我测试和自我声明的方式,确认符合日本电气用品技术基准,并在铭牌上加贴圆形 PSE 标志。

PSE 认证制度由经产省主管,负责调整 PSE 认证目录、指定合格评定机构从事 PSE 认证。2011 年 7 月《日本电气用品安全法》规定所有制造商、经销商必须在相关产品上标注 PSE 标志。只要是生产强制性认证

① 《国外标准化法规选编》,国家标准化管理委员会编译,中国标准出版社 2005 年版,第 119 页。

产品的企业，就必须按照要求向通产省提交认证申请，并必须由通产省批准的检测认证机构进行测试。日本强制性认证范围主要是危险系数高的产品，如电器产品、煤气用具和液化石油气器具等，目前共8大类165种产品。《日本电气用品安全法》将电气用品分为“特定电气用品”和“非特定电气用品”，其中“特定电气用品”目前包括115种产品，这些产品必须由经济产业省授权的第三方认证机构进行认证，取得认证合格证书，加贴菱形的PSE标志，才能进入日本市场。“非特定电气用品”目前包括339种产品，其可以通过自我检测或第三方认证机构委托检测的方式证明符合要求，保存测试结果和证据，须加贴圆形的PSE标志，并向日本政府申报，才能进入日本市场。① 自愿性认证方面，由通产省发布JIS等认证产品目录，目前共有17个大类、1200多项产品被指定实行JIS认证。② 日本的体系认证起步较晚，但发展较快，很多日本企业除接受JAB认可的体系认证机构的认证外，还接受英国、德国、挪威等国家的认证机构的认证审核和注册。

日本认证行业的发展正朝着由市场化推动的方向发展，日本政府正在从标准认证主导者角色转变为与私人、民间机构协力，在市场监督中扮演监督者的角色。③ 近年来日本政府标准制定日益受到指责和否定，日本的标准体制正发生变化，即民间行业协会和企业开始发挥积极作用。日本企业由于技术实力强，而且又严于管理，自己制定的企业标准往往在技术方面高于所谓的国家标准。

在监管方面，日本政府高度重视对认证机构的管理，日本一些大型认证机构的中高级领导或主要负责人均由日本政府直接派驻监督，比如日本质量保证机构（Japan Quality Assurance Agency，JQA）。日本政府在对认证机构进行监管的同时，还对获证企业实施监管，对违反规定的商品可以责令停止销售。《日本工业标准化法》规定了对认证产品定期提交质量报告、民间监视员指控、抽检来监督评价产品获证后的情况等监

① 国家质量监督检验检疫总局编：《中国质检工作手册 认证认可监管》，中国质检出版社2012年版，第17页。

② 同上。

③ 郭朝先、王虹等：《发达国家对检验认证行业的监管及其借鉴》，载《中国市场》2012年第20期。

督措施，该法也对产品认证过程中一些违法行为规定了行政责任和刑事责任：未经许可，盗用JIS标志或使用易与JIS标志混淆的标志，因故已被中止销售认证产品或被撤销认证许可，但继续销售带有JIS标志的产品时，处以1年以下有期徒刑或50万日元以下罚款；制造商拒不提交报告或提供假报告或拒绝、阻挠、逃避现场检查者，处以10万日元以下罚款。《日本工业标准化法》对国内注册认证机构与外国注册认证机构规定了认证机构报告义务。该法第31条第3款规定，国内注册认证机构应根据主管省令的规定向主管大臣报告经认证的制造业主等或加工业主的姓名或名称、住所及主管省令规定的其他事项；该法第33条规定了报送认证业务的有关规程、认证的实施方法、有关认证费用的计算方法；该法第35条规定日本国内注册认证机构应在每个事业年度结束后3个月内，编写该事业年度的财产目录、借贷对照表及损益计算表或收支计算表及营业报表或事业报表，并要求保存5年；该法第42条规定国外注册认证机构拒绝、妨碍或逃避检查、不提交业务报告或提交虚假报告的，主管大臣可以取消该注册。通过分析可以发现，日本实行成文法监管方式，政府对产品认证发挥着主要和基础性的规制作用，在本质上，这种政府直接参与认证模式无异于行政许可，第三方认证的市场规模和认证领域仍较小。

（三）印度

印度是后进国家中最早实施产品认证的国家，现为IECEE—CB成员。为统一产品监管标准，促进消费者人身安全保护，印度于1955年开始推行产品认证制度。印度标准局（Bureau of Indian Standards，BIS）是印度标准与认证认可主管机关，隶属于印度消费者事务及公共分配部，成立于1986年，其前身为1947年成立的印度标准学会（Indian Standards Institution，ISI）。印度标准局主要负责标准制定和认证、检测实验室、校准管理，职责相当于我国的国家标准委和国家认监委的合一。印度标准局实行垂直管理，总部设在印度首都新德里，BIS拥有两个CB实验室，下设5个地区办公室、33个分支办公室、5个检查办公室及8个实验室，[①]BIS同时负责对其认证产品的市场监督，实验室负责产品认证过

① 王磊、鲁博：《印度电子产品认证》，载《认证与标志》2008年第3期。

程中样品的检验检测，检测标准引用 ISO/IEC17025。印度标准局在总部、各地区分支机构均设有公共监察官，他们的职责是负责处理有关认证方面的投诉，除此之外，业务范围还包括消费者侵权补偿等事务。① 印度规范标准、认证管理的法律法规有：1986 年印度标准局法、1987 年印度标准局规则、1988 年印度标准局（实验室技术人员招募）规则、1988 年印度标准局（认证）规则、1991 年印度标准局（认可消费者协会）规则和 2002 年印度标准局（科技人员招募）规则等，这些法律框架为印度政府管理和实施标准认证的基础。

在认证种类上，印度实行"强制性"与"自愿性"双轨制，通常产品认证以自愿为原则，对特殊性产品实行 BIS 强制认证。考虑到公共安全，印度政府通过发布即时法令，对特定产品施行强制性认证，通过法律确定了 174 项强制性认证产品，主要涉及家用电器类，如电熨斗、电炉、电取暖器、浸入式电热水器、电缆、变压器，医疗设备、建筑材料、食品及添加剂、液化气罐、工业用人身防护设备等。印度商工部外贸总局要求，凡属强制性产品，印度进口商或国外生产商必须向 BIS 申请进口产品认证证书，并按照要求对相关产品进行强制检验。

2014 年 11 月印度信息技术部（Department of Electronics and Information Technology，DEITY）发布强制性注册要求公告，新增 15 类电子技术类产品，纳入的新产品包括 IT 设备电源适配器、≤5KVA 的不间断电源/逆变器、音视频设备及类似装置电源适配器、通行证阅读器、便携装置用移动电源、邮件处理机/邮资机/邮资盖印机、智能卡读卡器、复印机、销售点终端机、现金出纳机、移动电话、普通照明用固定式 LED 灯具、普通照明用自镇流 LED 灯具、LED 模块直流/交流控制装置，并规定了相应产品的印度标准。② 认证程序一般包括：提交申请文件、初次工厂检验、颁发证书、监督；申请者须向 BIS 交纳费用，BIS 派遣初次工厂审查员一般不超过 2 人；检测合格、在申请者同意 BIS 检验测试方案的情形下，按照规定必须支付 BIS 标识费。在满足这些条件后，申请者才会被颁发证书，通常证书有效期为 1 年，获证后，申请者每年要支付标识

① 国家认监委认证认可技术研究所、国务院发展研究中心发展战略和区域经济研究部编著：《中国认证认可发展战略研究》，中国标准出版社 2010 年版，第 21 页。

② 《印度 BIS 认证新增 15 类产品》，载《安全与电磁兼容》2014 年第 6 期。

费及年费。自愿性认证方面,印度 1980 年成立测试和质量认证委员会(Standardization Testing & Quality Certification,STQC),隶属印度通信和信息技术部信息技术局,成立之初,主要针对中心型电子产品企业进行测试校准,产品合格,才允许使用 S-MARK 标志。STQC 现已发展成为国际上较有影响的第三方认证和测试机构,其认证被许多国家认可。S-MARK 标志产品包括:适用 IEC60065 的消费类电子产品、适用 IEC60950-1 的信息技术产品、适用 IEC61058、IEC60257 等的安全元器件、适用 IEC60335 的家用电器产品及消费类电子产品、电子医疗设备、镇流器等 8 类产品。认证程序包括:申请、评定制造商的质量体系、测试、加贴标志、市场监督。①

三、因势利导、协同推进

(一)英国

如前所述,产品认证制度为英国首创,英国也是世界上开展认证认可工作最早、较为普及和完备的国家。1903 年钢轨上使用的"风筝"标志喻示着钢轨是按规定标准尺寸生产的,直到 1919 年英国《商标法》出台,认证才有了第三方标准评定的含义。如今,"风筝"标志成为英国标准学会 BSI 特有的注册商标,使用者不限国别。使用这种标志表明,产品符合两个标准,即 BSI 标准和 BS5750 质量保证体系或 ISO9000 族的质量体系标准。

现代监管型国家在英国逐渐发展起来,表现为政府更多地依靠规则制定而非支出来解决市场问题,重要的决策权被授予一些享有相当政治独立性的技术实体,公私领域之间的规则和责任日益正式化和法制化,监管技术日益多样化,还出现了强制性自我监管和元监管的形式。② 英国国家认证监管机构独立性和权威性也是一个不断发展的过程。1984 年英国贸工部和英国标准学会组织签署英国认证机构认可委员会(National Accreditation Council for Certification Bodies,NACCB)谅解备忘录,据此建立了国家认可机构,对产品认证机构和体系认证机构进行

① 王磊、鲁博:《印度电子产品认证》,载《认证与标志》2008 年第 3 期。

② 刘亚平:《中国式"监管国家"的问题与反思:以食品安全为例》,载《政治学研究》2011 年第 2 期。

评审,由贸工部部长签发认可证书。NACCB 于 1986 年 2 月开始,认可第一家认证机构——劳氏船级社质保公司,至今已认可了 30 多家认证机构,包括产品认证机构、体系认证机构、无损探伤和焊接人员技能资格认证机构等。1995 年 8 月为统一英国认证认可的国家认可机构,NACCB 与英国国家实验室认可委员会从 BSI 与 NPL 中独立出来合并为一个新的国家认可机构,即联合王国认可机构(The United Kingdom Accreditation Service,UKAS)。[①] UKAS 是英国唯一对从事抽样、测试、校准、检查或认证的合格评定机构实施评审和认可的国家机构。英国贸工部对 UKAS 的主要监督方式之一,是派代表作为 UKAS 的董事参与 UKAS 的管理事务,英国贸工部的秘书长对 UKAS 主席的任命行使确认权。

英国标准学会(BSI)是成立于 1901 年的非官方国家标准化团体,也是被英国 UKAS 认可的最大的质量认证机构之一。研究英国第三方认证规则和程序,透视其管理模式和运行机制,对于我国认证制度有很大参考价值。BSI 主要从事工业产品和体系认证,其产品认证分为下列六个步骤:(1)申请。提交认证申请书,缴纳申请费。(2)评审。认证评审处派审核员对申请者按 BS5750 要求进行工厂审查,审查结果作为制订监督管理计划的依据。(3)检验。BSI 检验所对申请者的产品进行抽样测试,以确定其各项性能满足 BS 标准。(4)如果上述两种检验结果都符合要求,由监督检查处制订《工厂质量监督管理计划》,经申请人与 BSI 双方同意签字后作为获证后必须遵守的文件。(5)批准。由英国质量保证部呈报,质量保证理事会批准颁发认证证书和标志。BSI 的产品认证标志有两种,一种是合格认证标志,即风筝标志;另一种是安全标志,即使用 BSI 认证标志的许可证和有效期为一年,每年更新一次的标志。(6)公告。BSI 把获证单位名称及产品名称刊登在其发行的 *BSI Buyers Guide* 刊物上,免费提供给英国全国各采购商。带有 BSI 认证标志的产品表明,该产品已经 BSI 认证,符合有关 BS 标准,并在 BSI 监督之下生产,但如发生下列情况之一时,BSI 有权终止或撤销认证:(1)认

---

① 成员有:贸易与工业国务秘书,环境、交通与地区国务秘书,英国认证机构协会,英国测量与试验协会,英国工业同盟,小企业联合会,特许采购与供应协会,质量保证协会,消费者理事会,全国工业质量联络组,地方政府食品与贸易标准协调机构等。

证产品质量发生变更或生产环境、质量管理条件发生变更；(2)认证标志在非认证产品上使用；(3)认证证书持有人非法使用认证标志；(4)违反质量监督管理计划或不执行该计划规定；(5)证书持有人将要破产或其产权发生变更。BSI体系认证包括企业质量保证能力认证(工厂评定和注册)、库存能力的评定和注册等，依据是等同采用ISO9000族标准的BSI5750及相关标准。为确保制造商持续稳定地生产合格产品，BSI按照《工厂质量监督管理计划》对工厂实施证后监督检查，要求BSI证书的持有者负有执行认证的标准的基本义务，同时要执行BSI批准的监督管理计划，为BSI检查员提供工作方便，确保BSI检查员能对工厂工艺、质量体系等进行查看。另外，制造商必须按照要求交纳许可证年费、检查费、测试费等相关费用，承诺只限定使用BSI标志，每隔半年将证书交予BSI专派人员签字，在许可证书期满后必须立即停用认证标志和广告活动。①

CE认证表明产品符合欧盟《技术协调与标准化新方法》指令要求，CE标志是欧盟实施的一种强制性认证标志。关于CE标志的管理方面，欧盟要求各成员国对滥用或误用CE标志在本国法律中予以规定。产品不该加贴CE标志而加贴，视为欺骗行为，可提起诉讼。欧盟强制实施的指令一般针对危险性高的产品，如民用爆炸品、有低电压设备、安全玩具等。关于认证主体资格和条件，欧盟指示各成员国在其国内指定认证机构(notified bodies)完成指令中所要求的第三方测试、认证任务。notified bodies必须符合EN45000系列标准，主要包括《EN45001测试实验室工作的通知规范》《EN45002测试实验室评审的通用规范》《EN45003测试实验室认可机构的通用规范》《EN45011认证机构进行产品认证的通用规范》《EN45012认证机构进行体系认证的通用规范》《EN45013认证机构进行人员认证的通用规范》《EN45014供货方合格声明的通用规范》等。对指定机构的技术能力要求包括：拥有人员和设备、具有公正性、具有相应的技术能力和完整的专业知识、保守专业秘密、认缴民事责任保险。主管当局不仅负责指定机构，还要负责监督指定机构。若发现达不到要求，主管机构可行使撤销权，撤销指定资格，并

① 王宁远：《英国的认证制度》，载《中国石油和化工标准与质量》1990年第6期。

通知相关方。为保证其公正性,主管当局要求指定机构定期提供其业务资源、利益冲突信息。① 在市场监督权限划分方面,为避免利益冲突,欧盟要求指定机构不得参与市场监督,以实现对产品监督的权力分离。

(二)韩国

作为中等发达国家,韩国高度重视认证认可工作。在认可管理方面,韩国采取政府授权,通过统一的认可制度和认可机构对认可活动实施管理的模式。韩国认可机构(Korea Accreditation Board,KAB)由韩国产业资源部技术标准局(Korea Agency for Technology & Standards,KATS)授权并接受 KATS 的领导和管理,负责对韩国国内的检测机构、认证机构等合格评定机构进行认可。韩国国家技术质量研究院(Korea National Institute of Technical & Quality,KNITQ)及所属各研究院联合制定国家工业标准,对符合 KS 标志认证的产品,由 KNITQ 公布,相关制造商必须向政府指定认证机构提出申请,KS 标志认证是指对能够持续、稳定生产韩国工业标准(Korean Industrial Standards)水平以上产品的企业,进行严格的审核,使其能够加贴 KS 标志的国家认证制度。基于对竞争实力和规模的需要,政府规定了指定的基本要求,比如指定机构的所属分支机构必须达到 10 家以上,评审员必须获得专业硕士以上学位。1974 年韩国开始实行强制性产品认证制度,当时是由韩国政府主导认证工作,跟中国前期情况类似,实验室由政府指定或授权。2000 年 7 月之后由授权的认证机构实施认证。作为 EK 安全认证的政府监管部门,韩国产业资源部技术标准局(KATS)指定了韩国电气检测所(Korea Electronics Technology Institute,KETI)、韩国电磁兼容性研究所(Korean Institute of Eelectromagnetic Research,ERI)和韩国测试实验院(Korea Testing Laboratory,KTL)三家认证机构,EK(Korean Electronic Certification)安全认证对象范围包括,电梯、航空产品、电器产品等。韩国 EK 认证类似于中国国内的 CCC 认证,认证主要分为 2 个阶段:(1)产品测试;(2)工厂审查。产品测试基本上按照 IEC 标准进行检测,官方给出的测试周期为 45 个工作日。工厂审查主要看工厂的检测设备及各种记录的完整与否,如仪器校验记录、仪器点检表成品检验报告、进货检验

① 王宁远:《英国的认证制度》,载《中国石油和化工标准与质量》1990 年第 6 期。

报告、不合格品记录、内审报告等。工厂审查一般在产品测试期间进行不影响证书发放时间。认证范围为交流 50V～1000V 的产品。电器产品安全认证标志分为两种：一种是电器产品安全，另一种是电磁兼容性。

为保护消费安全，韩国政府积极推行 KS 标志认证，KS 标志认证在韩国消费者心中认知度很高，KS 标志认证的产品几乎覆盖了工业产品的所有领域。认证机构要对 KS 标志认证过的制造商进行定期的跟踪抽查与检验。认证机构每年对流通领域 KS 标志的产品进行两次随机抽检，如果产品不合格，认证机构有撤销其使用 KS 标志的权力。韩国政府规定，凡购买 KS 标志产品，可免除进货检验，政府部门、公共团体等在投标采购过程中，优先采购 KS 标志产品。韩国其他的认证类型较多，比如优质机器、环境标志认证等。2000 年 7 月，韩国《电气产品安全控制法》规定，由非营利的第三方机构来实施认证活动。2005 年韩国《电气产品安全控制法》进行修改，并成立地方专门检查非法产品的机构等。2009 年韩国技术标准院公布产品监测计划，将流通领域 3000 多项产品分为 4 个检测等级，①产品出现质量问题，生产经营者将被勒令停止销售并予以处罚。2009 年 1 月 1 日开始，韩国实行新的认证系统 KC MARK（Korea Certification）认证，新的认证方式将申请产品分为两类：分类一（强制认证）的产品需要工厂检查，证书没有有效期；分类二（自愿认证）的产品无须工厂检查，证书有效期为五年。韩国主要认证机构业务范围如表 4-2 所示。②

表 4-2　韩国主要认证机构业务范围

认证机构	指定日期	认证范围
韩国电气检测所（KETI）	2000 年 7 月	1. 电线电缆；2. 器具开关；3. 电器零部件和电容器；4. 安装附件和连接装置；5. 安装保护设备；6. 隔离变压器和类似设备；7. 家用和类似用途设备；8. 电动工具；9. 音视频设备；10. IT 和办公设备；11. 灯具

① 即特殊管理、集中管理、一般管理和筛选管理。特殊管理指每个季度对风险系数高的产品进行产品质量市场监测，必要时辅之以工厂抽检，集中管理是每半年进行一次监测，一般管理是指年度监测，筛选管理是进行年度随机抽查。

② 中国质量认证中心编著：《国际市场准入与认证制度研究：中国电气及汽车产品出口指南》，中国标准出版社 2006 年版，第 136 页。

续表

认证机构	指定日期	认证范围
韩国测试实验院(KTL)	2000年7月	同上
韩国电磁兼容性研究所(ERI)	2000年8月	1.电线电缆;2.器具开关;3.安装附件和连接装置;4.安装保护设备;5.隔离变压器和类似设备;6.家用和类似用途设备;7.电动工具;8.音视频设备;9 .IT办公设备;10.灯具

第三节 域外强制性产品认证制度的成功经验

上述若干国家的强制性产品认证制度基于不同的法域、民族特质、历史传统和经济发展水平,不一定完全适合我国。宏观来讲,欧美与亚洲地区的检验认证行业在运行模式、发展路径和政府的规制作用等方面区别明显。英国、美国和德国等发达国家市场化程度高,政府干预经济的程度低,而日本、韩国、俄罗斯和印度等国政府主导特征明显,但是随着市场化程度的提高,政府主导逐步转向政府指定授权、公私协力。政府认可规制、认证制度与企业自我申明制度融合是世界认证发展的总体趋势。诚如有学者所云,法律全球化表现为法律的"非国家化"(denationalization)、法律的"趋同化"或法律的"世界化",①这在产品认证制度方面尤为明显。

一、效率主义的价值判断

经济法的价值之基础乃在于效率与公平观、自由与秩序之良性耦合。从经济法价值论看,认证制度追求社会本位、维护社会运行的整体利益和效率的目标。政府的基本职能之一就是要维持社会秩序、提高经济运行的效率。然而,政府资源有限,要监管市场上众多的企业和产品在经济上、效率上均无法满足。另外,随着技术发展、产品性能风险增加,客观上就需要从事测试检验服务的专门性第三方机构和实验室。故

① 朱景文、冯玉军:《"法律与全球化——实践背后的理论"研讨会纪要》,载《法学家》2002年第6期。

基于贸易的需要,在欧美等高度市场化的地区,一百多年前就自发出现了传递信任和技术服务的认证机构。而长期以来,我国在实施产品质量控制过程中,政府往往通过事前准入的方式,比如行政许可,来防范危险,保障民生。一般而言,行政许可是行政主体依据相关法律对直接关乎人身健康生命财产安全、公共安全的产品、设施等按照一定标准和程序实施事前管控的一种重要手段。公共选择理论认为,政府由具体的经济人构成,存在有限理性及被"俘获"的可能。而认证制度可以将政府解脱于微观事务,认证机构作为缓冲力量,给政府解压,提高行政效率,让政府专注于制度建设和市场规制。就强制性认证而言,政府可从"心有余而力不足"直接监督数以万计的生产经营企业,转为"轻松地"监督为数较少的认证机构。实际上,认证机构就是产品质量监管链条中的一个市场变量,其通过发挥认证机构的社会协力作用,从而整体上提高政府对产品和市场的控制绩效,这也是政府行使干预权的高级形式。

20世纪90年代出现的企业家政府理论旨在运用企业家精神重塑政府管理理论,该理论强化了成本——收益分析方法在政府行为决策中的重要性。[①] 以美国经济学家戴维·奥斯本(David Osborne)为代表的学者倡导的企业家政府理论提出了政府再造的几条核心原则:(1)政府起催化作用——掌舵而不是划桨;(2)授权而不是服务;(3)竞争型政府;(4)规则导向型政府;(5)结果导向型政府;(6)预知型政府——预防而不是医治;(7)分权的政府——从等级制度到参与和协作;(8)市场导向型政府——通过市场力量进行变革。[②] 贯穿这几个原则的主线可以理解为,政府以社会公共利益最大化为目标,取消不必要的行政管制,协同治理,减少行政成本,提高政府行政效率。美国、日本、德国等明确将认证作为法规与标准执行的主要评价方法,政府通过政策和法规的制定有效引导了市场的认证活动,在政府部门的日常行政管理制度中都较多地规定"采信认证"结果,有效地规范了法规、标准执行者的行为,提高了全社会对认证制度的认识和规范、标准的可实施性。在欧美发达国家,实施认可制度较为通行,即由政府授权或认可权威性的协会或学会,由它

① 丁煌:《西方企业家政府理论评述》,载《国外社会科学》1999年第6期。

② [美]戴维·奥斯本、彼得·普拉斯特里克:《再造政府》,谭功荣、刘霞译,中国人民大学出版社2010年版,第242~243页。

们对认证机构进行认证、检测或人员能力评价认可，由它们代表本国政府参与国际互认体系。

美国、德国的认证体系高度市场化，标准制定、技术法规和认证制度的实施主要依赖第三方机构去完成，充分利用认证制度对企业和产品进行监督，广泛推行市场准强制认证和自愿性认证结果的采信，提高规制效率，从而把政府从微观事务中解脱出来。而反观我国现有的生产许可制度，重审批、轻监管，这就使审批部门和企业在很大程度上将精力放在材料审批上，而忽视对产品质量的持续有效监督。在市场在资源配置中起决定性作用的大背景下，政府不宜直接从事合格评定。原因在于，政府直接从事合格评定活动，会影响认证活动的公平及公正性，而由第三方进行的认证活动不仅效率与专业化程度高，当出现问题时政府可以发挥行政管理职能，对争议进行公证裁决，保证政府的公正信誉。利用认证制度替代政府直接参与合格评定活动，是一条转变政府职能、提高行政效率的重要途径。因此，必须通过市场化机制，将认证作为质量评价考核手段来落实质量发展目标，逐步减少政府对微观事务的管理，更好地发挥社会力量在社会事务管理中的作用。通过这种政府与市场相结合的模式可以调动社会力量来对市场规则进行制定，减少政府对微观事务的介入，可以集中力量在政策制定、宏观调控、社会服务等方面发挥更大作用。通过这种间接管理，可有效减少政府机构和人员数量，降低政府的开支，提高政府的公信力和透明度。政府采信第三方认证机构的审核结论，对企业而言，有助于减少重复检查；对政府而言，有助于降低监管成本，①促进市场自由和经济民主。

二、法治基础的权力改革

20 世纪 70 年代以后，受公共选择理论、规制俘获理论等理论的影响，凯恩斯国家干预理论不适时宜，放松管制热潮流行于世界各国。国企私有化、减少价格控制及许可审批改革要求，意味着政府直接干预经

① 徐平平、王传娟：《行政监管采用第三方认证结论的探讨》，载《认证技术》2010 年第 8 期。

济模式改变了。[①] 存在主义和现象学法哲学家雷加森斯·西克斯(Recasens Siches)指出:“法律本身并不是一个纯粹的价值,而是一个用来实现某些价值的规范体系。”[②]美国行政学家怀特(Leonard D. White)在《行政学概论》中指出:“政府的行政效率从根本上来说是以行政组织中责任与权力的适当分配为基础的。”[③]随着市场经济和网络经济的发展,既有的市场规制权力体系和结构也发生了变化,行政分权必然是一种趋势,检测认证这一社会中间层分享了部分权力,其基于客观与中立、专业的立场,与政府一道发挥合作治理的功能,同时其也受到政府的干预与规制,承担社会责任。

美国、德国、日本等发达国家积极通过法律、标准来规制检测认证行业,为保障消费者利益和公共安全,它们均制定了严格的产品安全标准及技术要求,针对风险性较高的产品提高市场准入门槛,实施强制性监督或类似于强制性准入要求的“UL”“CE”标志。发达国家大多实施对认证机构的国家认可制度,不同程度地实行“自愿认证”与“强制认证”相结合、政府与第三方认证合作互补的模式,逐步树立了认证的社会公信力及认可度。在政府层面,政府通过制定实验室、认证机构、审核员的资格和条件的管理规定,提高认证从业的准入门槛,从而提高认证的权威性和社会影响力。在获证企业与第三方认证机构的合作与监督层面,第三方认证组织通过《工厂质量监督管理计划》的合同义务的履行,很好地发挥对认证企业的质量持续的监督和控制。无论是大陆法系国家还是英美法系国家,由于不同的社会经济背景和生产力发展的不同阶段,认证行业及监管方式有地域性特征。发达国家很少有法律直接规制认证活动,主要靠生产经营企业和认证行业自律、自愿性标准的作用和市场本身机制作用。政府监督部门一般在后续产品的市场监督领域间接发挥作用。从监管角度分析,我国与英国、美国、德国等发达国家规制

---

① 李健:《规制俘获理论研究评述》,载《北京航空航天大学学报》(社会科学版)2013年第1期。

② 转引自[美]E.博登海默:《法理学——法哲学及其方法》,华夏出版社1987年版,第196页。

③ [美]伦纳德·D.怀特:《行政学概论》,刘世传译,商务印书馆1947年版,第67页。

路径的不同在于,它们是以成熟的市场和较好的信用环境为基础,逐步发展到政府认可的外部性监督,而我国、日本、韩国则是由政府主导到逐步放松管制的反向过程。

目前我国行政审批制度改革已经进入攻坚阶段,改革的内容不再是中央对地方或市场简单的单向放权,而需要从机制上解决顶层设计问题,从效率的角度重新界定行政许可与认证配置的合理性和有效性并划分边界,完善认证制度的运行机制,从而构建多层次的政府监管模式。认证行业的权威不是一朝一夕就能树立起来的,欧盟一些国家在此行业发展已逾百年,经过市场的长期积淀和洗礼。欧盟通过指令的形式,要求各成员国按照要求指定承担合格评定的第三方机构,并要求保证其开展工作的公正性。在市场监督方面,第三方机构与监管当局实现分工合作,分段监督,共同管制获证产品质量安全。若抽检市场产品不合格,指定机构要承担“官告民”诉讼的风险。而在我国,由于法律文化和诉讼法的限制,只有“民告官”的行政诉讼,没有“官告民”的诉讼类型。事实上,在产品侵权民商事案件中,也很少有受害人单独起诉认证机构的案例发生。

认证主体的性质、定位是法律规制的核心和重点。从上述各国的做法来看,认证机构大体由两种主体担任:一是官方机构,即由政府直接担任认证机构,如日本、俄罗斯、印度,这主要是针对风险性高的产品领域。二是民间机构,即由符合认证资质的公司或非营利性的第三方部门担任认证机构。官方认证机构和民间认证机构各有优劣。官方认证机构的优势在于:履行国家责任,不考虑利润最大化,认证程序和认证行为相对规范,社会公信力较强,认证费用较低,能够降低生产成本,不少国家官方认证活动都遵循不营利原则。官方认证机构的劣势在于:存在官僚主义,认证效率相对较低,难以适应纷繁复杂的市场需要,认证活动往往具有一定的迟滞性和被动性。在认证服务和检测设备的更新投入等方面较为消极被动;受薪酬限制,官方认证机构通常人才流动性很大。民间认证机构的优势在于:认证效率较高,市场反应灵活,主动依据市场的需要积极调整自己的认证行为;民间认证机构会投入大量资金购置认证和检测设备,从而不断适应认证需求;民间认证机构报酬较高,能招录到高水平人才。民间认证机构的劣势在于:民间认证机构具有本能的逐利性,因而不能排除其降低认证标准的情形发生,从而可能会导致不符合认证标准的产品进入市场。有学者担忧,由民间机构担任认证主体,将导致国家对产品和市场的监管具有间接性,可能会影响规制的质量和效果。[①] 概言之,针对不同产品及不同行业成熟度,在立法中应体现政府认证与第三方认证的在主体性质层面的差异。对食品、药品、医疗器械等具有较大风险的产品及行业应在一定限期内保留官方认证的模式,而对日常工业用品可提倡第三方民间认证,通过加大认证质量和认证行为规制,获得质量保障。在具体认证运行机制方面,比如英国的认证机构通过与认证企业达成的《质量监督计划》对产品质量和体系运行的监督取得了较好的经济效果和社会效果。发达国家和地区对进口商品的认证和质量要求均比较高,其消费者对历史悠久的品牌认证机构和相关标识认知深刻。相比我国,上述发达国家认证行业体现了高度的自律性和规范性,这与其成熟的市民社会有关。我国未来调整认证行业的监管思路是,坚持从产品检测向全程管理、从终端监管向源头追溯、从被动管理向风险防控转变的理念,通过兼并整合等手段培育能与国际老牌检测认证机构相抗衡的民族品牌的认证机构,采取有效措施促进检测认证机构高度自律精神的养成,通过修订《认证认可条例》或制定合格评定法,明确认证机构发证之后的具体监督义务和法律责任。

三、多元主体的配置结构

有观点认为,作为非国家行为主体,非政府间国际组织正在创造和发展异于国家法的新规则和新秩序,而这些规则在有效性及权威性上并不逊于国家法。[②] 不同于欧洲的量化分析传统,中国的传统质量文化侧重于采用整体感知方式对产品生产过程中的质量控制要求进行综合把握,重视从有机论而非机械论的角度把握产品质量改进的总体方向。由于中国传统质量文化主要具有"国家主导"的典型特征,且经验主义色彩也较为浓厚,这在一定程度上导致中国质量标准、检验、认证、认可等面向

① 瓮怡洁:《有机农业:法律规制与政策扶持》,载《华南农业大学学报》(社会科学版)2011 年第 3 期。

② 朱景文、冯玉军等:《"法律与全球化——实践背后的理论"研讨会纪要》,载《法学家》2002 年第 6 期。

市场的第三方质量中介机构的历史发展缺乏丰厚的文化土壤。①

以美国为代表的市场主导模式适合市场经济程度比较高、诚信自律机制较为完善、政府管理相对分散的国家,其优点能充分发挥市场自我调节能力,激发经济活动的各参与方的主动性,但在监管与诚信机制尚不完善的发展中国家很容易产生认证活动的异化,最终导致市场的混乱、认证制度的坍塌。以日本为代表的政府主导模式,适合市场体制尚不健全的国家,通过政府的管制推动市场自我管理体制的发展,避免了认证市场无序发展之弊,但无法激发社会主体的积极性。政府与市场相结合的模式较为科学,即在技术性法规和标准的制定方面,政府在其中主要行使行政管理和协调的职能,主要依靠民间组织的力量去负责标准规范的制定。政府根据需要采信相关技术标准和规范,并按照其重要性赋予其相应的法律效力,政府主要依靠认证机构实施认证活动,通过对认证机构的监管和对认证结果的采信来实现对市场的质量监管。

监管型国家的兴起正在成为当代一种全球性浪潮,监管的增加和正式化带来的是一种社会和文化的变迁,代表着一个重视正式规则和制度甚于私人关系的社会、一个重视专家知识甚于个人信息和个人判断的社会的兴起。② 日本、韩国、印度等国家政府正主导推动和构建一个多种主体参与认证认可体系的工作链条,实行强制性认证与自愿性认证相结合的体制,充分发挥政府的认可干预与指导作用。这一体制可归纳为具有以下特点:首先,政府统一规划,合理设置认证认可机构,分工协作;其次,重视技术标准的作用,逐步完善标准体系,用标准作抓手,引导认证认可等合格评定活动。

四、风险管理的决策方法

风险管理(risk management)又称危机管理,它是指如何在一个肯定有风险的环境里把风险降至最低的管理过程,包括对风险的量度、评估和应变策略等内容,是一连串排好优先次序的过程,使其中可能引致最大损失及最可能发生的事情被优先处理,而相对风险较低的事情则延后

---

① 李唐:《中国传统质量文化的主要特质》,载《宏观质量研究》2015 年第 3 期。

② 刘亚平:《中国式“监管国家”的问题与反思:以食品安全为例》,载《政治学研究》2011 年第 2 期。

处理。尽管认证产品范围各有差异，但强制性产品认证模式是发达国家普遍认为最严格、最全面的产品监督管理模式，其制度理念就是根据产品的风险程度和监管环境的复杂性程度来决定的，它不仅要求对产品做型式试验、质量体系评定，还要从工厂、市场、质量体系方面进行跟踪、监督和验证，改变只注重终端产品的监管方式，向注重管理产品质量的影响因素和过程控制转移。将风险管理引入强制性产品认证的整个周期，将会提升强制性产品认证工作的管理效能。

韩国通过质量监督和风险防范的四种分类方式，科学确定了不同的监测频率和产品范围，这对我国质量监督抽查，特别是认证机构的风险管理很有启示意义。产品风险信息采集是风险管理的基础，来源渠道很多，比如"12315""12365""12331"消费者投诉、监督抽查及认证信息、国内外产品召回预警信息、消费者不良反应伤害案例。在认证机构风险管埋方面，有必要进行科学的风险分类。以电器产品为例，可能的风险包括电击危险、着火危险、机械危险、运行危险、辐射危险、化学品危险等。必须通过识别这些危险源，评估风险发生概率，针对不同产品及不同产品的风险系数，采取不同的风险防范机制。根据统计，我国目前20%的规模企业持有80%的强制性认证证书，80%的小型企业持有20%的证书，小型企业研发弱，以组装为主，缺乏核心竞争力。因此，对这部分企业的监管应引入风险管理概念，走突出重点、分类管理之路。①

有学者认为，强制性认证的目的是以国家的名义，代替第二方完成对产品质量的鉴定义务，目前强制性产品认证存在目录产品界定、检验标准替换、机构授权、证后监督、认证有效性等风险，并建议在减少发证前成本的情况下，将费用合理再分配到证后的抽查监督中。② 一般而

① 比如，其一，按照产品本身风险等级实施分类管理。在认证监管的侧重点方面，可以根据产品危险性和产业成熟度，可大致分成两大类：A类是危险性比较低且产业比较成熟的产品。对此类产品，可以适当减少跟踪检查的频次，一般1年内1次。如安全玻璃、电路开关保护或连接用电器装置、乳胶制品、农机产品、机动车零部件产品。B类是危险性比较高且产业比较成熟低的产品。对此类产品应加大跟踪检查的频次，一般每个季度内不得少于1次。如电动工具、电焊机、机动车辆及安全附件。其二，认证机构根据用户满意度调查结果、专项监督抽查情况、跟踪检查结果，建立分级指标体系，并把量化的分值作为对企业进行跟踪检查频次的主要依据。

② 李锋：《在强制性产品认证中引入风险管理的路径》，载《认证技术》2013年第9期。

言,在内容方面,产品风险管理可包括产品风险采集、产品风险监控、产品风险评估、产品风险预警、产品风险控制。在强制性产品风险管理方面,产品风险采集是基础,没有风险信息采集,后续风险管理就缺乏对象。产品风险的采集主体可以包括生产制造商、检测认证机构、政府部门、医疗卫生服务机构等。因此,建立产品伤害风险信息报送联络机制和风险交流机制就显得尤为重要。当然,必须发挥政府部门的信息采集牵头作用。就认证机构而言,它们是企业最近的监督者,法律赋予它们对企业的产品进行型式试验和发证后要进行周期内一定频度的跟踪检测、检查的权力,由于监督的便利和主体间一定的平等性地位,认证机构对获证企业及产品检测数据信息掌握得最全面。从某种意义上讲,它们也是产品质量问题的最早发现者,有必要在法律上细化它们对指定认证产品质量和风险信息进行研判和报送的条款。一方面,在制度上要明确它们的认证检查方案的法律效力,以强化它们在产品风险评估、预警和控制的监督义务。另一方面,通过认证也能够进一步推动相关技术标准在企业的实施,促进技术标准本身的改善。《强制性产品认证管理规定》第 17 条对认证机构的监督方式作了规定,要求认证机构对生产企业和获证产品实施分类管理,进行有效的跟踪检查,该规定第 19 条细化了跟踪检查分类管理的依据,包括产品安全等级、产品稳定性、企业信誉等,但总体上规定仍显粗糙。

第五章　我国强制性产品认证制度创新与完善的路径选择

第一节　制度重塑的基本原则

基于我国强制性产品认证制度存在的问题，需要根据我国的市场环境、产业发展进行针对性的制度革新。总体理念是："十三五"时期，在维护认证主权国家利益基础上，统筹规划，宏观布局，以转变政府职能、简政放权为前提，进一步理顺政府与认证机构的关系，坚持市场导向与国家干预相结合，科学界定和区分检验检测认证机构公益性和经营性职能定位，充分发挥市场在资源配置中的决定性作用，及时参考和转化国际标准，在相当长的时间内以保障消费安全、落实认证主体法律责任、增强认证有效性和规范化为核心目标，优化强制性产品认证标准体系和责任体系，构建强制性认证产品质量社会共治机制，进一步提升我国强制性产品认证制度效能，积极推进检验检测认证社会化改革和国际互认机制，建立健全国家安全审查和风险防范机制。

在经济全球化条件下，认证主权是国家主权中经济主权的重要组成部分，是经济主权在认证领域中的重要体现。在本质上，强制性产品认证制度是我国的技术贸易壁垒，内含民族国家利益，这从《认证机构、检查机构、实验室取得境外认可机构认可备案管理办法》的规定中也可看出。比如，该办法第 7 条第 3 项规定了不予备案的四种情形，即"备案的认可项目危害中华人民共和国国家安全、人体健康或者安全、动植物生命或者健康、环境或者其他公共利益"。坚持中国化和国际化相结合的方针，统筹推进认证认可"引进来"和"走出去"。一方面，要遵循国际规则，积极引进国际先进技术和管理经验，扩大检验检测认证市场对外开放；另一方面，要提出中国方案，积极向外输出中国认证认可标准规则和实践经验，推动中国认证认可和检验检测机构、认证证书“走出去”，在认证认可国际发展中发挥大国引领作用，为参与国际经济治理掌握更多制度性权利。加强与国际非政府组织 ISO 的深度合作，比如全国纺织品标准化委员会成功将《生丝电子分级》SN 方法转化为 ISO 标准便是成功范例，从而在更高层次上实现国家认证主权。

一、他治与自治平衡：强制性与自愿性协同发展

一般认为，按强制强弱程度不同，认证可分为强制性认证和自愿性认证两种。CCC 认证是国家法律强制要求的由国家认可的认证机构实施的一种质量认证制度，凡列入 CCC 目录内且在国内销售的产品均须依法获得 CCC 认证，特殊用途的产品除外。在 CCC 认证中，市场主体无选择权，政府规制的主要目的是风险防控，确保质量安全，认证的标准主要是强制性标准。与之相对，自愿性认证则是组织根据本身或顾客、相关方的要求自愿申请的认证，市场主体有选择认证的自由，也有选择不认证的自由，法律规制的主要目的在于提高企业和组织内部管理水平，认证的标准大多是推荐性标准或行业标准。概言之，强制性认证与自愿性认证都是服务经济发展、传递社会信任的重要形式，优先发展强制性认证制度还是自愿性认证制度取决于不同的历史阶段和社会需求。

综观国外认证的发展阶段和趋势，针对重要产品，大致呈现这种规律，即政府强制—社会强制—自我声明与第一方认证—第二方认证—第三方认证（自愿性认证），这里的“社会强制”是市场强制，而非“政府强制”，比如美国的 UL 标志。各国强制性认证制度的立法目的大多是保障人身健康和生命财产安全、国家安全、生态环境安全等，体现了国家干预的直接性、必要性、最小化等原则。针对关键产品领域，各国都没有忽视强制性认证。通常市场经济发达国家体现政府强制与社会强制并存的特点，市场经济后发达国家以政府强制为主，辅之以自愿性认证。

我国目前尚处在从政府强制到社会强制的转轨过程中，第三方自愿性认证还不发达。有观点认为，实施强制性产品认证制度以来，通过认证认可评价引导和激励约束作用，可产生淘汰落后产能政策效应，比如

电机行业过去长期良莠不齐,很多条件简陋的小作坊就是一张图纸、几件简单工具,强制性认证后,能够促使一批不具备稳定生产能力的企业关停转产。① 因为政府的法规强制和贸易、互认的需要,相较于自愿性认证而言,我国强制性产品认证证书和标志的总量来讲,可以说独树一帜,占半壁江山,深入人心。然而,在服务经济发展和社会治理方面,我国自愿性认证制度的功能尚未充分发挥,必须在坚持优化、改造、升级强制性产品认证制度、确保安全前提下,同时加大自愿性认证的同步协调发展。加快发展自愿性认证工作,是促进认证认可高技术服务产业跨越式发展的战略选择,是促进产品创新、产业升级、推动结构调整、绿色发展、引导消费进而助力"中国制造 2025"的必要举措。政策上应鼓励社会资本有序进入自愿性产品、服务和体系认证市场,鼓励认证机构拓展引资引智渠道,优化资本、管理、技术等要素配置,增强创新活力。在不违背"认证规则与程序公开获得"原则的前提下,鼓励认证机构和认证方案所有者利用法律和经济手段寻求版权和认证标识等知识产权的保护。从本质上讲,自愿性认证体现了市场主体的自治精神,发扬了市场中的经济民主,由企业自己决定要不要申请自愿性认证,在心理上没有外在的强制力和压迫感,更好地促进自律、社会责任意识。而强制性认证,尽管在政府与市场之间,多了个社会中间层,可以制约和监督政府公权力,但认证规则和技术标准大都体现了政府的意志和"他治"的刚性。在此意义上,政府不是"守夜人",而是"警察"。以安防产品为例,公安部已制定取消安防产品公安机关生产登记行政审批的时间表,对新的、热点的、高等级的安防产品宜采用自愿性认证,对传统的、普遍的安防产品应采用强制性产品认证。②

第三方认证制度及实践模式之选择取决于不同的经济发展阶段和法治化水平。我国的市场体制具有转轨经济的特征,体现较明显的政府

---

① 支树平:《强化认证认可工作　推动质量强国建设——在全国认证认可工作会议暨第十四次全国认证认可工作部际联席会议上的讲话》,载国家认监委网:http://www.cnca.gov.cn/rdzt/2016/2016bjlx/hyjs/201602/t20160224_47464.shtml,最后访问日期:2017年6月25日。

② 孙玉丽、杨林:《深化行政审批改革下的安防产品认证制度发展分析》,载《中国安防》2014年第7期。

主导和公权因素,因此区别于发达国家的认证体制。国外第三方认证制度和实践表明,在市场经济相对发达、法治化程度高的国家,第三方认证只需要自愿性的认可监管,更多采取消费者推动和社会对认证结果的采信,政府授信即可。而出于确保安全性的公共利益考量,有些发达国家仍未放弃国家干预之手,比如美国对食品、药品的监管,由政府直接认证。而市场经济不发达国家,一般采取政府直接干预为主的模式。我国正处于市场经济转型阶段,社会信用整体不高,“看得见的手”仍需发挥积极作用。

无论是强制性认证还是自愿性认证,认证机构均是实施认证活动的主体,确保其地位和身份之独立性是其有效开展认证活动的基础与前提。为激发认证机构的市场活力,提升独立性,根据国务院办公厅《关于整合检验检测认证机构实施意见的通知》(国办发〔2014〕8 号)等文件精神,认证机构的市场化、社会化改革进一步得到推动,认证机构被分为公益类和经营类。公益类检验检测认证机构由政府举办、经费由财政足额拨付,但不得从事营利性的检验检测认证业务,其主要任务是为政府风险管理提供技术支撑以及提供不宜由市场机制提供的检验检测认证服务。而经营类认证机构是指由市场配置资源,以法人形式自主经营、独立核算、自负盈亏,面向社会提供商业性检验检测认证服务,同时可承接政府购买服务,在条件成熟情况下,经营类检验检测认证机构也可选择社会组织的形式。总体上,这种改革思路方向是对的,公益类不能拿着国家的军饷,干市场的活,经营类不能赚市场的钱,挂国家的牌子。很重要的是,认证机构独立性得到增强的同时,若未从根本上理顺行业主管机关与执法对象的关系,若行业主管机关仍未放弃经营性认证机构的出资人身份,仍会影响干预绩效。

在大部制集约化改革背景下,未来的产品规制应统筹建立单独的权威部门,打破部门本位主义,统一和面向国际和国内两个市场,根据风险管理原则和 WTO 贸易便利化要求,明确必须进行强制性认证的产品目录范围,如乳制品、药品、医疗器械、酒类、轮胎、锅炉、电梯等风险较大的产品。强制性认证产品目录之外的,可自愿实行认证,政府不强制。这就解决了很多产品管理中无“强制”之名而有“强制”之实的困境。在食品等特定领域,其服务或体系可探索实行强制性认证,从而从政府规定的部分强制逐步转向自愿性第三方认证的社会强制,从"他治"走向"自治"。实践中的由下而上的市场监管体制改革,在中央各部门各自为政的过程中,形式上的"多合一"难逃规制失灵的宿运。① 在规制强制性认证和自愿性认证方面,在有效发挥政府干预的同时,绝对不能忽视消费者、媒体的社会共治作用。在某种意义上,首先,消费者是产品和服务的终端,对产品、服务的使用,消费者具有最直接的感性和认知,也是假冒认证标识产品的直接受害者。其次,对广大有认证需求的企业和单位而言,它们是认证服务的最直接的消费者,对认证活动及认证质量最为知情,从而对认证活动的监督最为有效。坚持政府与市场协同治理模式有利于发挥国家干预的保障作用,有利于发挥市场的参与作用,最终有利于消费者权益的保护。

二、"硬法"与"软法"结合:适度干预理念下弹性管理

在新古典经济学的传统中,西蒙(Simon)从行为主义的视角,论证了人的理性认知存在边界,其导致我们的知识存在不完备性、选择的范围有限,因此,我们的决策常常受到影响。他称这种不是无所不知的理性为"有限理性"(bounded rationality)。人面对的环境极其复杂,也很难超越自身计算能力和认识能力的限制,导致我们不可能全知全能,这决定了人们作出的行为决策不一定是最优的。经济法强调政府通过对市场进行干预,从而矫正所谓的"市场失灵",但由于环境的复杂性、政府计算能力和认识能力的局限性,会出现干预过度或干预不足的情形,即政府干预也会失灵。因此,政府对市场的干预必须是适度的,否则可能导致干预失灵,而对市场干预过度,将导致更大程度的市场失灵,政府本身也可能是问题产生的根源。

硬治理依赖于公共权力的强制,通常是基于成文法规,往往是由单一治理主体实施的、以外部强制为主要方式的治理类型。软治理则是基于成文或不成文的约定,由多治理主体实施的、以客体的内在认同和自我约束为主要方式的治理类型。软治理的优势在于:第一,私人行为体

① 2018年,国家组建市场监督管理总局,形式上实现"一个部门"管市场,但各地监管部门其"三定编制"、内设机构和工作职能较多体现地方性特征,在执法体制上存在区(县)综合执法与省级药品单独执法并驾齐驱局面。

不仅可以作为影响政策的游说者，而且可以作为政策制定中不可分割的一部分，它可以将专家知识和执行能力带入政治过程之中。第二，软治理不是强制性的，其致力于通过一系列软性机制来推动行为者观念和行为的改变。通过设定基准(benchmarks)和对最佳实践进行日常交流，软治理设计了一种政策学习程序。① 强制性产品认证制度的设计，是在政府和企业之间加入了认证机构的市场监督层次，如果运行良好的话，政府只需极少的精力管好认证机构即可。而实际上，政府不仅要管企业，还要花更多精力放在认证机构身上，这更造成行政监管资源严重不足，疲于奔命，没有带来更好的市场结果，这就违背了立法初衷。就认证活动而言，机会主义倾向是审核舞弊的主要动机，事实上，虚假认证和严重不实认证是审核员有意识的行为。诚然，提供认证审核服务、公正出具认证结论，需要审核员履行更为详细的认证程序，在认证中保持更为谨慎的职业注意义务，这将花费更多的认证成本。选择不按照认证实施规则严格检查、不实认证、检查走过场、出具虚假的检查结论或报告，导致产品符合性差，这样产品认证的有效性就会差，由此会导致认证市场失灵。这时，监管部门有几种选择，或者是通过刚性的法律责任约束，或者是利用认证机构本身的力量、利用行业协会的自律惩戒去约束，存在“硬法”与“软法”如何搭配使用的问题。

在合同自由与社会公益之间，首先，就认证机构而言，政府面临两难选择：一方面，政府须依托认证机构实现公共职责，满足社会认证需求；另一方面，政府的过度干预往往会产生反作用，增加认证机构的心理排斥和抵制，阻碍其自主创新发展。其次，对需要认证的企业而言，僵化及过多的认证单元划分、过长的认证周期等“恶”的制度已严重阻碍企业的技术进步和市场效率。基于此，政府应对认证机构和认证企业实行“适度干预”，注重干预的必要性和有效性，遵循干预边界的适度性原则、干预方式的适当性原则和干预策略的适时性原则。政府干预的限度和范围应止步于认证机构的认证自治，积极干预法律法规明确禁止性的认证活动。有学者认为，从表现形式上看，软法包括国家法之外、属于公共政策的正式规范，次国家法的民间社会自治规则，专业标准，交易习惯

① 高奇琦：《公共权力与欧盟的软治理》，载《欧洲研究》2011年第3期。

和超国家法的国际非正式规范。[①] 在方式上，除运用具有精确性法律责任的“硬法”调整之外，国际标准、规范性文件、强制性产品认证实施规则、认可规范、行业自律规范、认证机构自我设定的实施细则等这些“软法”也应同时发挥作用。比如，在认证实施规则方面，政府监管部门只需要制定基本的工作要求和程序，视产品风险等级给予认证机构制定实施细则的自由，发挥其主观能动性和创造性。监管部门可采取对实施细则备案的方式——一者，这种备案是认证机构的自诺，二者，这种自诺也是监管部门进行监督的依据——这样从两个方面，促进认证机构的自律和守法意识的提高，以实现“硬法”与“软法”的互动，即软硬并举，将强制监管与非强制监管、过程监管与结果监管、硬性手段与软性手段多方结合，以达到更好的规制效果。在服务型行政场景下，探索多元主体参与、非强制性、更多融入专业技术和激励机制的多元监管方式殊为必要。[②]

经济学理论研究大多针对产品市场，以厂商行为作为研究对象，但认证属于中介性服务行业，它是为了解决信息不对称和交易成本问题而出现的，由于存在于相对发达的市场环境中，其市场特征与传统产品市场存在较大的差异。它的特殊性表现为：认证产品具有准公共产品的性质，认证产品的付费人与使用人不一致，认证质量难以直接判别，追求公共利益的制度内在要求与认证机构追求利益之间存在矛盾等。认证机构提供准公共产品，政府及社会对其有更高要求，履行社会责任是其要旨。另外，日新月异的科技进步也逐渐改变认证认可的制度环境，这对认证也提出了新的挑战，比如，需要适应信息技术革命带来的制度进步，回应经济全球化和跨区域产品流动带来的认证认可的新要求。

弹性管理源于对象的差异性和环境的不确定性，是管理的原则性（刚性）和灵活性（柔性）的统一，即通过一定的管理手段，使在一定条件的约束下，管理对象具有一定的自我调整、自我选择、自我管理的余地和适应环境变化的余地，以实现动态管理之目的，其作用在于：一是使组织系统内的各环节能在一定余地内自我调整、自我管理、自我修复以加强

---

① 程信和：《硬法、软法与经济法》，载《甘肃社会科学》2007年第4期。

② 崔卓兰、宋慧宇：《中国食品安全监管方式研究》，载《社会科学战线》2011年第2期。

整体配合；二是使组织系统整体能随外界环境的改变而在一定余地内自我调整，以具有一定的适应性。[①] 弹性管理可分为内部弹性管理和整体弹性管理，积极弹性管理和消极弹性管理。标准化与个性化的矛盾永远存于企业产品甚至行业发展中。市场千变万化，商机转瞬即逝，繁复的型式试验、统一的单元划分、高昂的检测费用等，只会阻碍市场主体的技术革新和进步。

在适度干预理念下，政府管理手段及方式可赋予其适度的弹性，鼓励市场主体创新研发，开发出更多更好的产品和服务。在适度干预过程中，如何平衡认证机构公益性与自利性的利益促导弹性机制？认证制度的改革、完善如何体现这种平衡？国外大多数国家强调第三方认证的非营利性特征，淡化其商业色彩。在一定意义上，非营利不等于不收费，以公司形式的认证主体之利润盈余主要用于发展认证社会事业，而主要不是用于公司高管、董事的薪酬分红，比如用于提高服务水准、改造仪器设备、加强运营管理等方面。国家在规制平衡手段方面，可采取激励性干预政策，对通过认证的企业采取税收优惠的方法。一方面，引导通过认证的企业加强认证运行中的自律，减少为拿证而拿证的现象发生；另一方面，可以促进未认证的企业主动申请认证。企业通过认证，会发生不菲的认证费用，根据税法原理，认证的价值很难估价，且这项支出很难转化为无形资产并予以资产化。从认证的制度原理看，认证不仅仅是国家直接干预和要求的结果，而且是形成企业声誉的过程。通过认证，表明企业产品具有一定的品质，而且在过程控制方面有一定保障。国家税务总局《关于印发〈企业所得税税前扣除办法〉的通知》（国税发〔2000〕84号）、《认证认可条例》及强制性产品认证相关规定均未有相关激励政策和措施。对通过认证的企业，其认证费用可以以咨询类费用在当期税前扣除，这样可以通过税收激励性规制，在更大范围内减少非法认证行为的发生和蔓延。

三、认证与许可衔接：促进合格评定的方式创新

强制性产品认证制度与生产许可制度的关系是产品质量治理体系

---

① 董学会：《弹性管理思想初探》，载《华东经济管理》2000年第1期。

中的“孪生”制度，二者共同作用于产品及市场秩序，如何正确处理二者之间的关系是认证认可总体布局中的重要内容。刘宗德认为，从执法目标、目录范围来讲，行政许可比认证宽泛，而且其合格评定与 CCC 认证几乎是重合的。[①] 目前，许多可以通过认证认可加以规制的领域，政府仍通过行政许可的方式加以干预，导致政府的权力、责任、风险过大。在行政审批制度改革背景下，究竟哪些生产许可应该采用认证的形式，其中原则是什么，原来的职能部门和国家认监委分别承担怎样的责任，强制性认证制度与生产许可的关系等问题，有待进一步厘清。[②]

工业产品生产许可制度与 CCC 认证制度均是政府采用市场准入的方式，对涉及公共安全、环境保护、人身财产安全的产品质量实施风险控制，两者存在一定的功能互补性，两者区别表现在以下方面：首先，历史背景不同。前者是我国改革开放初期计划经济的产物，当时为避免粗制滥造，政府实施产品质量的源头控制，利用行政许可手段建立起市场准入的门槛，而 CCC 认证制度是为适应改革开放、对外贸易需要发展起来的一种产品质量安全保障制度。其次，制度性质不同。前者属于行政许可范畴，政府直接参与许可事实的评价本身是行政许可法律关系主体。CCC 认证制度则是以社会第三方认证机构为实施主体，认证监管机构指定认证机构准入进行认可约束和日常监督，性质上不属于行政许可范畴，具有社会化监督与行政干预复合性特点。再次，管理方式不同。主要表现在三个方面：一是权能不一样。前者是行政许可行为，故其在受理、审查和颁发证书等方面均受到行政法严格的时限限制和过错追究，而作为“看门人”的 CCC 认证机构在发证和监督方面有较大的自由裁量权。二是对产品性能要求不同。生产许可证对产品考核具有全面性，包括可靠性、安全性、理化指标和卫生指标、管理体系等方面都有硬性要求。CCC 认证尽管也注重企业质量保证能力，但更加强调产品安全性能“底线”要求。三是法律责任不同。生产许可制度更加强调监管机构的监督检查义务，对不能履行相关义务的，应当依法承担监管责任。而 CCC 认证制度在一定程度上只强调企业必须办理 CCC，应当接受有关

---

① 刘宗德：《认证认可制度研究》，中国计量出版社 2009 年版，第 66 页。

② 国家认监委认证认可技术研究所、国务院发展研究中心发展战略和区域经济研究部编著：《中国认证认可发展战略研究》，中国标准出版社 2010 年版，第 99 页。

部门监督检查,更加强调市场主体的自律。复次,管理对象范围不同。前者仅限于中国境内生产、销售、经营活动中使用列入生产许可证管理目录范围内产品的企业和单位。CCC 认证制度则不仅适用于国内生产、销售、经营使用企业,也适用于中国境内销售的国外企业生产的产品。最后,行政许可是政府背书,通常不收费或仅收工本费,而强制性认证更多是市场行为,以收费为原则,以不收费为例外。

目前,国务院加大事中事后的监管政策正倒逼我国生产许可制度转型。有观点认为,由于工业产品的特殊性,不能仅仅依靠市场的自发调节和市场主体的自我约束,必须建立工业产品生产许可制度,以维护市场秩序和公共利益。作为一项技术审查与法制约束相结合的强制性管理制度,在改革开放初期一段时间,其在强化质量监管、规范市场秩序、落实产业政策等方面发挥过重要作用。然而,从立法宗旨来看,生产许可与认证认可并没有本质上的区别。《工业产品生产许可证管理条例》规定,工业产品的质量安全通过认证认可制度能够有效保证的,不实行生产许可制度。此条在制度设计理念方面赋予了认证认可规制质量的优先性,但并未明确两个制度的运用原则和界限。立法思维可否变换一下,即通过强制性认证能够保证工业产品质量安全的,实行有限产品的生产许可制度?这里面包含两层意思:一是突出强制性认证制度在保证安全性方面的法律地位;二是在一定时期内继续保留生产许可制度,不过要限缩生产许可产品的种类、范围,广泛倡导和推行自愿性认证制度(包括产品、体系、服务),多还企业经营自由权。

2005 年,时任国务院法制办公室副主任张穹便断言,随着市场经济的发展,要逐步缩小行政许可的范围,能够用认证认可手段解决经济社会问题的就不要去搞行政许可。① 生产许可制度退缩的窘境穷途可从近几年来下列文件陆续出台中循迹:2010 年原国家质检总局《关于修改〈工业产品生产许可证管理条例实施办法〉的决定》(总局令第 130 号)将原《工业产品生产许可证管理条例实施办法》第 86 条第 1 款修改为:工业产品生产许可证标志由"QS"和"生产许可"中文字样组成,即由原

① 余师孟主编:《国务院法制办副主任张穹在第四次全国认证认可工作部际联席会议上的讲话》,载《中国认证认可年鉴》,中国标准出版社 2006 年版,第 4 页。

先的“质量安全”（quality safety）调整为“生产许可”（QS），QS 即“qu sheng”乃“取得生产许可证”之意。这一戏剧性的文字修改喻示着生产许可在保证质量安全方面的弱化和尴尬。2014 年原国家质检总局按照国务院深化行政审批制度改革精神，修订《工业产品生产许可证管理条例实施办法》，最大限度地取消和下放生产许可审批项目，进一步放宽了市场准入条件、增加了现场核查观察员制度、取消了委托加工备案，减少了行政干预。原国家质检总局《关于深化工业产品生产许可证制度改革的意见》（国质检监〔2015〕364 号）、原国家质检总局《关于深化工业产品生产许可证制度改革优化许可审批流程有关工作的通知》（国质检监函〔2015〕491 号）提出，在 30 个工作日内完成生产许可审批、简化生产许可受理环节、解决企业生产许可申请难、受理难的问题、改进企业审查方式、优化产品检验环节等改革措施。然而上述两份文件内容上并未涉及强制性产品认证制度。在国家质检总局层面，生产许可和认证认可分属两个不同部门监管，这在本质上并未打破监管视野的部门化，在宏观质量管理方面缺少顶层设计和科学规划。

认证是质量监督的市场化和社会化，其改变了传统政府主导模式，对生产许可制度产生了较大的冲击，直接导致了认证认可与行政许可的制度竞争效应。强制性产品认证制度的实施，成功地利用国际惯例解决了行政许可难以应对的问题，使政府能够在企业、社会中介机构、消费者三方利益之间处于一个相对公正的位置，能够腾出更多精力和资源做好宏观管理和标准制定工作。政府应当优先选择事中事后或间接监管的方式干预经济，把产品的直接评价交由认证机构处理。从企业角度讲，企业愿意通过认证达到自治（主要是自愿性认证），而可能从心理上与行动上逃避行政许可。国家质检总局在削减生产许可产品范围时，有时会把许可目录产品调整到强制性认证目录产品，或者相反，这种“左手”导到“右手”的管理方式，说明在中央层面对两个制度还存在定位不清、目标模糊等问题。中央层面应当结合法律制度的具体要求和监管需求，根据相关产品的风险等级、标准的适用性以及所需要满足的资源多寡等，建立和完善强制性认证产品目录的动态调整机制，结合产业发展、科技进步、风险认知等因素，对质量成熟、风险可控、产业迭代等产品，可以不设定强制性产品认证，也无须设定生产许可，对于应当取消许可而政府又需要监管的产品、设备等,可纳入强制性认证目录,对于需要保留的行政许可,也可采信强制性认证结果颁发许可证,①而对不需要保留的生产许可,可往备案、自愿性认证或自我申明方向发展,由企业自主选择是否申请自愿性认证,从而促进合格评定方式方法的创新。

第二节 立法规制模式探讨

我国认证行业发展近40年来,政府部门积累了丰富的监管经验,制定了众多庞杂的规则群,我国有条件也有必要对这些规则进行总结和修订,重新定位战略方针和竞争政策,梳理和提炼制度精髓和共性规律,实现制度创新。② 早在2005年,合格评定法就被列入原国务院法制办公室立法计划,历时数十载,草案不断论证,到目前为止,尚未公布。有关部委应抓好《产品质量法》《认证认可条例》《认证机构管理办法》《强制性产品认证管理规定》等法律条例、规章和规范性文件的"废、改、释、立"工作,评估目前认证制度绩效,加快认证认可法律体系化建设,推动认证认可活动的法治化水平,有效发挥认证认可在国家经济社会治理体系中的作用。

一、总体思路及导向:合格评定法抑或技术监督法?

国际上通过立法保障认证认可工作有序有效发展正成为主流,从区域性到国际性的互认机制促进了国际性认证规范的形成和发展。20世纪七八十年代ISO/IEC制定的系列指导文件为各国建立本国的合格评定制度及国际互认机制奠定了基础,WTO/TBT的非歧视性原则、遵守国际准则原则、一致性原则、透明原则、国际化原则和有限干预原则六项

① 国家认监委认证认可技术研究所、中国科学技术发展战略研究院编著:《中国认证认可国际化发展研究》,中国标准出版社2009年版,第5页。

② 国务院《关于修改部分行政法规的决定》(2016年2月6日)对《认证认可条例》的修改主要涉及行政许可和扩大基层执法权限,比如,设立认证机构由"先证后照"调整为"先照后证",审批认证机构时限缩短为45日,县级以上质监部门可开展认证执法监管活动等。

原则统一和规范了各国合格评定相关立法的方向和理念。欧盟建立了条例、指令、决议、建议和意见等多种形式的法规体系。《罗马条约》《单一欧洲法案》《马斯特里赫特条约》均制定了相应的合格评定法规,其中包括《最初方法》《新方法》《全方位方法》等。① 欧盟 1985 年《关于技术协调和标准化的新方法》改变了技术性法规规定过细的做法,只有涉及产品安全、人身健康内容的才制定相关指令。

从国际范围看,根据强制程度的不同,技术法规强制性较强,标准主要是自愿性的,而合格评定程序二者兼有,这取决于其出现的形式。《认证认可条例》与《标准化法》的共同基础是标准,两者在内涵、外延方面为合格评定所包含。合格评定是外延很广的程序活动,ISO/IEC 17000 将其定义为"证明产品、过程、体系、人员以及机构对特定要求的满足"。在立法上,合格评定法覆盖《认证认可条例》,能够提升认证认可的法律位阶。待条件成熟时,可考虑制定一部综合性的技术监督法,借鉴《俄罗斯联邦技术监督法》,将合格评定与标准化熔于一炉,统一调整合格评定和标准化法律关系。在体例上,可分总则、技术性法规、标准化、合格评定、监督检查、法律责任、附则七章。② 总体上,我国现行的认证认可法律法规体系呈现滞后性、调整范围窄、规范化程度低等特征,制定一部综合、统一调整认证认可活动的合格评定法势在必行。

习近平总书记强调用最严谨的标准、最严格的监管、最严厉的处罚、最严肃的问责来加强食品安全。在目前形势下,对其他产品的监督也是适用的,社会转轨期间,必须"重典治乱"。作为产品质量领域的"宪法",合格评定法的制定必须进一步厘清生产许可与强制性认证的关系与边界,动态调整强制性产品认证目录,避免强制性产品认证制度成为阻碍市场自由的障碍因素,更好地激发市场的效率和活力,尽可能压缩强制性认证产品的范围与品种,减少行政审批,让自愿性产品认证与体

① 张孔峰:《欧盟合格评定程序引介》,载《中国质量认证》2002 年第 8 期。

② 参见《国外标准化法规选编》,国家标准化管理委员会编译,中国标准出版社 2005 年版,第 3~26 页。《俄罗斯联邦技术监督法》(2002 年 12 月 27 日,联法第 184 号)。其立法分第一章总则、第二章技术法规、第三章标准化、第四章合格保证、第五章认证机构和测试实验室(中心)的认可、第六章对国家贯彻技术法规要求的监控(监督)、第七章关于违反技术法规要求的信息以及产品的召回、第八章有关技术法规和标准化文件的信息、第九章技术监督领域的经费来源、第十章结束性条款和过渡条款。

系认证有更好的发展空间。在认证规则制定方面,积极引导发挥合格评定主体的参与作用。国家认监委应更好地发挥地方质量监督和检验检疫系统的执法权限,执法下沉。合格评定法不仅要授权地方基层执法部门开展针对认证产品及认证委托人的执法,而且还要赋予地方执法部门针对指定认证机构的执法权,同时指导监督地方执法,提高基层执法水平和质量,进一步细化、明确指定机构的标准、条件和程序,提高准入门槛,通过认证机构的工作报告制度和年度专项监督检查、信息披露机制建设,明确强制性产品认证机构在企业产品质量安全监管中的责任形式和内容。根据市场的需求和发展,立法上进一步合理划分认证单元,明确划分的基本原则,将 CCC 认证证书与认证标志合一申请,以提高工作效率。为增强合格评定认证机构抗风险能力,立法上可考虑建立认证风险基金制度,至少要包括因获证产品质量问题而涉及合格评定机构承担连带责任的风险基金。

在创新监管手段方面,针对目前认证机构存在"重认证、轻管理,重数量、轻质量"的趋利现象和短期行为等问题,立法上可考虑建立约谈制和问责制,以提高监管有效性。建立和完善 CCC 获证企业信息平台共享机制,使监管部门更快捷、准确地掌握 CCC 产品获证企业动态、名单等信息,实现相关信息实时更新,以对 CCC 产品认证企业实施有效监管。可探索建立同业监督制度,即在执法过程中,可指定另一家合格评定机构对获证企业的体系运行和执行情况进行调查和评估,增强执法的说服力,同时可促进行业自律。改革强制性产品认证制度,按照欧盟指令和 CE 认证模式,确立自我声明制度,自我声明可防止重复检验,方便进入市场许可,①但要规定自我申明与实际不符时的法律责任。

在监管体制改革方面,进一步厘清政府干预认证活动的权力边界和责任范围,规范执法程序,推动区域监管一体化建设,加快推进联通地方质检两局的全国执法监管一体化进程,进一步建立健全国家、省、市、县四级认证执法监管体制,强化统一管理、分级负责的工作机制。原则上,认证机构资质监管以国家认监委为主,可试点放开至省级地方两局,地

① [德]罗尔夫·斯特博:《德国经济行政法》,苏颖霞等译,中国政法大学出版社1999年版,第227页。

方认证监管机构负责违法线索收集、调查取证工作;认证机构行为监管以地方认证监管机构为主,强制性产品认证执法委托至县区后,必须加强基层执法能力建设,强化执法层级监督,保证基层能“接得住”“管得好”。在查处方式和手段上,立法上规定严格的动态监管机制,对指定的认证机构实施动态性监管,并强化稽查力度,通过外在的监控及时抑制违法行为。主要可从两个途径着手:一方面,运用好产品监督抽查这个《产品质量法》赋予的监督工具,对获证企业的CCC产品在企业成品仓库或流通领域(包括对电商平台获证CCC产品)进行抽查,对于获得认证的企业存在产品质量问题的,应对获证企业以上限从重处罚,责令停产停业,涉嫌触犯刑法的,要坚决移送公安机关。另一方面,坚持不放过原则,倒查追溯认证机构的违法认证法律责任。在实际执法中,稽查执法部门往往为了省事,罚过放行,或者因业务不熟悉,心理上并没有意识到可以顺藤摸瓜。应通过倒查机制,依法追究认证机构的虚假认证责任或跟踪检查义务不到位的法律责任,强化对认证过程的监管,确保认证工作规范有序。指定认证机构对CCC认证委托者进行认证审核、工厂检查,地方认证监管部门应派观察员现场监督,且指定认证机构应提前告知当地认证监管部门。落实国务院“双随机”抽查办法,制定年度专项检查方案,定期或不定期抽查认证机构的合同评审记录和认证审核档案,重点检查认证机构是否依据所规定的认证基本规范和实施规则严格开展认证活动,核实认证机构对认证企业的文件审查、质量保证能力、跟踪检查是否走过场,从而收集、固化违法证据,待条件成熟,可立案查处。建立和完善举报投诉机制,以风险管理为基础,运用激励性行政奖励措施,充分放手发动群众,完善举报奖励程序机制,保护举报人信息隐私,发挥多元“社会共治”作用,加大排查和打击力度,查找非法认证的案源线索,加强事中事后监管一体化模式。为营造公平竞争氛围,在规范指定认证机构及相关主体的同时,必须严厉打击冒牌认证机构开展非法认证活动,打击伪造、冒用CCC标志、或销售未经强制性认证产品的生产经营者。良法得不到有效执行,必然减损法制的权威。对执法不力、包庇纵容、罚过放行、“吃拿卡要”的一定要绳之以法,追究行政责任和刑事责任。建立健全执法绩效考核制度,细化、量化执法考核指标体系,对办理大要案多、案件质量好的执法人员实行职务奖励。对执法能力弱、组织纪律松散的要坚决调离执法队伍。基于行政首长负责制,应加大对稽查机构负责人的考核力度,市场秩序的好坏在某种意义上取决于稽查负责人或政府部门主要领导的重视程度。例如,在广东省2012年开展的“三打两建”整顿市场秩序活动中,领导“包案”收到很好的效果。在制定合格评定法时,需要重点考虑以上几点因素。

尤为重要的是,立法要明确“虚假合格评定”的法律责任,以提高合格评定的有效性:一是立法上可规定,对没有严格按照产品、服务和体系认证要求从事生产经营的行为设定相关法律责任,这样可强化获证生产经营企业的质量管理职责,克服“花钱买证”而不注重企业有效运营的“两张皮”弊端。二是合格评定法有必要进一步明确合格评定主体承担的连带责任,并且要在更大限度内严肃对一线审核员、工厂检查员及合格评定机构的民事责任追究,形成以民事责任为主、行政责任与刑事责任相搭配的法律责任体系。

二、合格评定法立法重点及总体框架

由于行政管理部门重视行政许可,部分企业出现了重许可、轻认证,或者重认证、轻标志使用的现象,这极大地阻挠了认证制度的有效实施,不利于社会主义市场机制的完善,不利于我国与国际接轨,不利于提高企业竞争力,不利于消费者的切身利益。在立法导向上,必须切实落实“能通过合格评定实施的就不再实行行政许可”的精神,减少行政干预,加强社会主义市场的自身调节功能,推动市场经济自我完善机制。

(一)科学界定合格评定之含义

国际上所称合格评定活动一般包括:企业的自我声明,第二方或第三方的检验、检查、验证等评价活动或认证、注册活动以及它们的组合。认证与认可均属合格评定的范畴,合格评定源于认证,是认证概念的发展与扩大,而认证通常是第三方的行为。ISO/CASCO将所有关于质量的评价活动统称为合格评定活动。通说认为,认证机构之间存在竞争关系;认可机构因国家授权而具有一定的权威性,不宜引入竞争机制。目前,社会上各种认证令人眼花缭乱,甚至有泛滥的趋势,且“认证”本身的概念也存在滥用的情形。为了适应全球经济一体化趋势和科技进步的新要求,随着认证技术的发展,认证对象、认证类型、认证模式等也在不断发生变化，有必要统一规范和限定第三方认证之“认证”的确切含义、性质、分类，但是政府的官方认证必须排除在外，因为认证的国有化，必然会影响认证行为的公正性，且其在性质上属于行政许可。有学者指出，可考虑对“认证”一词有限度地禁用，规定非认证机构对外开展某些评价、评定、评比、论证等不属于合格评定法所规定的认证形式和范围，在活动的每个阶段都不能使用“认证”一词，对活动结果也不能冠以“认证”字样，并设定相应的法律责任，①这样可避免因名称和概念的混用导致社会公众对“认证”的认知紊乱。

(二)扩大《认证认可条例》的调整范围

我国现行《认证认可条例》，其法律位阶较低，行政管理味道过浓，调整的内容、范围还比较窄，主要调整认证认可相关活动主体的行为和法律责任，涉及认证监管关系条款多，而对认证交易关系没有涉及。立法上应进一步明确合格评定机构在合格评定交易过程中的权利与义务、合格评定委托人的先合同义务与后合同义务。比如借鉴《质量管理体系认证规则》规定，合格评定机构不得将审核员薪酬与企业是否最终获得认证挂钩，认证委托人的质量管理体系或内控体系必须有效运行 3 个月以上才可对其开展认证审核。

(三)推进对第三方合格评定结果的采信

认证认可和检验检测作为国家质量基础的重要支柱，是国际社会通用的基础工具。我国根据经济和社会发展需要，实行“统一管理，共同实施”充分发挥各有关方面作用的工作机制，推行强制性认证和自愿性认证，但立法上和实践中，对第三方合格评定结果的运用和采信仍存在较大的局限性。在合格评定法立法中可明确，在政府行政监管中，应采信第三方合格评定机构的审核结论，推动出台政府购买检验检测合格评定服务的指导意见及服务目录，这种方式符合当代行政转型的趋势，有利于降低监管成本、提高监管效率，也可以使企业摆脱重复检查、降低企业成本。2007 年湖南省长株潭城市群获批全国资源节约型和环境友好型社会(“两型”社会)综合配套改革试验区，湖南省委省政府提出，将标准化代替红头文件，将第三方认证取代政府检查评比。其意义在于：一是

① 应飞虎：《信息、权利与交易安全》，北京大学出版社 2008 年版，第 234 页。

发挥了标准在生态文明建设中的基础性和战略性作用,通过认证,将政策目标转化为具体的约束评价指标,进而变成有形的产品和服务,使“两型社会”具象化。二是促进了政府转变职能。政府通过购买服务,有效发挥了第三方评价作用。在这个过程中,职能部门只需要定规则、抓监管,这代表了政府职能转变的方向。三是推进治理能力和治理体系现代化。“两型”标准的编制、实施、认证,意味着不是政府“自拉自唱”,而是多元协同共治,把各方力量充分调动起来,这不仅为政府职能部门提供了宏观调控和监督考核的政策工具,也为社会各方提供了可以指导生产、消费的识别信息。[①]

(四)合格评定法的总体框架

制定合格评定法,加快认证认可法律法规体系建设,是健全社会主义市场经济的内在需要。鉴于合格评定法的内容涉及统筹国际与国内两个市场体系,所以要体现和适应经济全球化的需要,在立法上必须处理好其与《产品质量法》《标准化法》《进出口商品检验法》《反垄断法》在立法目的、调整对象、行为规制方式、标准适用性、法律责任等方面差异性的基础性关系。针对目前认证认可规则群的零碎、散乱、重叠、冲突的实际情况,有必要进一步加以认真清理、整合、提炼全方位评估相关规章和众多规范性文件的制度绩效。概言之,合格评定法不可回避的问题,如定位、立法宗旨、法律依据、合格评定之定义和模式、基本原则、调整范围、主管部门、合格评定的对象、合格评定机构、合格评定程序、合格评定标志、监督管理体制、法律责任、执法主体、结果互认采信等问题,以及如何通过合格评定法来规范合格评定实施机构的合格评定活动,以解决社会上存在的“认证乱象”和“脱法”的问题。另外,对自愿性认证和强制性认证的区别性规制及标准适用的类型应有所体现。

具体而言,合格评定法主要内容大致可以分为以下各章:第一章“总则”,包括制定的依据、立法目的、合格评定的一般定义与分类、法律效力与范围、监督管理体制、合格评定的基本原则、国际互认机制、合格评定实施机构的通适性法律义务。第二章“合格评定主体”,可按认证委托

---

① 湖南省长株潭“两型社会”试验区建设管理委员会:《第三方认证促进两型社会改革建设》,载国家认监委网:http://www.cnca.gov.cn/rdzt/2016/2016bjlx/jyjl/201602/P020160224310205159371.docx,最后访问日期:2017年9月1日。

人、认证机构、检验检测实验室、检查机构、认证培训机构、认证咨询机构、认可机构、认证行业协会这个逻辑顺位列明,规定行政许可的条件与资格、法定职责、工作基本规范(依据、行为、程序),在这一章也要体现第一方、第二方合格评定和自愿性认证的基本要求。第三章“合格评定的标准界定”,标准是合格评定的准星,若没有标准或标准“打架”,合格评定无法有序开展,这一章在与《标准化法》保持一致的基础上,要明确合格评定适用标准的基本原则,如国际标准的转化原则、动态调整原则、标准的经济性原则、标准的反限制竞争原则、强制性认证与自愿性认证适用标准的差异性原则,以及合格评定主体自定标准、技术性规范的情形。第四章“合格评定证书与标识”,可按照产品、服务和管理体系的顺序,规定合格评定证书的基本内容、合格评定证书的使用原则、申领证书的程序、合格评定主体对证书的注销、暂停和撤销的情形和程序及认证委托人的权利救济等。第五章“强制性产品认证”,考虑到强制性产品认证的特殊功能,有必要在合格评定法中突出其法律地位,在这一章中可规定强制性产品认证的目的,风险控制、经济性、适度性、最小化的基本原则、基本要求,强制性认证基本规范的制定主体,相关合格评定主体的指定条件、资质及基本要求,合格评定基本模式,合格评定规则和细则的相关内容,合格评定委托人的基本要求,CCC 认证工厂检查方案的评估机制,市场核查及买样模式,工厂检查现场抽样原则和要求,工厂检查质量追溯体系,检查报告风险评估机制,监督检查方式,合格评定活动中工厂检查员、检验检测人员、审核员等自然人的资质、职责,合格评定证书与标志的管理等。第六章“自愿性认证”,包括自愿性认证的一般定义、分类、基本规范、程序等。第七章“监督管理”,明确监督的主体及方式、合格评定主体的信息报送义务、监督机关的权限和特殊授权、违法线索投诉举报受理的一般程序与规则。第八章“法律责任”,可按照上述合格评定活动参与主体的顺序设定相对应的法律责任,尤其针对合格评定委托人与合格评定主体的串通共谋、合格评定主体的虚假评定、合格评定委托人的送样产品不一致、合格评定主体的跟踪检查等进行重点规范,同时规范监督机构的法律责任,重点针对主管机关、认可机构、执法机构不作为、乱作为等渎职行为。强制性产品认证是产品符合技术法规的证明方式之一,企业可自我声明符合技术法规要求,在立法上采取自我声明方式，一旦证明其没有符合技术法规要求，则应承担相应的法律责任。第九章“附则”，可规定除外适用情形、授权条款、与相关法律的关系、生效日期等。

三、强制性标准的法律地位探析——兼评《标准化法》的修订

2014年9月李克强总理在中国质量大会上指出，必须完善国家标准体系，推进强制性标准改革。据统计，我国现行强制性国家标准、行业标准、地方标准达1万余项，[①]制定、发布标准的部门多，标准存在重复、矛盾、滞后，一者造成企业执行困难，二者导致执法部门监管尺度不一。强制性标准如何定位，不仅是合格评定中的现实问题，也是《标准化法》修订的重点内容。

（一）强制性标准在强制性产品认证中的法律地位

首先，目前中国强制性标准制定主体分散，范围过宽，内容交叉重复矛盾，不利于建立统一市场体系。其次，标准体系不够合理，政府主导制定标准过多，对团体、企业等市场主体自主制定标准限制过严，导致标准有效供给不足，不利于加强事中事后监管。《强制性产品认证管理规定》明确涉及标准的条款有两条，即第4条第1款“国家对实施强制性产品认证的产品统一技术规范的强制性要求、标准和合格评定程序”和第9条“认证规则要包括适用的产品所对应的国家标准、行业标准和国家技术规范的强制性要求”。从上述规定不难发现，在标准形式上，我国强制性产品认证的标准有国家标准、行业标准及强制性技术要求。根据强制性标准的分类，有强制性国家标准、强制性行业标准和强制性地方标准。很显然，在强制性产品认证领域，强制性地方标准是排除适用的。上述第4条“标准”可以作两个方面的理解，其既包括强制性标准，也包括推荐性标准。换言之，我国强制性产品认证的依据可以是强制性标准，也可以是法律法规援引的推荐性标准。事实上，实践中也存在这种标准不当扩大的情况。有研究发现，强制性产品认证依据标准有387项，强制性国家标准有288项，推荐性国家标准有67项，行业标准有32

① 程旭：《强制性标准体系改革探析》，载《品牌与标准化》2015年第2期。

项。① 以电线电缆产品为例，认证所依据的标准全部使用推荐性标准，如表 5-1 所示。

表 5-1　电线电缆认证依据标准情况

序号	产品种类	认证依据标准
1	交流额定电压 3KV 及以下轨道交通车辆用电缆	GB/T 12528
2	额定电压 450/750V 及以下橡皮绝缘电线电缆	GB/T 5013.3-.8;JB/T 8735.2-.3
3	额定电压 450/750V 及以下聚氯乙烯绝缘电线电缆	GB/T 5023.3-.7;JB/T 8734.2-.6

资料来源：《强制性产品认证实施规则》(电线电缆产品)编号：CNCA—C01—01,2014 年。

有人统计，在认证用的强制性国家标准中，2001～2005 年版占 38%，2006～2009 年版占 37.7%。② 推荐性标准的普遍运用，这在某种程度上违背了应然意义上强制性产品认证制度设计的初衷。显然，在现有的认证模式在运行中，并未突出强制性标准在强制性产品认证领域中的地位。换言之，推荐性标准的适用理应从强制性产品认证领域中退出，相应产品不该进行强制性认证。强制性认证标准的制定和运用应局限于保护国家安全、防止欺诈、人身动植物安全、环境保护等几大方面。

而对于同属于市场准入制度的生产许可制度，对比标准类型的使用分析，对进一步厘清两种制度的价值和功能及未来制度改革很有意义。李景等通过统计实证分析，得出我国生产许可证实施细则主要以国家标准和行业标准为主的结论，而且，实施细则在对国家标准的采用中，强制性标准所占比也不少，③如表 5-2 所示。④《关于明确强制性产品认证制

① 贾真、卢文婷：《我国产品认证依据类标准研究》，载《认证技术》2012 年第 6 期。

② 唐茂芝等：《强制性国家标准在 CCC 认证中的作用》，载《中国标准化》2010 年第 11 期。

③ 李景等：《工业产品生产许可实施细则中引用标准分析》，载《标准科学》2014 年第 5 期。

④ 李景、马元生、梁方华：《工业产品生产许可实施细则中引用标准分析》，载《标准科学》2014 年第 5 期。

度和工业产品生产许可制度管理范围有关问题的通知》(国质检认联〔2003〕46号)只是对低压电器、广播电视接收机、家用音响等17种产品从实施生产许可转变为强制性认证,明确橡胶避孕套、家用和类似用途插头插座产品等6种产品的强制性认证范围,该文件并未对强制性产品认证制度和工业产品生产许可制度的关系、边界及依据的标准属性作出准确的区分。

表5-2 部分产品采标情况

产品名称	采用强制性标准量(个)	强制性标准采用率(%)
溶解乙炔	5	100
验配眼镜	4	100
摩托车乘员头盔	1	100
农药	235	87
防爆电气	11	85
眼镜	9	82
民用硝化棉	13	72
电热毯	2	67
救生衣	2	67
输水管	31	43

这种标准错位就带来一个悖论,即强制性标准本应适用于强制性产品认证,却在生产许可证领域得到广泛地使用,从而导致实践中的"二律背反"。根据《标准化法》的规定,强制性标准必须强制适用,否则相关产品不能生产、销售和在经营活动中使用。对强制性标准的使用方面,尽管生产许可证和强制性产品认证存在不一样的方式和程度,然而实际上,其他"非强制性"标准一经《生产许可证实施细则》和《强制性产品认证实施规则》引用,也就必然具备"强制性"法律效力了。从这个角度,说明强制性产品认证制度和生产许可制度都需要调整。这进一步促使我们思考的问题是,强制性标准及推荐性标准在两种制度中如何得到合理的指向和搭配运用?就强制性产品认证领域而言,应该突出强制性标准的法律地位及应然价值。强制性标准在我国是被当作技术性法规通报和使用的,即使强制性标准不按照技术性法规进行改造和转化,仍应限缩在保护国家安全、人身安全等五大方面,而推荐性标准的使用应逐

步退出生产许可证实施领域,即使要有所保留,也应限缩在产业政策、淘汰落后产能等范围内。

有观点认为,以强制性标准构建我国技术性贸易措施体系,其制定过程要往立法程序上靠,增强其技术法规属性,区别于推荐性标准。[①]有论者认为,我国应取消强制性标准与推荐性标准的划分,建立以市场为主导的自愿性标准体系,将现行保障安全、健康、环境方面的强制性标准经过立法程序转化为技术法规,地位适宜确定为规章。[②] 更激烈的观点认为,强制性标准(mandatory standard)是计划经济向市场经济转轨时期产下的一个"法律怪胎",是旧标准观与新标准观冲突在法律上的反映,它是名不副实的"标准",又是"来路不正"的"技术法规",[③]取消强制性标准回归自愿性(推荐)标准,应成为标准改革的首选方向。[④] 持相反的观点认为,技术法规与强制性标准都具有法律性,两者在本质上没有区别,没有必要一定将强制性标准改为技术法规。[⑤] 强制性标准要不要转化成技术法规,在《立法法》上遇到了障碍。技术法规是指"规定产品特性或有关过程和生产方法,还包括或专门关于适用于产品、过程或生产方法的术语、符号、包装、标志或标签要求"(TBT 协定附录 1),对于确保产品安全、促进贸易等方面发挥着重要作用。通说认为,我国法律渊源和体系并没有技术法规一说。事实上,把强制性标准作为技术法规,在制定主体、程序及效力、执行主体、处罚等方面,强制性标准正面临尴尬、无法适从的局面。根据国务院《关于印发贯彻实施〈深化标准化工作改革方案〉行动计划(2015—2016 年)》安排,2016 年年底对现行强制性标准进行清理评估,不再适用的予以废止,不宜强制的转化为推荐性标准,符合健康安全环保目的的强制性标准继续有效,到 2020 年,形成新的中国特色强制性国家标准体系。实际上,标准的强制性不在于标

① 贾真、卢文婷:《我国产品认证依据类标准研究》,载《认证技术》2012 年第 6 期。

② 何鹰:《强制性标准的法律地位——司法裁判中的表达》,载《政法论坛》2010 年第 3 期。

③ 邓红梅、黄静:《关于强制性标准法律问题的思考》,载《齐齐哈尔师范高等专科学校学报》2011 年第 3 期。

④ 陈燕申、张惠锋:《我国与美国欧盟标准强制性法治比较及启示》,载《工程建设标准化》2015 年第 3 期。

⑤ 文松山:《再论技术法规与强制性标准》,载《中国标准化》1996 年第 4 期。

准本身,而在于政府通过法律援引而具有法律的约束性效力。即使在现实的经济语境中,因为特殊管制的需要,自愿性标准也可能经由法律的引用而具有强制效力。

客观而言,一下子把强制性标准过渡到技术法规或取消强制性标准是不现实的,可考虑分两步走:第一步,先开展现有强制性标准的清理、整合、编纂工作,根据 TBT 协议的要求,在《标准化法》中"正名"并确立它的技术法规性质,这种模式叫"先上车后买票",主要解决我国强制性标准"非法亦法""法外之法"的窘境;第二步,待条件成熟时,修改《立法法》,规定技术法规的位阶和立法程序、特别程序、效力范围,明确其制定机关的层级。在立法技术上,考虑到技术标准的动态性、周期性、不稳定性的特征,技术法规的标准内容可采取直接植入方式,也可通过引用现行标准从而获得强制性效力。原则上,强制性认证应仅限于有相应技术性法规规定的情形,对于未制定相关技术法规要求的,不得实施强制性认证。到这个时候,实际上形式上的强制性标准也就不复存在,标准的自愿性本质属性已逐渐体现。

(二)《标准化法》修订述评及若干建议

原《标准化法》于 1989 年 4 月 1 日开始实施,该法对促进企业规范生产、促进技术进步具有重要作用,但因制定于我国市场经济初期,其已远远不能满足当前市场环境和技术要求的需要,长期处于搁置废弃状态。2015 年 3 月国务院发布了《关于印发深化标准化工作改革方案的通知》(国发〔2015〕13 号),提出建立完善具有中国特色的标准体系和标准化管理体制,"鼓励具备相应能力的学会、协会、商会、联合会等社会组织和产业技术联盟协调相关市场主体共同制定满足市场和创新需要的标准"。2016 年 3 月国务院法制办公室公布了《标准化法(修订草案征求意见稿)》,共 6 章 42 条,包括总则、标准的制定、标准的实施、标准化工作的监督、法律责任、附则。2017 年 11 月 4 日第十二届全国人民代表大会常务委员会第三十次会议修订通过《标准化法》,共 6 章 45 条,2018 年 1 月 1 日起施行。

标准对于人类的生产生活意义重大,新修订的《标准化法》适应了知识经济、全球化和风险规制的需要。

一是发挥标准的基础性、战略性作用,扩大了调整范围和形式,将现行法规定的工业产品、工程建设和环保领域扩大到工农业、服务业以及社会事业等领域，使《标准化法》有更大的实施空间。

二是整合强制性标准，防止强制性标准过多过滥：(1)将现行强制性国家标准、行业标准和地方标准整合为强制性国家标准，并将强制性国家标准范围严格限定为保障人身健康和生命财产安全、国家安全、生态环境安全以及满足社会经济管理基本需要的技术要求，取消强制性行业标准、地方标准(第9条第1款)。(2)明确国务院标准化行政主管部门负责强制性国家标准的立项、编号和对外通报；国务院有关行政主管部门依据职责负责强制性国家标准的项目提出、组织起草、征求意见和技术审查(第9条第2款、第3款)。为统筹管理强制性国家标准，增强其权威性，规定强制性国家标准由国务院批准发布或者授权批准发布(第9条第4款)。(3)建立国务院标准化协调机制，统筹推进标准化重大改革，研究标准化重大政策，对跨部门跨领域、存在重大争议标准的制定和实施进行协调(第5条第1款)。

三是增加标准有效供给，满足市场需求：(1)进一步明确国务院标准化行政主管部门、国务院有关行政主管部门、地方人民政府标准化行政主管部门分别制定推荐性国家标准、行业标准、地方标准的职责(第10条第2款、第11条、第12条第2款)。(2)为保障标准能够切实反映市场需求，规定制定强制性标准和推荐性标准，应当在立项时对有关行政主管部门、企业、社会团体等方面的实际需求进行调查，按照便捷有效的原则采取多种方式征求意见。对国民经济、社会发展急需的标准项目，国务院标准化行政主管部门、有关行政主管部门应当优先立项，确定完成期限(第15条、第17条第1款)。(3)为满足地方标准化工作的实际需要，将地方标准制定权下放到设区的市、自治州。规定设区的市、自治州人民政府标准化行政主管部门根据本行政区域的特殊需要，经所在地省、自治区、直辖市人民政府标准化行政主管部门批准，可以制定本行政区域的地方标准(第12条第2款)。(4)激发市场主体活力，鼓励团体、企业自主制定标准。增加规定依法成立的社会团体可以制定团体标准；企业可以根据需要自行制定企业标准(第13条第1款、第14条第1款)。

四是构建协调统一的标准体系，确保各类标准之间衔接配套：(1)厘清政府主导制定的3类推荐性标准的关系。规定推荐性国家标准是为满足基础通用、与强制性国家标准配套、对各有关行业起引领作用等需要制定的国家标准。对没有推荐性国家标准、需要在全国某个行业范围内统一的技术要求，可以制定行业标准；为满足地方自然条件、风俗习惯等特殊技术要求，可以制定地方标准（第 10 条第 1 款、第 11 条、第 12 条第 1 款）。(2)明确各类标准的层级定位。规定推荐性国家标准、行业标准的技术要求不得低于强制性国家标准的相关技术要求；地方标准、团体标准、企业标准的技术要求不得低于强制性标准的相关技术要求（第 19 条）。(3)为更好地发挥标准对国民经济和社会发展的促进作用，明确强制性标准应当公开，供社会公众免费查阅。国家推动免费向社会公开推荐性标准（第 17 条第 2 款）。(4)建立标准实施信息反馈机制。规定国务院标准化行政主管部门和国务院有关行政主管部门、设区的市级以上地方人民政府标准化行政主管部门应当对其制定的标准定期进行评估、复审。复审结果应当作为标准修订、废止的依据（第 25 条第 1 款）。

五是完善标准化工作机制，强化事中事后监管：(1)建立企业产品或者服务标准自我声明公开制度，取代现行企业产品标准备案要求，降低企业因向多个主管部门分别备案所增加的成本（第 22 条）。(2)规定县级以上人民政府标准化行政主管部门、有关行政主管部门依据法定职责，对标准的制定、实施进行监督检查（第 27 条）。(3)在法律责任中增加信用惩戒措施，规定企业未通过企业标准信息公共服务平台公开其执行的产品标准或者公开标准弄虚作假的，由标准化行政主管部门责令改正，并在企业标准信息公共服务平台向社会公示（第 34 条）。

新修订的《标准化法》从制定主体角度，对标准进行了分类，即国家标准、行业标准、地方标准、团体标准、企业标准，突出了强制性标准在标准体系中的地位，把强制性标准实施情况作为监督重点，该法第 25 条重申了强制性标准的强制性执行特性，不符合强制性标准的产品、服务，不得生产、销售、进口或者提供，但并未清楚界定标准与认证认可的关系及强制性产品认证活动中的标准属性。[①] 总体上，标准的分类、制定主体

① 《中华人民共和国标准化法》（修订草案征求意见稿）第 27 条仅规定国家鼓励依据本法规定的标准开展认证认可。开展认证认可应当遵守认证认可相关法律、行政法规的规定。新修订的《标准化法》则删除该条。

及相关监督管理规定、法律责任趋于合理，但实践中广泛存在的联盟标准、标准联盟仍未得到明确的确认。《标准化法》第 19 条规定企业可以根据需要自行制定企业标准，或者与其他企业联合制定企业标准；第 20 条规定国家支持在重要行业、战略性新兴产业、关键共性技术等领域利用自主创新技术制定团体标准、企业标准。显然，从立法技术来看，立法者是把联盟标准视为企业标准的一种特殊形式对待，而忽略了联盟标准的特殊性。由于联盟标准权益与载体的分离特征，导致联盟标准从制定到实施都与企业标准具有很大差异，其不同于一般的社会团体标准和企业标准。[①] 另外，联盟标准涉及非专利技术和专利的处置问题，往往涉及多项技术或专利、联盟标准的所有权归属（交叉许可和分享对外许可的收益资格）、收益分配办法，知识产权管理机构等，这些方面新的《标准化法》均未有涉及。

新《标准化法》法律责任共 8 条，其第 36 条规定："生产、销售、进口产品或者提供服务不符合强制性标准，或者企业生产的产品、提供的服务不符合其公开标准的技术要求的，依法承担民事责任。"这一规定中，承担民事责任的形式和内容欠缺明确性。其第 37 条规定了生产、销售、进口产品或者提供服务不符合强制性标准的行政责任、刑事责任，但对"企业生产的产品、提供的服务不符合其公开标准的技术要求"的情形未作相关公法责任的规定。其第 38 条、[②]第 42 条分别规定了企业未公开其执行的标准及社会团体、企业未对团体标准或者企业标准进行编号进行责令限期改正、撤销标准编号、在标准信息公共服务平台上公示的处罚条款，处罚力度低，明显淡化了经济性处罚。其第 39 条分别规定了国务院有关行政主管部门、设区的市级以上地方人民政府标准化行政主管部门制定标准不符合该法第 21 条第 1 款、第 22 条第 1 款的限期改正、废止标准、处分等行政责任；社会团体、企业制定的标准不符合上述条款的责令限期改正、废止标准、在标准信息公共服务平台上公示的法律责任；违反其第 22 条第 2 款利用标准实施排除、限制市场竞争行为的援引

① 邸晓燕：《新兴产业形成中的产业技术创新战略联盟标准：概念内涵与现实需求》，载《科学管理研究》2017 年第 2 期。

② 企业未依照该法规定公开其执行的标准的，由标准化行政主管部门责令限期改正；逾期不改正的，在标准信息公共服务平台上公示。

性法律责任。其第 40 条规定了国务院有关行政主管部门、设区的市级以上地方人民政府标准化行政主管部门未依法对标准进行编号、备案、复审的行政责任。其第 41 条规定了国务院标准化行政主管部门未对强制性国家标准的项目立项、标准不符合性、未依法对标准进行编号、复审或者备案的行政责任。

打造“中国制造 2025”引发了提升智能制造和装备升级的标准化法律制度需求，建立“符合现代市场经济发展要求并能处理好国家强制和私人自治之间关系的技术标准体系”，①新修订的《标准化法》较好地体现了这个立法导向。《标准化法》作为标准化领域的根本大法和基本法，修订应当以标准的属性、分类、层级、技术法规体系的内容和作用，与《产品质量法》、合格评定法、《计量法》的关系等基础性和原则性的内容为重点，同时要注重与国际贸易规则相协调，与行政体制改革相适应，着力营造公开透明、公平竞争的市场环境。将立法目的由以往的“规范生产管理、提高产品质量”逐步转向“提高企业核心竞争力、促进国际贸易和防止标准的不正当竞争负面效应”上来，使标准与贸易、《标准化法》与《反不正当竞争法》有机衔接起来。《标准化法》基于其技术性、经济性的特殊属性，使它保障安全的功效显得尤为突出，新的标准化体制应更加注重人本原则，注重标准本身的公共性和自愿性。合格评定主要是对标准的实施，在标准的实施中可以确认合格评定与标准的关系，体现《标准化法》的基础性和系统性，其修订的基本原则有三：

1. 市场性和自愿性。有观点认为，原《标准化法》的立法宗旨滞后，调整范围过窄，众多的标准层级、种类导致产业规则混乱，标准的供给方式单一，难以支撑经济社会转型发展，标准化国际程度低。② 应当建立与当前市场经济体制相适应、与产业结构相协调、与技术要求相匹配的标准化体制，并在法律制度中予以体现。标准之所以能够作为生产的准则与约束，是因为标准本身具有客观反映生产实践、市场技术需求的内在属性，尤其是作为技术性法规的《标准化法》，其对于经济的促进作用

---

① 宋华琳：《当代中国技术标准法律制度的确立与演进》，载《学习与探索》2009 年第 5 期。

② 戴佳：《打造“中国制造 2025”亟须加快修改标准化法》，载《检察日报》2016 年 3 月 10 日，第 2 版。

更是显而易见，成熟市场经济体制国家的标准更多体现自愿性特征，这符合市场经济的基本规律。以市场为导向、企业为主体，改革标准体系，推行自愿性技术标准体系。这种自愿性标准可由行业协会组织制定，企业自愿采纳，政府备案。在标准制定过程中，应坚持“法制统一、效率至上”导向，对经济效果予以充分考虑，并在标准制定中融合新技术的要求。

2. 国际性与动态性。中国“入世”多年，为能更好地分享经济全球化带来的利益，应充分利用 TBT 协议中对发展中国家有利的条款，积极采用、转化国际标准，这些国际标准包括安全性能质量标准、管理标准和环保标准等，以使我国的标准与国际前沿标准接轨。我国强制性产品认证的技术依据是强制性国家标准或国家技术规范中的强制性要求。根据《关于标准修订时强制性产品认证有关问题的通知》（国认科联〔2005〕18 号）、《关于强制性产品认证依据用标准修订时有关要求的公告》（认监委〔2012〕4 号），目录内产品认证实施规则所列标准依据实行自动更新机制。中央政府应当从宏观角度制定技术标准国家战略，建立实体规则与程序规则相结合的动态标准调整机制。

3. 民主性和公正性。在市场竞争中，标准具有反多样性和趋于技术垄断而兼有反竞争的特质，故在技术标准的制定过程中，要体现利益主体的多元化及程序控制，发挥企业在标准化活动中的创造性，及时公开标准草案，听取专家和消费者的声音，重视标准立项、复审。通过程序公正、内容听证，最大限度防止标准的垄断效应和政府被“俘获”。政府掌控了我国除企业标准之外所有标准的制修订权力，尽管《标准化法》规定“制定标准应当发挥行业协会、科学研究机构和学术团体的作用”，然而上述机构并没有实际话语权。标准的制定应当综合考量经济效益和社会公益，建立开放性的标准制定程序，通过信息交换和利益平衡机制，充分体现利益相关者的诉求和意见，提高标准可接受性，鼓励将有市场认证需求的国际标准、社团标准、联盟标准作为认证依据。①

通说认为，我国目前的标准体系没有与 TBT 协议完全接轨，借鉴苏联模式，我国的标准体系从一开始就体现计划性和强制性，导致标准被

① 《国家认监委关于加快发展自愿性产品认证工作的指导意见》，载环球财经网：http://finance.huanqiu.com/roll/2015-12/8172283.html，最后访问日期：2018 年 12 月 20 日。

当作法律来执行。随着重新加入世界贸易组织,我国出现强制性与自愿性标准的"二元化"运作。如何改革标准体制及强制性标准的去留已成为标准化法修改的重要焦点问题,这也关乎合格评定制度落实的现实问题。TBT 协议附件 1"本协定中的术语及其定义"第 2 款对"标准"的定义并无强制性特征,而从《标准化法》标准类型来看,推荐性标准实际上就是 TBT 协议所称"标准",而强制性标准实乃"技术法规"。长久来看,我国标准体系应该与国际接轨,在标准分类合理化的基础上,最终实现国际标准、强制性标准(技术性法规+国家标准)、自愿性标准(行业标准、企业标准、团体标准、联盟标准)的三级协调运作。

科学的认证标准不仅仅是指静态的规则,还包括科学的检测指标的设定和有效检测手段的提供。以我国奶业为例,"三鹿"奶粉事件之前仅检测氮含量,奶农为提高氮含量向鲜奶中添加三聚氰胺、尿素,人们很难在几个 PPM 层次上察觉出尿素。事件发生之后,ELISA 试剂、拉曼光谱法等方法被运用于检测三聚氰胺。随着相关产业的迅猛发展,很多产业领域的产品缺乏明确的标准,诸如环保领域、能源领域、食品安全领域等的标准制定缺乏及时性和系统性,使合格评定缺乏相关依据,不能发挥合格评定在这些领域中的推动作用。另外,在认证主体与标准制定主体之间,缺少信息沟通机制和协调机制,导致它们之间缺少互动,使认证和标准的相互检验和相互促进作用没有充分发挥出来。一方面,目前我国对国际标准转化率不高,标准制定主体是集中在标准化主管机关,没有充分发挥企业的主体作用,体现政府的单方意志性,由于缺少企业、消费者等利益相关方的参与,导致标准与这些主体的需求相脱节。另一方面,由于缺少体系规划,标准之间相互冲突、重叠,不能与其他相关标准相协调,影响了标准体系的科学建构。比如我国对蛋和蛋制品生产、加工以及禽蛋的包装、运输、产品加工、检验检测等内容的标准,既有国家标准《鲜蛋卫生标准》(GB 2748—2003)、《蛋制品卫生标准》(GB 2749—2003),也有行业标准《绿色食品蛋与蛋制品》(NY/T1754)、《无公害食品皮蛋》(NY 5143—2002)、《无公害食品咸鸭蛋》(NY 5144—2002)、《无公害食品鲜禽蛋》(NY 5039—2005),还有商业标准《鲜鸡蛋》(SB/T10277),内容重复交叉,如重金属、农残指标,且在各标准中检验的项目数量和指标值各有不相同,执行起来较混乱。从长远来看,标准适用的矛盾必然导致合格评定制度实施及技术贸易壁垒的被动。因此，必须在标准采用和实行过程中实行市场化的竞争机制，通过不同标准的对比，确立更为合理的、贴近市场需求的标准规则，消解政府主导标准制定的弊端。

认证认可制度是政府规制下实现产品信息甄别和消费保护的市场化形式，是标准实施体系的重要组成部分。认证认可与标准相互渗透，通过特定的沟通方式和管道保持动态的联系，相互促进，共同发展。在很大程度上，标准实施的有效性取决于标准本身的质量，而标准质量好坏取决于标准制定过程。因此，必须重构以"服务型""监管型""方法型""验证型"为主体构架的标准体系，制定以安全项目检验指南、企业自检自控、质量保证体系符合性验证、符合性声明编制、产品符合性验证等规范以及系列快速方法为基础的系列标准。[①] 一方面，应重视方法标准验证，确保标准按方法学验证要求完成协同实验，同时规程标准必须经试套试用。另一方面，应重视科研成果转化，既保证标准适用有效，也保障标准实施可靠，强化标准化的质量基础作用。

从长远来看，在标准改进方面主要有：第一，应积极跟踪国际前沿动态，及时转化国际标准或等同适用，继续完善国家标准委与国家认监委、相关标准制定部委认证标准协调机制，充分发挥好国家标准化协会的标准协调管理职能，确保其在行业性、自愿性标准的制定、批准、发布、出版发行以及实施监督管理等方面具有充分的独立性和自主权，提高标准的适应性。第二，应提高国家标准的地位，从根本上改变国家标准垫底的角色，国家标准宜定性为强制性标准，可针对个别重要产品或者行业对强制性标准进行技术法规性质的立法，层级为行政法规，自愿性标准由标准化协会、团体、行业组织制定颁布，企业自愿选择实行。第三，应逐渐剔除地方标准，地方标准的内容改为企业标准或联盟标准。因为地方标准很容易被地方龙头企业"俘获"，从而沦为行业进入壁垒，反而会起到限制竞争的不良后果。在政策层面，现阶段可鼓励地方试点开展"浙江制造""深圳标准""两型"认证等多种形式地方标准。

---

① 检验检疫纺织专业标准化技术委员会：《优化检验检疫标准供给　支撑外贸经济转型升级》，载国家认监委网：http://www.cnca.gov.cn/rdzt/2016/2016bjlx/jyjl/201602/P020160224310197032091.docx，最后访问日期：2017年10月16日。

第六章　我国强制性产品认证制度创新与完善的具体建议

在经济新常态下，目前“我国在认证认可的制度、监管、技术、队伍等方面，都还存在供给质量不高、有效供给不足的问题”，[①]这直接制约了认证认可事业的发展。对《认证认可条例》、规章和规范性文件应加快“改、废、立”步伐。但从法律规制角度，根本的是让认证活动主体的法律责任落地。否则，认证有效性只能是纸上谈兵。优化认证认可责任制度供给质量，可实现从认证者“粗心”—消费者“小心”—政府“不放心”到认证者“用心”—消费者“放心”—政府“安心”的转变。产品质量出了事故，除当事者之外，首先着急的应是认证机构，而不是政府去被动式的“救火”。

第一节　明确强制性产品认证的法律效力和范围

通说认为，法律效力是指法律所具有的约束力和保护力，具体指国家制定或认可的法律对其调整对象所发挥的普遍性的支配力量。有论者在强调法律效力的重要意义时指出：“法律之正常运作、法律秩序之有效建立与维护、法律实效之可望获得，无不以法律效力之存在为其基础、作其前提。”[②]与法律的实效不同，法律效力是内在于法律本身的要素，是判断法律存在与否的标准。

---

① 王大宁：《在全国认证认可工作会议暨第十四次全国认证认可工作部际联席会议上的总结讲话》，载国家认监委网：http://www.cnca.gov.cn/rdzt/2016/2016bjlx/hyjs/201602/t20160224_47462.shtml，最后访问日期：2017 年 6 月 19 日。

② 姚建宗：《法律效力论纲》，载《法商研究》1996 年第 4 期。

针对法律效力的来源在理论上有不同的观点，典型的有四种解释进路，即逻辑的效力观、伦理的效力观、事实的效力观和心理的效力观。[①]法律实证主义者通常持逻辑的效力观，认为法律效力来自法律体系总体，与具体法律规范的内容为何无关，甚至与法律规范内容道德与否无关。与之相对，伦理的效力观通常为自然法学家所采纳，他们倾向于法律效力最终来自法律之外的某种正义或者道德原则。换言之，法律正义与否、道德与否决定法律是否有效。与前两种思路不同，社会法学家通常把法律效力作为一个“事实”的概念，认为法律效力实际上就是法律作用于社会成员事实上的约束力。换言之，法律效力等同于法律实效。心理的效力观通常为北欧法律现实主义者所支持，该观点认为法律效力是一个心理的观念，法律效力之有无取决于法律对人民的心理影响，以及人民接受法律的心理状态。

从表面来看，这些理论进路似乎相互扞格，但仔细分析它们之间的分歧并非不可理解。对于已经制定的法律来说，法律效力显然是国家强制力的体现，至于这种强制力的发挥则取决于它所代表或者促进的价值，以及人民的认可和接受程度。正如有论者所总结的，国家强制性是法律效力的本质属性，取得合法性是法律效力的形式特征，而实施可行性是法律效力实现的关键所在。从内涵来看，国家强制性、合法性、实施可行性三要素的结合便构成完全的法律效力。[②] 在这三者之中，国家强制性是法律效力的本质属性，而合法性是形式特征，关键是实施可行性。

法律效力表现为一种作用力，它必然涉及调整对象的若干方面。从分析的角度来看，我们可以借助四个维度描述法律效力的运作，即学界所称的“法律效力四维论”。[③] 这 4 个维度分别涉及时间维度、地域维度、对象维度和事项维度。时间维度涉及具体法律何时生效、何时失效以及是否具有溯及力的问题；地域维度乃法律规定的空间范围或地域范围问题；对象维度即法律效力所及之人范围问题；事项维度涉及法律对主体的哪些行为、事项和社会关系是否有效力的问题。总体来看，时间、地域、对象和事项这四个方面相互关联，共同规定了法律效力的四个维度。

① 杨春福：《论法律效力》，载《法律科学》1997 年第 1 期。

② 刘小文：《法律效力构成简析》，载《法律科学》1994 年第 2 期。

③ 张根大：《论法律效力》，载《法学研究》1998 年第 2 期。

具体到强制性产品认证制度领域,在时间维度方面,国家质检总局2001年12月3日颁布《强制性产品认证管理规定》,从2002年5月1日起生效,但考虑与旧制度、旧标志的过渡,实际上新制度自2003年8月1日才正式实施,在过渡期间限定了对目录旧标志产品的备案条件。2009年9月1日该规章修订施行,新规章主要是为保持与条例及其他配套管理办法的一致性,规范了CCC样品采集制度、跟踪检查分类管理制度、执法机关管辖权制度、认证证书和CCC标志制度等,总体上加强了对指定认证机构和CCC产品的监督力度。在地域维度方面,按照属地原则,在中华人民共和国境内从事强制性认证活动,无论是否是中国公民、法人或其他一切组织,都必须遵守《强制性产品认证管理规定》。在对象维度方面,主体范围主要是指与认证活动有关的行为主体,具体包括列入目录产品的生产者、销售者、进口商;指定认证机构、指定检测实验室、检查机构、工厂检查员、咨询机构等;还有国家市场监督管理总局、国家认监委、国家合格评定认可委员会、中国认证认可协会、出入境检验检疫机构等相关职能部委及地方市场监督等部门。除此之外,在外延上,还应包括应当认证而没有认证的相关生产者、销售者及进口商和经营使用者,国外符合目录产品条件需要出口到中国的生产者、销售者及出口商。从应然角度,我国强制性产品认证制度具有域外管辖效力,国外出口商或生产商若要将目录产品出口到我国,必然受到该制度的管辖,但在某些特定情形下,经批准取得《免予办理强制性产品认证证明》可排除适用。① 针对的事项是《产品质量法》《认证认可条例》《强制性产品认证管理规定》《标准化法》《进出口商品检验法》等法律法规所规定允许和禁止的事项,前已述及,在此不再赘述。

针对目前强制性认证主体多、范围广、规范散的现状,就强制性产品

---

① 根据规定,无须办理的情形为:外国驻华使馆、领事馆和国际组织驻华机构及其外交人员自用的物品;香港、澳门特别行政区政府驻内地官方机构及其工作人员自用的物品;入境人员随身从境外带入境内的自用物品;政府间援助、赠送的物品;为科研、测试所需的产品;为考核技术引进生产线所需的零部件;直接为最终用户维修目的所需的产品;工厂生产线/成套生产线配套所需的设备/部件(不包含办公用品);仅用于商业展示,但不销售的产品;暂时进口后需退运出关的产品(含展览品);以整机全数出口为目的而用一般贸易方式进口的零部件;以整机全数出口为目的而用进料或者来料加工方式进口的零部件;其他因特殊用途免予办理强制性产品认证的情形。

认证的范围,合格评定法可明确一个管理部门,结合风险决策管理的原则,实行动态目录管理,以“一般加例外”的原则将所有产品纳入调整范围,风险高的实行强制认证,风险低的实行备案或自我申明制度,食品、药品、环境、能源等的体系认证或服务认证可以要求强制认证,或作为备案管理的强制性要求,还原企业主体社会责任,最大范围地逐步压缩和取消行政许可,政府加强事中事后管理,与国际接轨,面向国际国内两个市场,中国产品质量安全规制的最终目标是从政府强制向部分产品政府强制和社会强制转型。

第二节 完善强制性产品认证市场准入制度

一、市场导向与强制性认证竞争政策的关系

在学术界,竞争政策与产业政策的内涵与外延并未有严格的界定和区分,尚未达成共识。一般而言,从狭义角度,竞争政策是与竞争有关的政策,目的是促进竞争而非限制竞争,预防出现垄断市场的行为、结构,而产业政策除促进竞争的作用外,有可能限制竞争。竞争政策具有经济促进性、对经济政策的统领性、对经济运行的“保护伞”功能。[①] 竞争政策与产业政策密不可分,相互关联。竞争政策在于通过竞争有效地配置资源,以提高市场的经济效益,因此,竞争政策不会单纯强调维护市场结构,而是注重通过竞争形成更为高效的市场结构;产业政策与之相反,它强调通过政府的干预,对特定产业加以保护或促进,具有明显的公权色彩。故产业政策的运用必须慎重,若对产业发展施加不当干预,有可能损害市场本身的自我调节功能,也会损害整个产业体系。在产业发展中,除需要对高科技、高风险或新兴行业加以适当干预外,政府应该慎用产业政策,而更多依赖市场的自发调节,发挥市场竞争自身的作用,以此促进产业发展进步。在某种程度上,竞争政策与产业政策是相背离的,

---

① 徐士英:《竞争政策研究:国际比较与中国选择》,法律出版社 2013 年版,第 6~11 页。

比如,竞争政策从维护市场的有效性出发,鼓励企业之间的合理竞争,而禁止利用优势地位损害其他主体的合法权益,但产业政策则鼓励企业做大做强。任何产业政策的退出不可避免地会影响市场结构,从而改变市场的竞争态势,并影响最终的经济效果。

随着我国经济实力的提升和技术进步,检测认证行业的发展空间巨大,但在某种意义上,这些机构自身存在的问题也阻碍了认证行业的发展,比如,很多第三方认证机构的独立性不够,公信力严重不足,发展定位不能契合市场要求,同质化程度较高,竞争力不强,没有面向市场开展充分竞争,导致缺乏创新的动力和能力,简单复制国外的标准,不能有效引领经济发展和标准制定。所以,这些机构在运行过程中存在经营风险和法律风险,必须通过制度建设和市场驱动,提升行业的自律水平和竞争水平,实现优胜劣汰,以此净化认证环境,提升认证效能,否则有可能导致认证行业的萎缩乃至消失。我国《认证认可条例》第 14 条规定了认证机构的独立性和非隶属性,《产品质量法》也作了类似的规定。① 在本质上,立法目的就是斩断认证机构与行政机关的利益联系,确保认证机构的第三方法律地位及公正性、独立性、可信赖性。为解决认证机构的依附性问题,确立监管机构的超然地位,必须实现认证机构与国家质检总局、国家认监委等相关职能部委、行、署彻底脱钩,从根本上改变监管机构同时是认证机构出资人的局面,进一步推动其他政府部门和其所属的认证机构彻底脱钩,实现认证市场与行政规制的分离,即在产权和运行方面实现公、私分开。半官方性质的"认证机构"打着政府旗号,利用政府资源进行商业化运作,既会损害企业、消费者利益,又会降低政府公信力。

从国际范围内讲,目前认证机构的组织形式多种多样,既有非营利机构,也有有限责任公司,甚至还有上市公司。各种组织形式都有其优势与劣势,我国可有两种模式考虑:第一,按照公司制、市场化原则注册为有限责任公司;第二,将事业单位性质的认证机构逐步发展为非营利组织,可优先考虑从事强制性产品认证业务的机构。目前我国大部分认

---

① 《产品质量法》第 20 条规定,从事产品质量检验、认证的社会中介机构必须依法设立,不得与行政机关和其他国家机关存在隶属关系或者其他利益关系。

证机构缺乏实验室业务的长期积累,大量的体系认证机构主要资本为人力资本,这种类型的认证机构和其他形式的市场中介组织,如会计师事务所、律师事务所,有很多共同之处。在组织形式上,可把合伙制作为一个重要选项。国家正在推动检验检测认证事业单位分类改革,按照社会化导向,已明确公益类认证认可检验检测机构的功能定位,要求加快具备条件的经营性事业单位与行政部门脱钩、转企改制,积极推进认证机构改革,确立认证机构的独立地位,强化认证机构的自我责任,从而避免政府机构对认证机构行为的背书。政府部门要通过市场机制、利益相关主体等多方力量对认证机构的行为施加约束,从而提高认证公信力,维护市场信号的真实和有效,真正发挥认证在市场中的治理作用。

随着全球经济一体化、技术标准趋同化,认证市场必须适应当前的市场经济状况,以服务国际经济往来,维护经济安全。所以从长远看,认证市场潜力巨大。我国市场经济体制正逐步完善,在这个过程中,认证体系建设应当瞄准国际标准组织的要求,设定较高的标准,为企业生产、产品检测和质量风险控制提供操作指引,并设定相应的指标体系,提升中国企业的竞争水平、中国制造的国际话语权。然而,必须清醒地看到,我国认证行业正遭遇“内忧外患”。“内忧”表现为:首先,强制性认证领域基于行政干预的指定及相关认证业务的垄断,破坏了公平竞争的环境;其次,体系认证的低价竞争,扰乱了认证市场秩序。“外患”表现为一些跨国检测认证公司企图通过跨国并购或合资等形式,控制我国认证产业的市场、技术和品牌,进而控制整个产业。为排除“内忧外患”,须坚持竞争政策优先理念,重塑指定规则和程序,组织开展认证专项整治行动;在运用反垄断手段的同时,建立并完善国家安全审查机制,保障国家安全和国民经济正常运行。反垄断审查的出发点是防止垄断、保护竞争,而国家安全审查的出发点是保持国家经济体系独立稳定运行、整体发展水平不受外界影响,保持竞争力。①

在政策层面,规制认证市场既要防止恶性竞争,又要防止过渡垄断。在认证市场已国际化的背景下,在保证认证主权前提下,对外资企业准

---

① 徐士英:《竞争政策研究:国际比较与中国选择》,法律出版社 2013 年版,第 340 页。

入实施国民待遇的同时,必须平衡国内中小型认证机构与国外强势认证集团的认证利益,最大限度地减少认证垄断效应,在法律上必须作出制度回应。根据《反垄断法》第31条,国务院办公厅发布《关于建立外国投资者并购境内企业安全审查制度的通知》,建立了相关部际联席会议制度,明确了安全审查的范围、内容、程序和工作机制,这对认证竞争政策和外资政策的协调提供了制度框架,但相关标准与程序仍有待细化与完善。为与国外认证巨头相抗衡,我国规模较大、声誉较高的检验认证企业可利用当前国有企业改革的有利环境和政策,通过整合相关资源,创新多种方式,比如发展混合所有制,实现认证检测一体化,整合各地区分散的检验、检测和从事认证的相关机构,建立完善的业务运营网络,鼓励认证机构发展海外业务,设立分支机构,开发国际认证市场,配合国家"一带一路"倡议,推动沿线国家采信我国产品认证标准及结果。

二、认证机构的指定及救济

根据我国《认证认可条例》第30条、第32条及《强制性产品认证机构、检查机构和实验室管理办法》规定,强制性产品认证机构、检查机构和实验室应当符合《认证认可条例》及其他法律、行政法规规定的条件和能力,经国家认监委指定后,方可从事强制性产品认证活动和从事与强制性产品认证有关的检查、检测活动。在性质上,此种指定属于行政许可。

(一)指定原则

1.公平公正原则。国家认监委指定强制性产品认证机构必须要履行公开公正、公平竞争、择优使用、资源合理利用的原则,指定对象没有身份限制、内外限制。首先,公开的内容要具体,公开拟指定的认证机构、实验室的业务领域、地域及数量,便于社会监督。其次,要好中选优,在同等条件下,要优先考虑有CCC产品认证经验的认证机构、检测认证一体化的认证机构和产业集中地的认证机构。

2.行政管理必要性原则。指定必须在确有指定必要之前提下作出。在北京、上海、广州、深圳等发达城市,认证机构集聚;而在中西部,认证机构发展不均衡,对这些欠发达地区,有必要在财政政策上鼓励、扶持相关认证机构的建设发展。

3. 资格原则。被指定者必须具有可接受行使指定任务的条件和能力，现有规定设置了指定对象的六个条件。① 综观这些条件，对强制性产品认证机构是否一定需要配置检测试验室并无硬性要求。在实际认证中，认证机构往往要签约试验室，由其提供检验检测服务。在一定意义上，这有利于认证权的内部分离和制约，但随着检测认证一体化的发展，很多认证机构本身就能出具检测报告。在指定认证机构资格方面，可适当提高认证检测硬件要求。

（二）程序规则

应然角度，指定者必须遵循法定的程序和步骤，不得违背或擅自更改，否则指定无效。程序规则的具体内容主要包括以下方面：

1. 书面规则。指定以书面要式体现，而非以口头等其他方式通知被指定者。

2. 公告规则。在作出指定决定后，指定者要及时以合理、便利的方式向社会公告，以便没有被指定的竞争者知晓，满足其知情权和对指定者的监督控诉权。公告的内容主要应包括指定的目的、依据、标准、程序、指定业务范围（职责、领域、地域、竞争关系等）、指定者与被指定者、指定期限等。从目前公开的指定文件来看，并没有严格的指定标准、指定期限的相关规定。

3. 监督规则。指定者指定后，要采取有效措施，对被指定者行使指定业务的状况实施定期或不定期的监督，监督可以实行专项监督、飞行检查两种方式，也可采取同行评议的方法。被指定者要定期或不定期向指定者报告业务开展状况，自觉接受监督。指定者享有对指定职权的保留权，明确在何种情形下可以收回或撤销指定，但不能违背信赖利益保护原则。

---

① 根据现有规定，申请从事强制性产品认证活动的认证机构，应当具备下列条件：(1)依照条例规定设立，具有相应领域2年以上认证经历或者颁发相关产品认证证书20份以上；(2)取得国家确定的认可机构的认可；(3)在申请前6个月内无不良记录；(4)本机构的法人性质、产权构成和组织结构等能够保证其强制性认证活动的客观公正；(5)具备能够公正、独立和有效地从事强制性产品认证活动的技术与管理能力；(6)具备从事强制性产品认证活动所需要并且可以独立调配使用的检测、检查资源，拥有与强制性产品认证工作任务相适应的符合条例规定的认证人员和稳定的财力资源。这意味着不得对不具备授权条件和能力的组织予以授权。

（三）权利救济

为监督指定权的合法行使，平等保护所有申请者的竞争权，申请者对最终的指定决定有异议的，可向指定者提出异议。目前只规定书面申诉和投诉两种救济方式，且具体程序尚需进一步细化。这种申诉、投诉的救济途径过窄，很难保证指定权行使的公正性。事实上，可参考《行政复议法》《行政诉讼法》等相关规定，引入行政复议和司法审查等干预元素，从而扩大没有被指定者的权利救济途径和方式。如果第三方审核者与被规制者发生争议，被规制者可以申诉至行政机关，由其作出最终的决定，此时就会引发与启动行政程序。①

第三节　强化对指定认证机构行为的规制

20世纪60年代以后，一些学者在规制中借鉴经济学视角，形成法经济学研究范式，认为规制不仅依赖于科学的法律体系，而且更依赖于有效而精确的法律责任。没有责任的法律难以执行，法律责任冲突、违法行为得不到追究，也会直接影响法律主体的法律信仰，从而必然降低规制效果。

一、完善强制性认证信息披露机制

认证通过认证证书或符号（如CCC标志）传导认证证书持有者的产品、体系标准符合性的信息。从经济学的一般理论看，认证及认证形成的信息具有以下特征：(1)客观性。认证信息来自企业的产品质量状况、管理水平、市场竞争能力等，这些因素集成在一起形成认证标识，为市场提供信息。因此，基于这一特征，要求认证机构保持谨慎，在认证过程中，充分调查企业的相关信息，依法遵守操作规程，禁止虚假认证，保证认证活动和认证信号的客观性。(2)可传导性。认证最终会形成语言文字、符号等相应的载体，这些载体具有信息内涵，这些信息扩散到市场机制，向市场主体和利益相关者传递信号，辅助市场主体作出决策。(3)时

① 高秦伟：《论政府规制中的第三方审核》，载《法商研究》2016年第6期。

效性。反映企业信息的认证证书和标志只在一个周期内是有效的,不存在终身制,过期后必须进行再认证。(4)外部性。认证信息只有公开才有社会价值,才能为获证主体增加竞争优势及竞争利益,不真实或扭曲的认证信息具有负的外部性。(5)不稳定性。获证企业在取得认证证书和认证标志后,产品质量或者质量体系的持续保持有赖于其持续遵守认证时的要求和规定。否则,认证合格证书显示的信息会处于不确定的状态。《认证认可条例》等规定认证机构证后跟踪调查义务的原因也正在于此。

由于认证活动是一种信息传递过程,因此可以利用信息经济学的理论展开分析。信号的生产和传递是有成本的,即使是市场自发形成的信息也会花费一定的成本。一般而言,形成信息的过程也要花费一定的成本,比如企业证明自身的成本和认证机构审核信息的成本,这种成本的付出是必要的,因为市场不能自发生产,或者说紧紧依靠市场的自发生产需要耗费更大的成本或时间,从而导致不经济。在这种情况下就凸显了认证的价值,认证提供的一个主要信息就是反映企业产品和体系的安全性和可靠性。通过认证活动能够给相关市场主体提供决策指引,降低其交易成本。所以,认证活动是一种价值创造,其有效回应了市场信息的稀缺性,降低了不同市场主体之间的信息偏在。总体而言,在信息经济学框架下,认证信息能够促进社会资源的最佳配置,可促使认证信息依赖人比较和优化消费决策机制,预测和评估消费风险。

国家认监委《关于加快发展自愿性产品认证工作的指导意见》要求认证机构要公开认证产品标准、程序、方法、结果,自觉接受社会监督,所涉及的是认证机构对认证对象的信息披露。本书所言“认证信息披露”,并非认证机构对认证企业获得认证情况的信息披露,也非认证监管部门对认证机构从业情况的披露,而是认证企业对授信的认证机构有关其认证标记特别是其名称信息的公开化,即实名化。首先,信息披露是信息权的载体,在产品市场中,消费者的信息权是知情权的核心内容。认证企业通过审核获得认证证书,可以将认证信息附于商品或广告,达到宣传产品或服务的效果,通过对价,获得一定期限内认证标记的使用权,认证机构让渡自己认证标记的使用权。认证企业通过认证,可以在市场琳琅满目的商品中凸显本企业产品的竞争优势,从而获得消费者的信赖,扩大市场份额,实现认证的增值。然而,目前的法律法规和规章并未要求获得认证产品标签上必须标注认证机构的名称、代号、地址等信息,这在某种意义上很难让消费者在众多获得认证的产品中进行比较选择,难以选择口碑好、信誉佳、能力强的认证机构,从而不能有效发挥认证制度的质量保证作用。其次,从认证机构的心理上讲,因为不同的认证公司其品牌影响力是不一样的,其认证服务的水平和质量便有高有低。如果在获得认证的产品上标注认证机构的名称或代号,对信誉高的认证机构来说,会更加提高其对"声誉"的重视程度,更加激发它的社会责任感,从而严格认证。相反,对信誉度不高或发展中的中小型认证机构而言,可以逆向地提高它的法律风险意识,会降低其因短视而合谋作假行为发生的概率。如果获得认证的产品出了质量问题,可倒查它的认证责任。如果认证信息不披露,对信誉高的认证机构显然不公平;而信誉不高的认证机构,更容易浑水摸鱼,降低认证成本,进行不实认证、买证卖证。从交易成本理论来看,就是要让认证"合谋者"的总成本高于合谋净收益,从而逐步降低认证合谋行为发生的可能性。

二、提升强制性认证行为的规范性

在强制性产品认证行为规制方面,《认证认可条例》仅仅规定了宏观性的要求,具体的约束性条款体现在相应产品对应的《强制性产品认证实施规则》及认证指定机构根据该实施规则制定的实施细则中。《认证认可条例》规定了认证机构必须公开认证基本规范、认证规则的一般性要求,认证的一般性程序规定,要求认证机构不得增加、减少、遗漏必要的程序,认证要完整、客观、真实,要求完整记录并归档留存,第27条要求认证机构对其认证的产品实施跟踪调查的有效性,并规定了对不能持续符合认证要求的企业暂停、撤销认证证书的法定义务,第60条对撤销和暂停认证证书规定了法律责任。诚然,这些规定无论是对产品、体系、服务的认证机构还是指定认证机构都是适用的。实际上,针对认证行为,立法并没有进行集中的规制,体现一定的零散性。在《认证认可条例》附则中,有关强制性产品认证具体实施性的授权立法条款也没有相关表述,除特定药品等行业排除适用之外,仅仅规定了认证收费和认证培训机构、认证咨询机构管理办法的规章授权,这就使强制性产品认证具体制度的实施缺少上位法的支持。

就指定认证机构行为规制方面,《强制性产品认证管理规定》第二章规定了"认证实施",具体内容除约束认证委托人行为外,涉及指定认证机构的主要包括认证基本规范和认证规则的制定主体、认证模式、认证规则和跟踪检查的分类管理要求,整个《强制性产品认证管理规定》对实际运行的认证机构自身制定的强制性产品认证实施细则并无规范,我国《强制性产品认证管理规定》第19条只规定了认证机构根据产品安全等级、稳定性及企业信誉记录等因素对产品和企业进行分类管理的要求,并未明确要求认证机构制定相应产品的实施细则之法定义务,在给予认证机构赋权和自治的同时,造成了实施细则法律效力的存疑,带来两个问题:首先,认证机构若不制定相应的实施细则,相关执法部门能否进行行政处罚?而《强制性产品认证管理规定》第五章"罚则"部分,也未规定相应的法律责任。其次,若认证机构违反自身制定的实施细则程序和实体规定,而不违反《强制性产品认证管理规定》和认证基本规范、认证实施规则,在这种情形下,同样也造成了能否进行行政处罚的困境。

在认证机构行使认证权的方式方面,我国《认证认可条例》第27条和第60条规定了暂停和撤销的一般适用条件和相应法律责任。《强制性产品认证管理规定》第三章"认证证书和认证标志"集中规定了认证证书的格式、内容及注销、暂停和撤销认证证书的具体情形,该规定第26条、第27条、第28条分别规定了注销、暂停及撤销的各四种情形。《强制性产品认证证书注销、暂停、撤销实施规则》将《强制性产品认证管理规定》中的"获证产品不再生产的"注销情形替换成"认证委托人/生产厂由于企业破产、倒闭、解散、生产结构调整等原因致使获证产品不再生产,认证委托人主动放弃保持认证证书的"表述,实施规则将暂停证书情形扩充到9条,将撤销证书情形扩充到10条,后两种行为主要是增加了产品质量监督抽查不合格、认证企业不配合监督检查的情形,将违反CCC认证实施规则的情形进行了归纳和描述,但针对"认证委托人/相关方未按规定使用认证证书、认证标志,出租、出借或者转让认证证书、认证标志"情形,只规定了情节严重时予以撤销,而未规定"情节不严重"时的暂停。《强制性产品认证证书注销、暂停、撤销实施规则》统一了认证机构对认证证书的认证权限,赋予了认证机构较大的裁量权。

认证证书的暂停和撤销给企业带来的后果是很严重的,从某种意义上讲是剥夺了企业的生产经营资质。而《强制性产品认证管理规定》第47条仅仅规定了认证委托人对认证机构决定的异议权及申诉权,即二级申诉,首先向认证机构申诉,仍有异议,可以向国家认监委申诉。在本质上,认证机构的认证决定不是行政行为,不是行政决定,显然不能对其提起公法意义上的行政复议和行政诉讼。从字面上看,这里的认证委托人,应限定于申请认证但最终未获得认证的企业,这里的认证决定应不包括注销、暂停和撤销这些"惩罚性"的权力行使。对于获得认证的企业,在其认证证书被注销、暂停和撤销情形下的权利救济没有明确的法律规定。即使根据体系解释,把认证委托人理解为包括获证企业,实质上的地位不平等性也决定了其申诉的动力机制不足,申诉权利难以得到保障。从另一个角度分析,目前法律法规和细则等规定也未规定认证机构不当行使注销、暂停和撤销情形下所要承担的法律责任。加上从条例到规章再到实施规则的"层层加码",使认证委托人的弱势地位更为明显。

上述上位法未授权下位"法"、下位"法"违反上位法之情形,一方面,说明我国对指定认证机构行为规制的制度供给不合理,立法不科学;另一方面,反映了政府干预方式、范围的不确定性。在某种意义上,认证活动是商业行为,强制性产品认证活动也不例外。在行为约束性方面,认证活动不能等同于行政行为。通常行政行为有较为详尽的程序、行为、责任设计。但就强制性产品认证而言,不能等同于一般性的体系或自愿性产品认证,考虑强制性制度本身的功能及其保护的法益,很有必要进一步增强认证行为的层次性和约束性。首先,在受理环节,应当明确产品型式试验和工厂检查的时间、明确自受理认证委托后向认证委托人出具认证证书的最低时限,一般不能超过《行政许可法》所规定的最低时间,因为过长的认证时间会影响企业产品上市和更新换代。其次,有必要整合《认证认可条例》《强制性产品认证管理规定》《强制性产品认证证书注销、暂停、撤销实施规则》有关注销、暂停和撤销认证证书的规定,明确注销、暂停和撤销行为的界限和区分点,综合认证委托人的主客观情形、违反相关规定的严重性程度,进行科学设计。再次,对认证委托人的陈述权、抗辩权给予法律救济渠道,可成立"认证责任专家委员会"对认证机构的认证决定及注销权、暂停权和撤销权进行合法性认定，同时赋予专家委员会对认证机构认证决定等的撤销权。最后，为平衡认证机构的认证权和认证委托人的利益，在法律责任方面，可考虑同时配置行政责任与民事责任。一方面，对认证机构不当或违法作出认证决定的情形，有关部门可以作出警告、责令改正、没收违法所得、罚款等行政处罚；另一方面，造成认证委托人损失的，可责令认证机构赔礼道歉、改正错误决定及赔偿相应的损失等。

第四节　建立健全指定认证机构的法律责任制度

布坎南（James McGill Buchanan）认为，没有适当的法律和制度，市场就不会产生任何体现价值极大化意义上的有效率的自然秩序。[①] 有学者认为，我国法律运行存在部门立法、普遍性违法、选择性执法的怪象。认证机构社会责任和信用保证功能弱化的一个很重要的原因，就是其违法成本低，有关执法部门的行政规制没有有效发挥作用，同时需要重塑指定认证机构的法律责任。

英国著名经济学家凯恩斯（John M. Keynes）的《就业、利息和货币通论》系统回答了政府干预经济活动的必要性及其干预措施的问题，国家干预理论为公共规制提供了一条行政规制路径。在世界范围内，行政规制从经济领域扩展到了产品质量、环保等多领域。法律经济学从"经济人"假设和"效率标准"出发，从微观角度研究了侵权法的激励和阻吓功能，并认为侵权法可以有效规制公共风险的条件包括最佳的民事责任规则、最佳的损害赔偿数额、私人诉讼，通过事前的权义配置和事后的私人诉讼构成了公共规制的司法控制路径。[②] 我国《产品质量法》、《认证

---

① ［美］詹姆斯·M.布坎南：《自由、市场和国家：80年代的政治经济学》，平新乔、莫扶民译，上海三联书店1989年版，第127页。

② 宋亚辉：《论公共规制中的路径选择》，载《法商研究》2012年第3期。

认可条例》及《刑法》等规定了中介机构及人员的民事、行政、刑事惩罚，[①]但实践中，据公开资料，指定认证机构承担民事、刑事责任的案件尚无一例，甚至连撤销指定的市场退出规制也凤毛麟角。

在行政规制方面，有必要引入声誉罚的非行政处罚模式。因为从业务范围来讲，通常被指定认证机构业务规模和领域较大，除从事指定认证业务之外，还可能从事自愿性认证和体系认证。在刑事规制方面，认证机构出具虚假认证结论，应当依照《刑法》关于中介组织人员提供虚假证明文件罪、出具证明文件重大失实罪的规定追究刑事责任，可是《产品质量法》《认证认可条例》等都作了诸如“构成犯罪的，移送司法机关处理”的规定，但却无操作细则，加上行政执法部门的取证能力限制，导致对某些认证机构虚假认证刑事案件降格处理，以罚代刑，这给相关案件进入刑事司法程序造成困难，有必要结合《行政执法机关移送涉嫌犯罪案件的规定》(国务院令第310号)和《关于加强行政执法与刑事司法衔接工作的意见》(中办发〔2011〕8号)，针对认证机构虚假认证活动制定量刑标准，进一步健全移送程序细则。就经济法责任而言，加强对指定认证机构法律责任可从以下三个方面进行创新与完善。

一、建立健全黑名单制度

诚如E.博登海默(Edgar Bodenheimer)所言，强制性的制裁只能作

---

① 《刑法》第229条规定，承担资产评估、验资、验证、会计、审计、法律服务等职责的中介组织的人员故意提供虚假证明文件，情节严重的，处5年以下有期徒刑或者拘役，并处罚金。严重不负责任，出具的证明文件有重大失实，造成严重后果的，处3年以下有期徒刑或者拘役，并处或者单处罚金。最高人民检察院、公安部《关于公安机关管辖的刑事案件立案追诉标准的规定(二)》第81条规定：承担资产评估、验资、验证、会计、审计、法律服务等职责的中介组织的人员故意提供虚假证明文件，涉嫌下列情形之一的，应予立案追诉：(1)给国家、公众或者其他投资者造成直接经济损失数额在50万元以上的；(2)违法所得数额在10万元以上的；(3)虚假证明文件虚构数额在100万元且占实际数额30%以上的；(4)虽未达到上述数额标准，但具有下列情形之一的：①在提供虚假证明文件过程中索取或者非法接受他人财物的；②两年内因提供虚假证明文件，受过行政处罚二次以上，又提供虚假证明文件的；(5)其他情节严重的情形。第82条规定：承担资产评估、验资、验证、会计、审计、法律服务等职责的中介组织的人员严重不负责任，出具的证明文件有重大失实，涉嫌下列情形之一的，应予立案追诉：(1)给国家、公众或者其他投资者造成直接经济损失数额在100万元以上的；(2)其他造成严重后果的情形。

为次要的和辅助性的保障，它只能用来针对少数不合作的人。如果人们不得不着重依赖政府强力作为实施法律命令的手段，那么这只能表明该法律制度机能的失效而不是对其有效性和实效的肯定。① 黑名单制度是市场进入类审批改革中最为重要的替代性制度，在内容上，属于失信惩戒机制。② 实践中，黑名单制度得到市场监督管理、药品、生态环境、司法、金融、行业协会等部门的广泛运用。在政府不断加大惩治力度的背景下，“福喜事件”、非法添加“三聚氰胺”等恶性案件仍有发生。黑名单制度体现惩罚性与预防性双重功能，对经营类市场主体有较大的心理威慑效应和自律提升功能。该制度正是催生于传统规制工具失灵的现实需要，它对严惩失信败德行为、落实市场主体责任、保护消费者权利、规范市场竞争秩序有正外部性价值。目前我国各地、各领域的黑名单制度实践是政府推动、政策平衡的结果。③《行政处罚法》第 8 条规定的 6 种处罚并没有包括黑名单，凸显了我国当前调整黑名单的法律依据不充分的窘境。

（一）黑名单制度机理与法律属性

目前关于黑名单制度研究，学界多是从法学或行政学角度进行探讨，关于其法律属性的观点主要有“经济法责任说”④“监管手段说”⑤

① [美]E. 博登海默：《法理学：法律哲学与法律方法》，邓正来译，中国政法大学出版社 2004 年版，第 366 页。

② 王克稳：《论行政审批的分类改革与替代性制度建设》，载《中国法学》2015 年第 2 期。

③ 我国《“十一五”规划纲要》“完善现代市场体系”指出：“打击各种违法经营活动……以完善信贷、纳税、合同履约、产品质量的信用记录为重点，加快建设社会信用体系，健全失信惩戒制度。”2007 年国务院办公厅《关于社会信用体系建设的若干意见》明确提出：“抓紧研究建立市场主体信用记录……”2014 年中央政府工作报告提出“对违背市场竞争规则和侵害消费者权益的企业建立黑名单制度”。国务院《社会信用体系建设规划纲要（2014~2020 年）》要求推进重点领域诚信建设，生产领域信用建设要“以食品、药品、日用消费品、农产品和农业投入品为重点，加强各类生产经营主体生产和加工环节的信用管理……推动建立质量信用征信系统……建立质量诚信报告、失信黑名单披露、市场禁入和退出制度，”流通领域信用建设要“研究制定商贸流通领域企业信用信息征集共享制度，完善商贸流通企业信用评价基本规则和指标体系”。

④ 李昌麒主编：《经济法学》，法律出版社 2008 年版，第 682 页。该书认为“信用减等与资格减免正是经济法责任的具体形态”。

⑤ 参见张家宇：《经济法视阈中的黑名单制度研究》，载《延安大学学报》（社会科学版）2013 年第 5 期。该文认为：黑名单制度是政府针对经营者、经营者针对消费者的严重违法或违约行为，采取公布违法行为，限制、剥夺权利等监管手段或惩戒措施的制度。

"管理行为说"①"行政事实行为说"②"行政处罚说"③等。上述观点角度不同,但均不否认黑名单制度对行政相对人的信用减等、权利限制及其内在的惩罚性功能。法律属性之认定,需要从价值角度具体分析。按照性质,行政处罚种类可分为申诫罚、经济罚、资格罚和自由罚。一般而言,警告是对违法情节轻、未有违法后果行为的一种告诫,包括口头和书面警告。关于警告属不属于行政处罚,学术界和实务界仍有一定的争议,但共识是:警告无明显的经济责罚性。根据设立黑名单制度的价值导向、认定标准来看,黑名单显属超越于一般性的警告。韩经纬认为,根据功能以及所针对对象的不同,可将黑名单分为三类:惩罚性黑名单、提醒性黑名单、警示性黑名单。在规范意义上,黑名单乃是针对违法情节严重、失信严重的企业和个人的信息披露。从相对人的违法行为的性质、危害程度来看,所谓提醒性、警示性的黑名单仅是介于"黑""红"中间地带的"灰",可能只是涉及非主观恶意的"违法"事实,而与信用、道德无关。④

经济法中法律责任的独立性根本上取决于"公私融合"的社会法本

① 参见刘平、史莉莉:《行政"黑名单"的法律问题探究讨》,载《法学论坛》2006年第3期。该文从行政法的角度将黑名单定义为"特定机构依据相关职权或者授权,对具有危害公共利益或者他人利益的违法、违规行为的企业、个人或者组织,通过向社会进行公示或者设立不良记录等方式,对其进行行为限制或者不良信用揭示的一种管理行为"。有观点认为,黑名单是指政府及其相关监管部门,为了保护消费者乃至社会公众的知情权及其他基本权益,在一定的法律法规框架下,通过将违法、违规企业的经营行为和质量瑕疵的产品或服务向全社会公开曝光的方式来对市场秩序进行的管制,参见韩经纬:《政府管制视角下的黑名单制度研究》,西南政法大学政治与公共事务学院2012年硕士学位论文,第24页。

② 参见王小霞:《食品安全领域黑名单管理措施的可诉性分析》,载《行政与法》2013年第7期。该文认为,黑名单管理措施可分为行政事实行为和行政处罚行为。食品监管部门作出前者的行为并不是以设定、变更或者是消灭行政法律关系为目的,食品安全监管部门在作出这一行为的过程中欠缺产生法律效果的意思表示,如增加检查频次等,得出前者不可诉、后者可诉的结论。实际上,从政府行政主体行为的角度,发布黑名单本身和黑名单后续的管理措施是两个不同的问题。

③ 参见何瑾、韩静等:《我国药品安全"黑名单"制度探析》,载《政法学刊》2013年第2期。该文认为,黑名单法律性质上属于处罚类具体行政行为。

④ 比如,监管部门定期发布的产品质量监督抽查公告。在实践中,一般性的违法可以用公告、曝光台的形式或者通过案件信息公开的方式予以公布。此种信息虽然具有信用减等的可能,但绝非典型意义上"黑名单"调整的对象。

质、功能、理念价值，这是区别于其他部门法的基础，黑名单制度具有经济法部门法属性特征。① 经济法责任具有“责任的社会整体利益性、归责原则的公平性、政府责任的突出性、明显的不对等性和不均衡性、责任形式的多样性”。② 黑名单的制度价值恰恰在于行政主体通过合法、强制公示“严重失信行为”，发挥市场联防机制作用，消费者“用脚投票”，让授信人拒绝对不守信的市场主体“授信”，以避免当事人名誉或商誉的减损及其带来的道德危机感，其实质是加大违法成本及可预期利益机会的减少。正是基于其对相对人的威慑和道德惩罚功能，黑名单制度也往往会导致比经济罚、资格罚更为不利的法律后果。本质上，从政府与市场的单向规制及可救济性角度，黑名单法律属性可归结为，有权机关依照法定职责，以法定程序对行政相对人施以内在威慑性、外在惩罚性的严重警告，且具有可诉性的具体行政行为。③

黑名单制度是为了解决信息不对称问题而存在，通过向市场传递信号，保护消费者的知情权。因此，政府基于公共规制的需求，对企业的经营行为加以监控，并作出客观评价。在发生机理方面，须借助于信息经济学中的非对称信息理论。在市场交易中，信息的分布不可能是均衡的，需要基于信息不对称这一客观存在来理解市场中的交易模式及契约安排。越来越细的社会分工、有限理性、私人信息以及市场机会主义是非对称信息广泛存在的事实基础，非对称信息也往往是导致逆向选择和道德风险的主要原因。

在市场经济中，基于天生的“经济人”本性，企业信息披露义务的实现及实现的程度往往有较大的局限性和被动性。政府在信息搜集和提供过程中，具有不可替代的组织优势和技术优势，有足够的信息量和传播影响力。政府直接向处于信息劣势的公众提供信息，不但可以提供公众从正常渠道难以获取的信息，而且可以降低消费者和潜在市场主体包括信息搜寻成本在内的交易成本。爱伦·斯密德认为，交易成本可分为

---

① 李昌麒、岳彩申主编：《经济法学》，法律出版社2013年版，第269~271页。

② 朱润生、唐骞：《浅议经济法责任》，载《法制与社会》2007年第1期。

③ 此定义考虑现行立法并未明确黑名单的授权，兼顾黑名单制度的惩罚性功能定位与应然的权利救济。

三类：契约成本、信息成本和控制成本。[①] 政府的信息义务包括必须提供某种维度的经营者的品性信号、产品或服务的质量信号以及保障价格信号的真实性等。[②] 与一般的曝光相比，黑名单具有极强的信号导向和甄别功能，给潜在的利益相关者以知情权和选择权，借以促进市场交易安全。政府公权力机关通过对监管对象的信用数据事实识别、归纳、分析、价值评价，发布有一定内容的警示性信息，在复数的不确定的交易对象之间建立一种甄别淘汰机制。简言之，黑名单制度的本质乃是对市场机制"信息赤字"的克服和制衡手段。商誉对企业而言是一种人格化的无形资产，这种资产在市场机制中可以变现，给企业带来经济效益，如果遭受商誉损害，会对企业带来严重打击。黑名单制度机理正是通过企业的声誉约束机制来抑制企业的机会主义行为，从而达到净化市场环境的目的。在社会信用失范背景下，作为社会性管制工具的黑名单制度，通过声誉罚的信号机制，持续性地增强公民、企业的自我约束机制，可有效缓解市场交易对象的信息不对称，不断健全社会信用环境和营商环境。

（二）黑名单制度设计的基本维度

在本质意义上，市场经济是信用经济。有学者认为，如信誉评级制度、纳税信息公告制度、各种"黑名单"制度等，其中有些就涉及信用减等，并使其成为相关主体需要承担的一种广义的责任形式。[③] 公告黑名单，可以称为"专业不名誉"的责任或制裁，它们都是对经济法主体（特别是市场主体）的资格或信用的处罚。[④]

黑名单制度的设计有必要考虑主客观归责统一原则，在"准入"标准方面，要权衡行为的主观恶性、违法情节、发生频率、影响的范围、侵害对象的多寡及社会危害性，以实现主观归责与客观归责的统一。根据社会"共治"理念，消费者是最广泛、最直接的产品质量和安全的市场监督者，应该把消费者对有关商品信息及认证信息的投诉举报情况纳入黑名单制度设计的视野，若遭到多次投诉，一方面，说明企业在产品质量控制方面

---

① ［美］爱伦·斯密特：《财产、权力和公共选择——对法和经济学的进一步思考》，黄祖辉等译，上海人民出版社2007年版，第136页。

② 应飞虎：《信息、权利与交易安全》，北京大学出版社2008年版，第5页。

③ 张守文：《经济法理论的重构》，人民出版社2004年版，第459页。

④ 李昌麒主编：《经济法学》，法律出版社2007年版，第664页。

存在放任的严重过失;另一方面,说明认证机构没有履行证后监督义务。

按自然正义的原则,听证——无论是作出具体行政决定之前的听证还是在行政决策中的听证——都可以作为公民直接参与行政活动、表达自己意志的有效方式。[①] 根据行政行为的法理,黑名单的制作和发布在法律属性上,显然属于会对相对人产生不利影响的负担性具体行政行为。行政程序是规范行政权行使的方式、顺序、步骤、期限等的总和,是行政行为在空间和时间上的综合表现。[②] 将听证程序引入黑名单制度,可最大限度地增加行政决定的可接受性,实现"目的理性"与"沟通理性"的融合。在性质上,对利害关系人作出责令停业整顿、吊销许可证的行政处罚和列入黑名单分属两个独立的具体行政行为,两者之间存在一定的"牵连"或"连带"关系。前者是直接导致纳入"黑名单"的原因和前提条件,而黑名单的发布是对较重行政处罚的确认和延伸,本质上是一种追加的另一种处罚。从权利救济的角度,针对行政机关制作并公布黑名单的具体行政行为,上级机关进行复议或进入司法审查具有正当性。法院经审查,确认行政机关有侵犯当事人程序权利的行为,无论属于违反法定程序还是滥用自由裁量权,都应当撤销通过该程序而作出的行政行为,要求行政机关重新作出行政行为。[③] 我国《行政处罚法》第42条赋予的听证权与发布黑名单的听证权,是基于当事人同一违法事实而衍生的不同性质的程序性权利,是分开,抑或合并?这是需要深入探讨的问题。

黑名单制度发挥治理绩效的前提条件有:一是在立法层级及效力方面,应提高到行政法规的层次。建议以行政法规或修改《行政处罚法》的形式,确定黑名单制度的法律地位,认定的基本原则、标准、程序、救济渠道、政府责任等,[④]这可为各行业和政府部门制定实施细则提供依据和指南。二是扩大制度调整范围。除认证机构之外,只要是符合纳入标

---

① 杨海坤、章志远:《中国行政法基本理论研究》,北京大学出版社2006年版,第441页。

② 钟瑞友:《对"违反法定行政程序"若干问题的思考》,载罗豪才主编:《行政法论丛》(第9卷),法律出版社2006年版,第190页。

③ 王锡锌:《行政程序法理念与制度研究》,中国民主法制出版社2007年版,第127页。

④ 《行政处罚法》第9条规定,法律可以设定各种行政处罚;第10条规定,行政法规可以设定除限制人身自由以外的行政处罚。

准的企业、自然人均应纳入调整范围,[①]这样黑名单制度才有普遍的约束力。客观地讲,以"黑名单"声誉罚形式的公共征信系统模式,实际上并不能完全替代其他传统规制工具的选择和运用,应遵循政府干预、行业协会等多方"合作规制"路径。作为认证行业协会管理工具的《认证人员执业信用管理规范》规定了认证人员的"失信行为及管理、信用信息的查询和使用、认证机构责任及监督",其中第7条规定"由认证机构调查、核实认证人员失信行为,并且要经负责人审核批准后,录入认证人员信用信息系统"。这种由认证机构查核、报送的模式并没有考虑认证机构的报送意愿和动力机制。另外,在认证检查人员失信行为信息采集机制等方面仍有待完善,建议将认证活动纳入社会信用信息共享平台。

二、完善认证制度中的连带责任

根据惩罚理论,预期成本超过预期收益是有效治理的基本要求。认证主体法律责任是认证市场有序发展的保证,然而,在国家—社会中间层—市场框架下,认证机构的责任承担不是自动能实现的,需要外部矫正,认证行业公益性与自利性的冲突及矛盾决定了对其系统规制的复杂程度。若认证主体提供的准公共产品存在缺陷,势必严重扭曲信息秩序,丧失其本然价值,且带来社会成本的增加。只有明晰其所承担责任的性质和方式,才能更好地实现规制效果。而现行质量和认证立法的冲突和不协调,直接导致行政执法、司法适用的混乱。故有必要从民法与经济法进行部门法比较的维度,进一步厘清认证机构承担连带责任的性质、归责原则及构成要件,[②]为立法完善提出可能的方案。

(一)经济法连带责任特点探析

法律责任作为法律有效运行和实施的保障机制,是法治不可或缺的

---

① 参见唐民皓等:《关于探索与建立食品药品行政重点监控"黑名单"制度的研究》,载《中国药事》2010年第1期。该文认为,对于严重违法或不诚信企业的相关责任人的认定是实际操作中的难点,黑名单制度应当明确的责任人包括:违法企业的法定代表人、违法事项的主要承办人、企业的质量机构负责人、相关接受企业委托的社会中介组织的具体承办人等。

② 此处所称"认证机构"在外延上,除强制性产品认证机构之外,还应包括其他类型的产品、体系和服务性认证机构。

关键环节，也是法学范畴体系的基本构成要素。目前中国现行经济法律文本规定了一系列的连带责任制度，[①]作为“回应型”的经济法面临学术梳理、解说、归纳等审视需求。总体来看，现行法律对产品责任造成损害的赔偿问题规定较为原则、抽象。经济法学界对经济法有关法律责任的研究成果丰硕，但就连带责任而言，尚未引起足够重视，仿佛连带责任本来就该民法研究的内容，其本质就是民事责任，似乎没有研究之必要。然而，经济法中的连带责任与民法中的连带责任不仅是共享责任这么简单，而应当结合经济法的原理和制度结构体现经济法的独特性及实施可能性。对经济法中的法律责任独立性之研究及其制度的构建，[②]直接影响经济法作为一个独立的法律部门的存在，成熟的经济法理论和经济法学科必须有与之相匹配的经济法责任理论和责任机制。相关研究围绕经济法责任是否具有独立性及独立性程度而展开，学界有不同观点，包括“否定说”“相对说”“独立说”“折中说”等。“否定说”认为，不应承认经济法具有独立的责任形态，而认为“当责任主体需要承担责任时，需要从行政责任、刑事责任那里借用”；[③]“相对说”则认为，经济法有自己独立的责任体系，包括固有责任和援引责任，固有责任体现经济法的特质，

---

① 在我国经济法中的连带责任散见于《消费者权益保护法》《产品质量法》《广告法》《证券法》《劳动法》《食品安全法》《安全生产法》《节约能源法》《消防法》《电子签名法》《化妆品卫生监督条例》等不同亚部门法体系之中。概括起来，责任模式共性是责令改正+罚款+没收违法所得，体现公权规制的特征，所不同的是，首先，法律责任综合性有强有弱，《安全生产法》规定的较为复杂，责任形态齐全，而且刑法规制优先，反映了该法对认证检测机构出具虚假证明违法行为的零容忍和高压打击态势。而《节约能源法》较为简单，规定的法律责任完全就是传统的行政法责任，毫无特色。其次，罚款的幅度和基准不同，《消防法》及《节约能源法》赋予执法机关根据违法情节、后果等以一定数额区间的自由裁量权，《安全生产法》按有无违法所得和违法所得大小，有违法所得，罚款的基数是违法所得，2~5 倍；若没有违法所得或违法所得不足 0.5 万元的单处或并处 0.5 万~2 万元。最后，损害赔偿的归责原则不一样。《消防法》区分了虚假和失实，总体上体现主观归责的原则，但法律责任也进行了区分，后一种情形竟然没有规定行政责任，但两种情形在给他人造成损失，均需承担赔偿责任，但没有明确赔偿责任的样态、范围、形式。《节约能源法》对认证服务机构提供虚假信息没有规定赔偿责任问题。《安全生产法》没有区分故意和失实，实行的是客观归责原则，而且明确，认证检测机构出具虚假证明“给他人造成损害的，与生产经营单位承担连带赔偿责任”，但没有规定责任性质，是真正连带还是不真正连带，是补充责任还是按份责任，语焉不详。

② 本书采用中性的“经济法中的法律责任”。

③ 刘水林：《经济法责任体系的二元结构及二重性》，载《政法论坛》2005 年第 3 期。

援引责任则是从行政责任和刑事责任借用;①"独立说"认为,经济法责任是三种责任的综合化、整体化和系统化的提升,而非简单相加。经济法责任"确实是对经济责任、行政责任和刑事责任的综合,但这种综合并没有抹杀经济法责任的独特性质"。② "折中说"则认为,经济法责任不同于经济法规定的责任,经济法规定的责任包括民事责任、行政责任、刑事责任以及经济法责任,而经济法责任只是经济法规定的责任的一种。③ 除"否定说"之外,其余观点均承认经济法责任的特殊性。经济法责任的特殊性往往要通过具体的责任形态及特征来考察,法律责任研究,其重点和难点在于证成其异于传统民法、行政法、刑法在责任形态、特点方面的独立性。经济法法学者认识比较一致的经济法典型责任形态有强制实施某种行为、惩罚性赔偿、产品召回制度、信用罚、资格罚等。经济法的责任"包括共享责任(结构调控与行为禁止)与独有责任……尽可能地创新经济法的独有责任,并使其细化"。④ 这些责任形式的出现与经济法调整的国家宏观调控和反不正当竞争的社会关系有关。经济法既是干预市场失灵之法,又是干预政府失灵之法。新型责任突破了传统民法、行政法、刑法的种类、范围,调整方式也发生了变化。经济法责任特征研究代表性观点有:"经济法责任的法律依据是经济法、形式具有复合性、直接显著的社会公益性、明显的不对等性和不均衡性。"⑤经济法责任具有法律责任所共有的特征,又根据自身的理论设定和制度构成而存在独特的责任形态:经济法责任具有鲜明的经济性和社会性,三类经济法责任的各自特点具有一定的差异性。⑥ 经济法责任的特点是由经济法的定位所决定的,具有综合性、社会性、双重性特征。⑦ 经济法责任具有"责任的社会整体利益性、归责原则的公平性、政府责任的突出性、明显的不对等性和不均衡性、责任形式的多样性"。⑧ 关于经济法责

① 刘瑞雪:《经济法原理》,北京大学出版社2002年版,第58页。

② 邱本:《经济法原论》,高等教育出版社2001年版,第135页。

③ 石少侠:《经济法新论》,吉林大学出版社1996年版,第55页。

④ 岳彩申:《论经济法的形式理性》,法律出版社2004年版,第156~157页。

⑤ 张守文、于雷:《市场经济与新经济法》,北京大学出版社1993年版,第98页。

⑥ 石金平:《经济法责任研究》,法律出版社2013年版,第33~35页。

⑦ 李昌麒、岳彩申主编:《经济法学》,法律出版社2013年版,第269~271页。

⑧ 朱润生、唐骞:《浅议经济法责任》,载《法制与社会》2007年第1期。

任的研究很有必要，它可以在责任机制上证成经济法学科的独立性，从概念的内涵和外延两方面看，经济法规定的责任与经济法中的法律责任二者应该是一致的。“折中说”把经济法责任限缩为经济法“固有责任”，故“相对说”与“折中说”本质上没有区别。经济法作为一个独立的法律部门和经济法中的法律责任之特殊性已是不争事实，经济法中的法律责任理应是上位概念，为了防止概念的误用和研究的混乱，不必再创制“经济法责任”的概念。在根本上，经济法中法律责任的独立性取决于“公私融合”经济法的社会法本质、功能、理念价值，这是经济法区别于其他部门法的基础。经济法中的法律责任之“综合而独特”与“独立并行”的研究思路，“重点和基础集中在对经济法责任的定性上，即运用法律责任的一般原理，结合经济法的独特价值理念，再总结出经济法责任的各个方面的属性……建立在现有的各经济法本体论之上，一些简便的、法律逻辑推论式的经济法责任研究模式盛行”。[①] 事实上，经济法中的法律责任之于民事责任、行政责任及刑事责任的借用和竞合并不影响经济法独立部门法的生成。经济法中的法律责任之多元性、复合性、不对等性及不均衡性恰恰彰显了经济法的个性和现代性。归根结底，是经济法主体的多样性、调整社会关系的复杂性、利益社会本位性使然。很重要的一点是，经济法中的法律责任研究需要转型，不能再依赖于“求新”“求异”强制性、单线条的证成逻辑，可以通过对经济法制度中的民事责任、行政责任等进行深入研究，在民商法、行政法对相关责任的解释进入困境的地方进行经济法的解读，所谓“反弹琵琶”，或许是一个进路。近年研究经济法中具体责任的是韩志红的《试论经济法中民事责任的实现》，[②]该文从责任落实的角度，对违反经济法中民事责任的行为实行“当事人积极主义”和司法程序中的“国家干预主义”。经济法中同样有民事责任适用的余地，比如《消费者权益保护法》，只不过经济法中的民法责任不仅是补偿性的，更多体现为惩罚性，以反映经济法对市场中外部性行为的规制。因此，韩志红建议在诉讼模式上应“更多地适用‘集团诉讼程序’审理违反经济法的案件”，用法院“司法积极主义”代替

---

① 石金平：《经济法责任研究》，法律出版社 2013 年版，第 16 页。

② 韩志红：《试论经济法中民事责任的实现》，载《天津师范大学学报》（社会科学版）2003 年第 6 期。

我国的"当事人积极主义"。这种研究视角无疑是值得我们借鉴的。

民事责任可规定于民商法、经济法、行政法甚至刑法中。有学者认为,"所谓民法上的民事责任或经济法上的民事责任仅仅体现了不同的法律渊源,民事责任的性质不应随之而变"。[①] 经济法中的民事责任,"它不外是为了达到一定的经济政策目的,以采用私法性的手段而产生的民事责任。只要它是民事责任,无疑也是调整有关个人之间利害关系的手段,但其主要的不同,在于调整的标准并不像商法那样在于企业营利性,即在于私人方面;而是在于政策目的性,即公的方面"。[②] 此观点深刻阐释了经济法中的民事责任与民法中的民事责任"和而不同"的特点。

在形式上,连带责任是经济法与民法"共享"的一种法律责任。经济法借用民法的连带责任概念,有利于节省立法成本,实现立法目的。民法学界对连带责任与不真正连带责任研究的困境在于,民法是权利本位之法,而经济法是社会本位之法,两者在连带责任的主体性质、保护对象和适用范围上有很大差异,单从民法角度很难解释在我国近年来连带责任在立法中的泛化现象及它与不真正连带责任的本质差异,两者区别体现在以下几个方面:

一是主体差异。民法中连带责任的承担主体主要是自然人,如《侵权责任法》第78条;经济法中的连带责任主体范围更为宽泛,更多体现为市场中的企业、社会中间层等组织体,如《食品安全法》规定的"推荐食品的社会团体、其他组织、个人"。

二是主观不同。经济法连带责任主体在主观方面主要是故意和严重过失,一般过失或者无过错不追究连带责任,但往往会追究行政责任;民法中的连带责任主体在主观方面包括故意和过失,归责原则除过错归责之外,还包括无过错归责原则。

三是客体不同。经济法连带责任主体破坏的是由经济法保护的社会主义市场经济秩序和社会整体利益;民法连带责任主体破坏的是正常的社会生活秩序,侵害对象多为自然人的人身权和财产权。

四是客观不同。经济法连带责任主体的行为以营利为目的,一般的

---

① 张平华:《侵权法的宏观视界》,法律出版社2014年版,第198页。

② [日]金泽良雄:《经济法概论》,满达人译,中国法制出版社2005年版,第104~141页。

手段是以虚假表示、欺诈或者毁坏竞争对手的名誉等来达到自己的主观目的;民法中的连带责任之主体行为则多为生活世界中因故意或过失导致侵犯人身权、财产权。

五是责任不同。在经济法连带责任里面,市场主体所承担的不仅有连带责任还有应有的赔偿责任,即按份责任,如《认证认可条例》第62条的规定。民法连带责任主体承担的责任,除典型意义上的侵权连带赔偿责任之外,还可能包括不真正连带责任。

从制度演化史看,在市场体制能够解决问题的情况下,民法发挥主导作用,而随着经济发展和交换的社会化,导致市场机制的扭曲和失灵,这就为经济法律制度提供了规制空间,以弥补民法制度无力调整之憾。从这个意义上讲,经济法连带责任乃以民法连带责任作为基点,经济法的重要价值取向是社会公共性,不同于民法的连带责任,经济法的连带责任更多地体现倾斜性保护弱者的理念,降低利益受损者的维权成本,通过责任机制改变行为者的利益预期,减少自身行为给社会带来的外部性,如《产品质量法》《消费者权益保护法》等超越了民法中的损失填补规则。以认证制度为例,虚假认证提供了错误的市场信号,为消费者决策带来误导,损害了消费者知情权和安全权,因此,认证制度体现了经济法责任连带属性的内在要求。

(二)《产品质量法》与《认证认可条例》连带责任异同比较

相较而言,《产品质量法》与《认证认可条例》均是集中规范认证机构法律责任的法律、法规,前者是基本法,后者是一部综合调整认证认可活动的行政法规。以下结合相关条款,具体分析连带责任规定冲突之处。

1. 适用主体不一致

(1)表述不统一。我国的认证最初发源于产品认证,2000年修正的我国《产品质量法》第14条规定企业可自愿申请产品质量认证,未界定认证概念及认证机构的类型,但从第21条及第五章“罚则”第57条可推定,其为产品质量认证机构,不含体系等认证机构。原因在于,《产品质量法》立法上的措辞均是“产品质量检验机构、认证机构”,“产品质量”是“检验机构”和“认证机构”的共同限定性的修饰语。从立法史看,1993年《产品质量法》及2000年修订的《产品质量法》是对《产品质量认证管理条例》相关内容的确认。

我国《认证认可条例》第 2 条对认证下了定义，根据行为模式特点可看出，其第 74 条规定的认证机构只能是产品认证机构，而其第 60 条规定的认证机构则应是所有类型的认证机构。我国《认证认可条例》第 60 条第 1 款第 3 项规定了比较全面的行政处罚，且责任主体不限于产品认证机构。

(2)调整范围窄。《产品质量法》与《认证认可条例》都只规定了从事产品认证的机构承担连带责任，理论上包括强制性和自愿性产品认证，而没有约束从事服务或体系认证的机构。

2. 行为模式不同

按照我国《产品质量法》第 57 条第 3 款规定，认证机构承担连带责任的前提乃违反了对认证产品的跟踪督促义务，连带的主体是产品的生产者和销售者。而《认证认可条例》第 74 条对《产品质量法》规定的认证机构“改正”和“取消”义务进行了扩大和加深，表述也更规范，要求认证机构履行“跟踪调查”义务、“暂停”或“撤销”证书义务。

3. 责任承担方式有异

《产品质量法》第 21 条规定了认证机构要按照标准客观公正地出具证明。所谓客观，是指认证机构及其工作人员在出具检验结果或者认证证明时，必须做到实事求是，不得带有主观偏见。所谓公正，是指在检验或认证过程中，不得徇私舞弊、弄虚作假。《产品质量法》第 57 条第 1 款和第 2 款分别规定了认证机构出具虚假证明和证明不实情形下承担责任的具体类型，前者不包括民事赔偿责任，后者在证明不实的情形下才承担“相应的赔偿责任”。根据举轻以明重的法理，“证明不实”相对于“虚假证明”而言，应该是主观恶性比较轻的，“虚假证明”的责任应该大于“证明不实”。首先，《认证认可条例》第 62 条的“打包”规定，①突破了《产品质量法》的行政处罚色彩，似乎更为严格，但也显得粗糙，未明确“相应责任”的内涵和外延。其次，第 62 条第 1 款并没有把出具虚假认证结论的利益予以剥夺，②没有规定没收违法所得和罚款，仅仅只是

① 即出具虚假的认证结论，或者出具的认证结论严重失实的撤销批准文件，并公布；对直接负责的主管人员和负有直接责任的认证人员，撤销其执业资格；构成犯罪的，追究刑事责任；造成损害的，承担相应责任。

② 应飞虎：《信息、权利与交易安全》，北京大学出版社 2008 年版，第 236 页。

撤销批准文件和撤销直接责任人员的执业资格。

认证机构作为开展合格评定活动的法人企业，从事认证活动应遵循公正、公开、客观、独立、诚实、信用的原则，对其认证活动可能引发的风险和责任，采取合理、有效措施。认证机构的连带责任，是随着社会发展出现的新问题。目前的理论研究涉及不多，整体研究较为匮乏。《产品质量法》和《认证认可条例》在法律效力上属上位法与下位法、一般法与特别法的关系，共同规制产品质量。制度功能差异性体现在，前者侧重于规范产品的使用性能是否符合明示和默示的产品标准要求，约束生产者和销售者的经营行为，并在发生产品质量纠纷时提供损害赔偿救济模式，相对而言，对认证机构的约束原则性较强。而后者通过具体规范认证机构的资格、标准和程序，确保认证的规范性及认证产品的安全性和体系符合性，类似于一种市场准入制度，对认证机构进行系统性约束。历史地看，两者在规定认证机构出具虚假认证结论或失实情形下的责任承担上具有一定的延续性。《产品质量法》只规定了证明不实时承担相应性赔偿责任，而对“出具虚假证明”的行为，却没有规定民事责任。《认证认可条例》第 62 条进行了修正。2014 年 3 月起施行的最高人民法院《关于审理食品药品纠纷案件适用法律若干问题的规定》第 13 条规定了食品认证机构在上述两种情形下的不同法律责任。[①] 司法解释所规定的食品认证机构在外延上进行了扩大，不仅包括产品，还包括服务和体系，[②]在食品认证机构主观过错方面，实行了“二元”分离，进一步提高了规制的合理性。

认证机构的业务行为大致可分为审核或检查、发证、证后监督三个阶段。从监管的角度，首尾很关键，审核、检查是源头，证后监督是保证，而发证大体上属于程序性事实行为。源头抓好了，认证行业的风气转变了，必然会带动认证企业等市场主体的自律和规范运转，认证的应然功

① 食品认证机构故意出具虚假认证，造成消费者损害，消费者请求其承担连带责任的，人民法院应予支持。食品认证机构因过失出具不实认证，造成消费者损害，消费者请求其承担相应责任的，人民法院应予支持。

② 最高人民法院主编：《关于食品药品纠纷司法解释理解与适用》，人民法院出版社 2014 年版，第 180 页。其定义，所谓食品认证是指由食品认证机构证明食品、服务、管理体系符合相关技术规范、相关技术规范的强制性要求或者标准的合格评定活动。

能才能体现。近年来,认证证书和认证标志的大幅贬值,其根源就在于认证源头出了问题,企业花钱,认证机构卖证,导致证书的含金量越来越低,认证机构之间搞价格战,虚假认证和不实认证现象丛生,恶化了社会信用关系和市场经济秩序,故遏制虚假认证是法律规制的头等任务。

众所周知,2008 年发生"三鹿"奶粉事件,三鹿集团获得包括质量管理体系认证、绿色食品认证、环境管理体系认证等 40 多种认证证书。一方面,这些令人眼花缭乱的认证证书反而成为应对危机、高调宣传的工具。然而,另一方面,也正是由于食品认证机构及其人员在认证活动中存在故意或过失,才放大了消费者受侵害的可能。消费者如因轻信该认证而购买食品产生的危害,与食品认证机构虚假或不实认证之间存在因果关系,应对消费者承担侵权赔偿责任。虚假认证、证明不实的责任认定问题,是一个价值判断问题,也是一个事实问题。从《关于审理食品药品纠纷案件适用法律若干问题的规定》第 13 条的规定来看,立法者对"故意"虚假认证和"过失"不实认证在责任方面作了区别,前者承担连带责任,后者是相应责任,体现了立法的科学性。虚假和严重不实的情形可包括无中生有,虚构材料,故意增加、减少或者遗漏认证程序等。一般过失,比如因疏忽漏了某个非核心的核查程序,漏检了系列产品中的个别项目。对一般过失不追究民事责任,除非造成消费者损害。鉴于《认可条例》的现有表述,可考虑将"严重不实"纳入"虚假认证"的范畴,虚假、严重不实的程度应在 80%~100%,而过失导致的不实程度应在 20%以下,即认定的事实与实际相差不大,而且是没有主观的故意,没有追求和放任危害后果发生的主观意思。

《关于审理食品药品纠纷案件适用法律若干问题的规定》扩大了连带责任行为模式的范围,然而,规制对象仅限于食品认证机构,对于非食品类认证机构没有法律约束力。从整肃认证机构行业风气,提升社会整体信用角度,有必要在立法上明确对所有从事产品、服务和体系认证的认证机构虚假认证的严重失信行为承担连带责任。根据该规定起草动因,食品认证机构因过失应承担按份责任,①这是对《产品质量法》《认证

① 最高人民法院主编:《关于食品药品纠纷司法解释理解与适用》,人民法院出版社 2014 年版,第 184 页。

认可条例》就"相应责任"性质的首次确认。虚假认证与因过失不实认证之责任的差异,其本质就是连带责任与按份责任的差异。连带责任与按份责任的制度设计可促使认证机构更加审慎经营业务。两者区别在于:一方面,责任范围不同。连带责任是对全部损害负责,而按份责任不需要对全部的损害负责,只要根据过错等因素进行"一对一"的不完全的赔偿。另一方面,连带责任是加重责任,对超过自己的部分可以追偿,而按份责任是自己责任,对别人的过错不必承担责任,不存在追偿权,但其缺点在于,它可能难以对受害人提供有效保护,因为可能存在部分行为人查找不到或者其没有足够的赔偿能力的情形。①

《认证认可条例》《产品质量法》均规范产品认证机构在发证及证后监督义务的履行。认证机构在发证后需要依据认证规则和合同规定,进行监督复评和跟踪调查,以及调查后行使对证书与标志的限制措施,以确保产品的标准符合性。立法者的注意力放在了产品之上,因为产品缺陷经常是导致侵权案件的主要原因,但忽视了体系认证对产品、环境、管理的重要作用。体系认证作用不容忽视,体系认证重在企业的过程运营、风险控制和程序管理,对提高产品质量效应方面不亚于产品认证。立法上应该将产品、服务和体系认证全部包容进去,而不应该仅重视产品认证,应充分发挥第三方认证监督的"社会之眼",加强工厂质量保证能力的检查督促,全方位增强认证机构对认证对象的监督和制约,强化认证对象的自律意识,普遍提高认证对象的生产效率和管理绩效。

在一定意义上,经济法制度体系的功能协调、形式理性能保证秩序治理的科学化和规范化。否则,制度冲突、打架必然导致制度在执行中绩效的下降,监管对象对自己的行为带来的后果也不可能有心理预期,从而增加守法成本和执法成本。连带责任及赔偿责任在经济法和行政法中有不断蔓延的趋势,甚至可能被滥用。在认证机构行为约束和相关责任的统一性方面,如何合理设计假定条件、行为模式、法律后果?特别是在什么情形下能构成连带责任?其归责原则和构成要件是什么?

(三)连带责任的认定与实现

连带责任是传统民商法、侵权法研究的重要内容。侵权责任在本质

---

① 姬新江:《共同侵权责任形态研究》,中国检察出版社2012年版,第177页。

上属于债法规范的内容，但我国《侵权责任法》单独成编，与传统债法实现相对分离。连带责任是指根据法律规定或当事人有效约定，基于保证、合伙、代理、共同侵权等原因，两个或两个以上的连带义务人都对不履行义务承担全部责任，可在更大程度上保护债权人利益。《民法总则》《公司法》《侵权责任法》《消费者权益保护法》等有关法律和最高人民法院《关于贯彻执行〈中华人民共和国民法通则〉若干问题的意见》《关于审理联营合同纠纷案件若干问题的解答》《关于审理食品药品纠纷案件适用法律若干问题的规定》等司法解释对连带责任的适用条件分别作了规定，成为在审判实践中认定当事人是否承担连事责任的法律依据。

在我国，随着《侵权责任法》的颁布实施，民法学界对连带责任的研讨颇多，但对其内涵，并没有形成一个大家都可接受的见解。[①] 连带责任是共同侵权行为的法律后果，由共同侵权人承担。一种观点认为，“所谓数人侵权中的连带责任，是指数个侵权人实施了共同侵权行为、共同危险行为、以累积因果关系表现的无意思联络的数人侵权等形态中，每个人的行为都足以造成全部损害后果，侵权人依法应当向被侵权人承担的不可分的责任。”[②]此概念从侵权人角度，界定了连带责任的整体性、不可分性，强调侵权人共同促成损害后果的发生，并要求每个侵权人的侵权行为都足以造成全部损害后果。另一种观点认为，这种侵权连带责任是指“受害人有权向共同侵权人或共同危险行为人中的任何一个人或数个人请求赔偿全部损失，而任何一个共同侵权人或共同危险行为人都有义务向受害人负全部赔偿责任；共同加害人中的一人或数人已全部赔偿了受害人的损失，则免除其他共同加害人向受害人应负的赔偿责任”。[③] 此概念从受害人角度界定了侵权损害赔偿请求权行使的方式和连带责任的外部效力。还有人认为，连带责任即由违反连带债务或共同侵权行为产生的民事责任。此概念实际上只是列举了产生连带责任的两个原因，未能真正揭示连带责任的内涵。概念是本质和特征的反映，上述比较权威的连带责任之定义，以制度的法律效果来反推概念，连带

---

① 姬新江：《共同侵权责任形态研究》，中国检察出版社2012年版，第65页。

② 王利明：《侵权责任法研究》（上卷），中国人民大学出版社2010年版，第581页。

③ 杨立新：《侵权责任法》，法律出版社2012年版，第116页。

责任具有政策性和工具性价值衡量,“连带责任外延的广泛性决定了连带责任的复杂性与内涵不确定性”,“试图从逻辑上总结连带责任的概念并不可行,可以通过对连带责任构成要件、类型分析来把握连带责任的现实性与价值性”。① 关于连带责任的特征,有传统三要素说,即“法定性”、“连带性”和“强行性”;②有三种四要素说,即“对受害人的整体责任”、“受害人有权请求连带责任人中的任何一个人承担连带责任”、“各连带责任人内部有责任份额”和“连带责任是法定责任的改变”,③“法定性”“牵连性”“共同目的性”“财产性”,④“整体责任”“成因的特殊性”“被侵权人有选择权”“内部有责任份额”。⑤ 这些特点的归纳,表述各异,但总体上体现了连带责任的基本特征,着力区分其与不真正连带责任的不同。从《侵权责任法》的狭义角度,连带责任的特征可抽象为法定性、牵连性、选择性、整体性、财产性、追偿性。

通说认为,不真正连带责任本质是数人之债,其与连带责任有诸多类似之处。例如,债务人均为数个人,给付内容相同,各债务人均负全部给付义务,因一人的给付而使全体债务归于消灭。⑥ 不真正连带与连带责任制度的终极目的是一致的,即确保和实现债权,最大限度地满足债权人的利益。王利明认为,首先,两者区别在于“法律规定不同”,不真正连带责任并不是法律明确规定的责任,是学者总结解释出来的产物。其次,两者产生的原因不同,不真正连带责任各责任人承担的责任都是基于不同原因而发生的。再次,不真正连带责任可全部追偿,而连带责任每个责任人都要承担一定的责任,这是两者的重要区别。最后,是否存在终局责任人。在连带责任中,各个连带责任人都是终局人,而在不真正连带之债的情况下存在终局的责任人。⑦ 这种观点在侵权责任相

---

① 阳雪雅:《连带责任研究》,西南政法大学民商法学院 2010 年博士学位论文,第 115~116 页。

② 王利明:《侵权责任法研究》(上卷),中国人民大学出版社 2010 年版,第 582 页。

③ 杨立新:《侵权责任法》,法律出版社 2012 年版,第 117 页。

④ 姬新江:《共同侵权责任形态研究》,中国检察出版社 2012 年版,第 66~69 页。

⑤ 余中根:《侵权连带责任的理解与适用》,载《吉林农业科技学院学报》2013 年第 4 期。

⑥ 孔祥俊:《论不真正连带债务》,载《中外法学》1994 年第 3 期。

⑦ 王利明:《侵权责任法研究》(上卷),中国人民大学出版社 2010 年版,第 584 页。

关研究中几成通说。而姬新江认为“连带责任与不真正连带责任的区别标准应在于债务人有无主观上的关联”,在不真正连带责任中“数个债务人虽无主观上的共同关联,但对债权人利益的实现在客观上却有共同目的”,而“连带责任各债务人为达到共同目的而在主观上共同关联”。连带责任与不连带责任的内部求偿权差异,主要是性质不同,不真正连带责任中的追偿,依据的是特殊的法律关系,在不真正连带责任中,由于法律规定的不同,有的可以追偿,有的不能追偿,如《保险法》对财产险与人身险就作出了不同的制度安排。①

对《侵权责任法》是否规定有不真正连带责任,民法学界有肯定说和否定说,肯定说对具体条文的认定也存在较大差异。有学者认为,我国《侵权责任法》第10条、第11条、第36条、第43条、第59条、第74条、第75条、第83条、第85条、第86条等都是不真正连带责任。② 有学者认为,我国《侵权责任法》第43条、第59条、第68条、第83条属于典型的不真正连带。③ 持截然对立观点的学者则认为,不真正连带责任一直没有被我国法律所采用。更有学者直言,将该法第10条、第11条、第36条、第74条、第75条所规定的法定连带责任解释为不真正连带责任,缺少法律和事实依据,这些规定在本质上体现的是赔偿请求权让与,各债务人之债务根本不具连带性,不发生连带的效果,债务人具有一定的可选择性而已。④ 连带责任是对“自己责任”的突破,其制度价值在于,对社会弱者进行更加周全的保护,能够最大限度地扩大责任财产的总额,体现权利保障价值,实现社会正义,且具有较高的诉讼效率价值。然而,连带责任的理论基础、基本概念、归责原则、构成要件及不真正连带责任

---

① 姬新江:《共同侵权责任形态研究》,中国检察出版社2012年版,第238~239页。该书认为,在财产保险中,“因第三者对保险标的的损害而造成保险事故,保险人自向被保险人赔偿保险金之日起,在保险金额范围内代位行使被保险人对第三者请求赔偿的权利”。在人身保险中,“人身保险的被保险人因第三者的行为而发生死亡、伤残或者疾病等保险事故的,保险人向被保险人或者受益人给付保险金后,不得享有向第三人追偿的权利”。

② 李永军:《论侵权责任法关于多数加害人的责任承担方式》,载《法学论坛》2010年第2期。

③ 王利明:《侵权责任法研究》(上卷),中国人民大学出版社2010年版,第50页。

④ 章正璋:《我国〈侵权责任法〉中没有规定不真正连带责任——与杨立新等诸先生商榷》,载《学术界》2011年第4期。

的存在与否等还远未达成共识,连带责任的"连带性"的标准出现了混乱,学界有行为连带、客观连带、信息连带、身份连带等观点,这就出现了"连带关系""关联关系"的泛化。"连带关系"的连带程度是债务人承担连带责任的基础和核心标准,不真正连带责任正是传统民法调整的社会关系发生了变化之后连带责任的变异,这也为连带责任吸收不真正连带责任提供了可能。

一方面,随着市场经济的发展和社会的进步,承载"关联关系"的社会关系也在不断扩展,连带责任在外延上能容纳下不真正连带责任,连带责任的法定主义本身能起到一定的裁判规则功能。另一方面,连带责任与不真正连带责任的区分不那么泾渭分明,无论是否由偶然行为造成损失、是否有终局债务人、是否存在追偿关系。阳雅雪博士认为不容易全面清晰区分两者,英美法系的判例主义素来不区分两者,往往从实用主义与经验主义角度来涵盖连带责任类型。

1. 归责原则

一般认为,归责原则即确定责任归属所依据的基本法律准则和基础。归责是指"行为人因其行为或者物件致他人损害的事实发生以后,应依何种根据使之负责,此种根据体现了法律的价值判断,即法律应以行为人的过错还是应以已发生的损害结果抑或以公平等作为价值判断标准,而使行为人承担侵权责任。归责原则是侵权法的精髓"。① 侵权法上的归责原则有过错责任原则、过错推定责任原则、严格责任原则和公平责任原则,每种归责原则对应不同的构成要件,在举证责任承担方面也存在差异。随着产品责任其责任形式争论的深入和《侵权责任法》的颁布,关于认证机构归责原则,近年来有一些研究成果,但在归责原则的确定方面仍有进一步研究的必要。

有学者在比较过错责任原则与无过错责任原则对认证机构及行业影响基础上,建议"在适用过错责任原则的基础上增加过错推定条款",认为认证机构对其认证结果与实际情况的符合性负举证责任,民事责任豁免事由包括受害人故意、不可抗力或其他特殊情况,②这种立法模式

① 王利明:《侵权责任法研究》(上卷),中国人民大学出版社 2010 年版,第 50 页。

② 王寅、齐虹丽:《论产品认证机构民事责任的归责原则——以对第三人责任为视角》,载《学术论坛》2014 年第 1 期。

下,归责原则实际上不是单一的归责原则,而是多元归责,模糊了各归责原则之间的界限和分类的科学性。造成上述见解冲突的原因,一方面是实体法规定的限制,另一方面是权衡了认证机构侵权赔偿能力,认为在没有完善职业风险保险的情形下,让认证机构承担侵权责任会影响认证行业的发展,而没有充分认识到认证机构在产品质量和社会管理中的本质功用和其应担当的社会责任。事实上,正是对认证行业法律责任设定的宽松,才导致认证行业的失序和混乱,而不是相反。

鉴于认证机构的责任具有附属性,不宜适用严格责任。对于认证机构侵权责任的归责原则,应当适用过错推定原则,而非适用过错责任原则。过错推定原则是指"在法律有特别规定的场合,从损害事实的本身推定侵权人有过错,并据此确定造成他人损害的行为人赔偿责任的归责原则",①理由如下:

第一,从责任的基础上看,认证机构和购买产品与服务的消费者之间并不存在直接的合同交易关系,也不同于生产者、销售者与消费者之间的侵权法律关系及求偿关系。认证机构承担侵权赔偿责任的法理基础在于其注意义务及信赖责任。在本书第一章中,对认证法律主体关系分析作了初步分析,认证机构与依赖人之间是一种信赖关系。按照合理信赖原则,普通民众对于具有专业知识的机构或人员具有合理的信赖,基于这种信赖,他们有理由期待这些机构或人员基于自身的专业知识尽到比普通民众更高的注意义务。专业人士的能力"至少在每个理性人的一般水平之上",若欠缺必要的专业能力,这就形成了对社会公众信赖的破坏。② 专业人士也通过其专业活动获得了较高的报酬,按照"权义相一致"的原则,要求其负有较高的注意义务及信赖责任也是合理的。另外,适用过错推定,更有利于保护受害人的法益,实现实质正义。

第二,从调整范围上看,过错责任原则是我国《侵权责任法》的基本归责原则,由它调整一般侵权行为的责任归属问题;而过错推定责任原则"调整的不是一般侵权行为,而是一部分特殊侵权行为"。③ 认证机构

① 杨立新:《侵权责任法》,法律出版社 2012 年版,第 71 页。

② 欧洲侵权法小组编:《欧洲侵权法原则:文本与评注》,于敏、谢鸿飞译,法律出版社 2009 年版,第 120 页。

③ 杨立新:《侵权责任法》,法律出版社 2012 年版,第 65 页。

侵权责任具有附属性，以产品责任的成立为前提。从行为性质上看，认证机构出具虚假证明、未有效跟踪调查、不及时暂停或撤销认证证书和停止使用认证标志的行为属于特殊帮助行为。过错推定责任原则是处在过错责任与严格责任之间的中间责任。对这种特殊帮助行为的责任归属不能简单地适用一般侵权行为归责原则，而应适用特殊侵权行为归责原则。

第三，从举证责任角度来看，在一般的过错责任中，举证责任通常分配给原告，而过错推定原则恰恰相反，它实行的是举证责任倒置模式，举证责任由原告方转移到被告方，被告需要证明自己没有过错，否则就要承担法律责任。司法实践中，之所以很少出现直接起诉认证机构案件的一个重要原因就在于，现行侵权责任框架下，普通消费者无法证明认证机构是否存在过错，且被生产者的严格责任屏蔽了。从行业性质上看，认证机构具有专业性、技术性和规范性；从行为上看，认证有封闭性，认证过程很难为外界所知，一般消费者很难证明认证的真实性或虚假性、跟踪监督实施情况。换句话说，与认证机构相比，普通消费者在举证地位上具有天然的弱势。

第四，从适用法律上看，过错推定的适用一般要求法律有明确规定，以法律特别规定为适用的前提。一般的侵权案件适用一般的归责原则，而过错推定原则的适用有特别的条款加以框定，这是由侵权行为性质决定的。认证机构出具虚假证明或不实证明结论，是产品责任发生的必要条件，其行为属于《侵权责任法》第 9 条规定的帮助类型，应该依据该条第 1 款承担连带责任；即使部门法对此类连带责任不作出特别列举，也可适用《侵权责任法》第 9 条承担连带责任。①

第五，也是最重要的，从责任的落实看，认证行业属于新兴行业，规模较小，技术不足，行业规范有待完善，所以，归责原则的适用需要对此有所考量，不宜适用严格的归责原则。有论者认为，在没有认证保险制度时，适用无过错归责原则对消费者权益的保护只是空谈，原因在于认

① 王竹、钟琴：《论产品质量检验、认证机构侵权责任——以本次〈消费者权益保护法〉的修改为中心》，载《东方法学》2013 年第 5 期。

证机构根本无力负担巨额的赔偿费用。[①] 责任归责原则与责任的实现关系紧密,前者决定着后者的范围及实现程度。然而,在责任承担能力方面而言,随着认证市场竞争结构和竞争格局的变化,中小型、实力一般的认证机构在优胜劣汰市场机制下会逐步退出市场,会留存少数经市场认可、实力雄厚的综合性检测认证集团企业。责任治理的方式,正是淘汰失信违法认证机构、促进行业良性发展的重要手段。另外,认证机构的责任却不是无限的,在主体上,前有生产者,后有销售者,还可以有抗辩事由。在责任形式上,除连带责任之外,还有程度较轻的相应责任。

综上,立法上对认证机构实行过错推定归责原则,无论在法理上,还是在法律运行及责任实现上,都有该当性。过错推定不等于过错认定,从免责事由角度,在过错推定责任下,侵权人若能够证明损害是由受害人的原因所致,或者已尽到了法律法规所确立的以合理谨慎之标准所要求的注意义务,也可以被免除责任,故过错推定归责原则具有较多优势。

2. 具体构成

有学者认为,"在适用过错推定原则确定侵权责任的时候,其侵权责任的构成与适用过错责任原则没有原则的变化,仍须具备损害事实、违法行为、因果关系和过错四个要件"。[②] 该观点并没有体现过错推定适用的特殊性。王利明认为,过错推定责任适用程序较过错责任"较为复杂",只有严格遵循推定程序,按照不同环节的要件,才能够保证过错推定最终结论的妥当性,按事物发展的逻辑关系角度,其构成程序与要件分为"因果关系的存在""推定过错的基础事实的存在""推定行为人有过错""行为人就其没有过错予以反证""确定反证是否有效并确定责任"。这种纵向、动态、递延的分析方法体现了司法裁判的适用性和学术研究的便利性,但在内容上,"因果关系的存在"包含了"推定过错的基

① 王寅、齐虹丽:《论产品认证机构民事责任的归责原则——以对第三人责任为视角》,载《学术论坛》2014 年第 1 期。

② 杨立新:《侵权责任法》,法律出版社 2012 年版,第 72 页。

础事实的存在”。有学者认为，认证机构侵权责任有四个构成要件，[①]这种观点实质上是“四要素”说在一般过错归责原则视角下的运用。本书对“五要素”说进行修正，对认证机构虚假认证过错责任推定的程序和要件进行初步探讨：

（1）存在因果关系。适用过错推定的前提是损害与行为之间的因果关系已经确定，如果仅有损害而尚未确定与其行为之间的因果关系，就没有进入过错推定大环节的必要。[②] 首先，受害人应就“损害”与“侵权行为（作为或不作为）”的因果关系进行举证证明，这是受害人应该承担的初步证明责任，否则就无法确定准确的被告，当然也就无法推定过错并认定责任。在认证机构虚假认证侵权案件中，缺陷产品受害人必须证明损害事实的存在，比如产品不符合国家标准或企业明示标准、产品导致人身财产损失的客观事实等。其次，损害是由认证机构的虚假信息造成的，比如购买产品是轻信了认证机构的认证标志。若仅仅只有损害事实，但不能确定是何人的行为造成了损害，则不能适用过错推定。因果关系的证明是适用过错推定的先决性条件。

（2）推定行为人有过错。上述关于因果关系的证明，必然会涉及常规构成要件中的“损害”与“侵权行为”。在受害人完成其过错推定责任中的证明责任之后，进行过错推定的条件就已成就，法官可以据此启动“过错推定”程序，直接从体现因果关系的基础性事实出发来推定行为人有过错，关键是受害人的因果关系证明及“损害”与“侵权行为”证明力能否得到诉讼法有关证据效力的认可。如能，则受害人的证明行为已经符合过错推定的法定条件，而无须法官依职权确定是否进入过错推定程序。对认证机构虚假认证而言，推定认证机构有过错是逻辑的结果。

（3）行为人就其没有“过错”提出抗辩事由。过错推定是法律的拟制，具有一定的假设性和暂时性，而非终局性的结论或裁定，仍可经由行为人抗辩事由的检验。在某种意义上，它是一种程序装置，其目的是实

---

① 第一，认证机构出具了错误的认证文件；第二，消费者权益遭受了损失；第三，认证机构存在过错；第四，错误的认证文件与消费者遭受的损失之间存在因果关系。参见王竹、钟琴：《论产品质量检验、认证机构侵权责任——以本次〈消费者权益保护法〉的修改为中心》，载《东方法学》2013 年第 5 期。

② 王利明：《侵权责任法研究》（上卷），中国人民大学出版社 2010 年版，第 238 页。

现内在的公平价值。被告可以经过反证,证明自己没有过错或是受害人、第三人的过错。提出反证的方式通常有两种:一种是对法律规定承担责任的法律事实提出反面证据;另一种是证明自己尽到了法律所规定的义务。但是《认证认可条例》并未明确规定虚假认证的表现和相关法律事实,可适用第二种方法,即证明认证行为符合我国《认证认可条例》第6条、第18条、第22条之规定及《认证机构管理办法》第三章"行为规范"中的第21条、第22条等规定。认证机构只要能证明认证行为符合法律规定的实体性和程序性条款,尽到了注意义务,就可表明其没有过错。

(4)确定抗辩是否有效并确定责任。确定抗辩有效性及责任是过错推定归责的最后一个程序。上述举证责任倒置模式对司法裁判的意义在于,通过反证的证据开示,更便于查明侵权事实真相。如果行为人的反证成立,则原告的侵权赔偿请求权丧失;如果行为人的反证不成立,则原告的侵权请求权成立。据此,法官可以按照法律规定确定行为人承担侵权责任的方式和范围。

3. 责任分担诉讼规则

在数人侵权责任中,直接针对认证机构请求连带赔偿责任的案件,至今尚未有发现存在。在产品责任侵权案件中,受害人通常只起诉产品或服务的生产者或销售者(提供者)。

王竹等认为,特别法上规定的认证机构侵权责任,实质上"都必须以产品责任的成立为前提",如果没有产品责任,认证机构即使存在违法行为,也只会承担行政责任和刑事责任,而不用承担民事责任。① 这个观点只部分地解释了我国《产品质量法》第57条第3款的情形,②而不能解释《认证认可条例》第74条规定的承担连带责任之情形。③ 认证机构

---

① 王竹、钟琴:《论产品质量检验、认证机构侵权责任——以本次〈消费者权益保护法〉的修改为中心》,载《东方法学》2013年第5期。

② 对不符合认证标准而使用认证标志的产品,未依法要求其改正或者取消其使用认证标志资格的,对因产品不符合认证标准给消费者造成的损失,与产品的生产者、销售者承担连带责任。

③ 未对其认证的产品实施有效跟踪调查,或者发现产品不持续符合认证要求,不及时暂停或撤销认证证书和要求其停止使用认证标志给消费者造成损失的,与产品的生产者、销售者承担连带责任。

未对其认证的产品实施有效跟踪调查等行为属于特殊的“不作为型”帮助侵权行为，应适用连带责任。王竹等认为，承担连带责任的对象仅限于产品的生产者而不包括销售者，理由是认证的申请者是生产者而非销售者。该观点有待商榷，首先，从连带责任制度的救济功能上讲，连带责任是“为公正救济受害人而创设的一种工具。就公共政策而言，其正当性在于它代表的是一种深思熟虑的风险分配方式。在侵权法的总体框架中，连带责任被看成是降低原告在被告无力清偿时分担风险的方法”。[①] 其次，认证机构与销售者存在连带关系，在产品侵权责任里面有共同的标的。当然，销售者承担的仅是过错责任，认证机构承担的是推定过错，都存在免责抗辩权。

根据最高人民法院《关于判决中已确定承担连带责任的一方向其他连带责任人追偿数额的可直接执行问题的复函》和最高人民法院《经济审判庭关于生效判决的连带责任人代偿债务后应以何种诉讼程序向债务人追偿问题的复函》可推论：民事判决可以明确各连带责任人应当承担的份额，[②]连带责任人代偿债务后，可分三种情况寻求司法救济：其一，民事判决确定各连带责任人应当承担份额的，部分责任人代偿债务后，可以向原审人民法院请求行使追偿权，原审人民法院应当裁定其他连带责任人偿还，该裁定不允许上诉，但可复议一次；其二，民事判决没有确定各连带责任人应当承担份额的，部分责任人代偿债务后向其他连带责任人行使追偿权的，应当向人民法院另行起诉；其三，在民事判决作出之前，部分连带责任人已经向权利人履行了所有连带责任人的义务，且之后作出的民事判决已经明确了代偿债务的责任人向其他连带责任人追偿的数额时，代偿债务的责任人可直接以该民事判决书向人民法院申请强制执行。

（四）认证制度中连带责任的立法建议

亚里士多德“两分式”正义理论一个重大的贡献在于，将正义区分

---

① 胡海蓉：《美国侵权法上连带责任的新发展及其启示》，载《法商研究》2008 年第 3 期。

② 即最高人民法院《关于判决中已确定承担连带责任的一方向其他连带责任人追偿数额的可直接执行问题的复函》和最高人民法院经济审判庭《关于生效判决的连带责任人代偿债务后应以何种诉讼程序向债务人追偿问题的复函》。

为分配的正义与矫正的正义。分配的正义是关于对权力、产品等社会资源在社会主体间进行正常配置的规则设计。有学者认为,民法和经济法在控制侵权方面有各自的功能,对于受害人众多或者受害权益难以计算的"非典型性"侵权案件,采用何种手段,在很大程度上取决于救济成本的大小,仅通过民事救济控制侵权现象是无效率的,必须采用经济法对侵权现象进行控制。① 连带责任是认证机构帮助侵权的法律后果。综上所述,建议未来制定合格评定法对认证机构侵权责任条款进行重构,②草拟如下:

第××条　产品、服务或体系认证机构出具虚假认证结论,或者出具的认证结论严重失实的,撤销批准文件,并公布;对直接负责的主管人员和其他直接责任人员处一万元以上五万元以下的罚款;有违法所得的,并处没收违法所得,撤销其执业资格,并处违法所得十倍罚款;构成犯罪的,追究刑事责任;造成消费者损害的,与生产者、销售者承担连带责任。

指定的认证机构有前款规定的违法行为的,同时撤销指定。

产品、服务或体系认证机构因过失出具不实认证,造成消费者损害的,承担相应责任。

产品、服务或体系认证机构在认证活动中与认证委托人存在合谋的,将认证机构与认证委托人列入黑名单,责令撤销认证证书,没收违法所得、认证产品,并处认证机构违法所得十倍罚款,并处认证委托人认证产品货值十倍罚款。

第××条　产品、服务或体系认证机构未对其认证的产品、服务或体系实施有效跟踪调查,或者发现产品、服务或体系不持续符合认证要求,不及时暂停或撤销认证证书和要求其停止使用认证标志给消费者造成损失的,与生产者、销售者承担连带责任,没收违法所得,并处认证费用十倍罚款。

---

① 许明月:《侵权救济、救济成本与法律制度的性质——兼论民法与经济法在控制侵权现象方面的功能分工》,载《法学评论》2005 年第 12 期。

② 有学者认为,应该给予认证机构责任予以一定的限制,不宜过于严厉,即立法上采取限制连带责任。这种观点忽视了认证机构提升产品、体系和服务质量及社会信用的作用。在立法上应保持高压态势,有助于认证机构积极履行质量监督功能。

认证，外观上是以市场化的方式规制市场，以社会化的方式规制社会，应做到“谁发证，谁监管”，但实质上，认证市场与认证对象市场均存在失灵的潜在性与可能性，仍然离不开政府的“有形之手”，仍应发挥政府的强势地位对之予以积极干预和矫正。当然，监管部门也不应把企业违法违规等行为简单地归咎于认证机构的问题。在一般规制意义上，上述有关讨论认证机构连带责任的认定及实现，同样适用于强制性产品认证机构。

三、完善工厂检查员的专家责任

专家是随着社会分工精密化而出现的特殊职业群体。正如吉登斯(Anthony Giddens)所言，现代人生活在专家知识和抽象系统里。[①] 有观点认为，随着民法社会化的发展，私人生活的公共化趋强，侵权法正逐步实现对合同法的扩展，以侵权法形式将专家责任固定下来，有助于实现行业利益、公众利益和长远利益的利益平衡。[②] 在本质上，专家应当是社会公共利益的卫士，而不是委托人私益的卫士，工厂检查员也不例外。认证领域需要大量的技术知识和专业人员，为此，有必要对实施认证主体的工厂检查员提出更高的要求，以保障认证行为的客观性和认证结果的可信度。

2005 年国家认监委颁布施行《强制性产品认证检查员管理办法》，该办法共 24 条，对强制性产品认证工厂检查员的申请、培训、考核、注册和监督管理进行了全面规定。该办法第 16 条规定，指定的认证机构应当对强制性产品认证检查员的选用、培训、考核等进行严格管理，并实行备案制。该办法第 19 条对检查员出具虚假或者不实的检查结论等六项进行了禁止性规定。第 20 条规定，对不能持续符合资格注册要求或者违反相关行为规范的人员给予相应处理。同时，作为操作性文件，《强制性产品认证指定机构和检查员年度监督检查工作规范》也概括了检查员职务活动的严重性问题，除了《强制性产品认证检查员管理办法》相关

① 谢鸿飞：《现代民法中的人》，载杨柳主编：《北大法律评论》(第 3 卷)，法律出版社 2001 年版，第 98 页。

② 蒋云蔚：《从合同到侵权：专家民事责任的性质》，载《甘肃政法学院学报》2008 年第 7 期。

条款外,还包括出具虚假工厂检查报告、缺少必备要素的检查、专业能力不足、非法获益等问题。本来认证是为了帮助企业提升质量或管理水平,让企业有持续改进的机会,结果部分 CCC 审核员"潜规则",生搬硬套所谓的实施规则等,甚至有的审核员产品标准都没企业熟悉也在审核,搞得企业这也不好那也不好,以给审核员敛财机会。① 在一定程度上,上述这些规定反映了国家认监委规范性文件的"软法"性质。

有学者认为,目前有关认证检查员管理方面,缺乏客观的专业考核手段和客观的专业区别手段。② 有观点认为,对 CCC 检查员的监督管理是一项复杂的系统性工程,管理效果在很大程度上决定了认证有效性,可采取电话回访、现场见证、事后监督等外部监督模式。③ 电话回访成本低,而后两种不经济,但实际上这些均属于认证机构的内部监督方式。由于《强制性产品认证实施规则》赋予了认证机构制定实施细则的权利,这就导致不同的认证机构可能制定不同的实施细则,从而有可能使针对同一工厂的检查结论具有差异性和不确定性。有观点认为,作为专家,工厂检查员掌握着检查结果的绝对判定权,受检方可能会采用一些"非正当手段"来诱获更好的建议性检查结论,同时工厂检查员也可能利用手中的职权向受检方索取利益,仅通过认证机构事后监督和受检方反馈等渠道,很难避免"认证合谋"现象的产生。④ 工厂检查员的专、兼职制的双重管理缺陷,事实上也导致了"承诺和威胁"机制缺乏,损害了认证的有效性和强制性认证制度的权威性,光靠内在的自律机制也很难发挥根本性的作用。

18 世纪英国哲学家、政治理论家大卫·休谟(David Hume)在其"普遍无赖"假定中认为,在确定若干制约、监控机构时,必须把每个公民都设想为无赖之徒,并设想他的一切作为都是为了谋求私利,别无其他目

---

① 参见 ISO 爱好者网:http://www.isofans.com/forum.php? mod = viewthread&tid = 47214,最后访问日期:2017 年 12 月 5 日。

② 杨哲哲:《检查员专业能力的有效考核及分级使用》,载《认证技术》2013 年第 5 期。

③ 潘梅剑、胡晓亮:《对 CCC 检查员管理方式的探讨》,载《认证技术》2012 年第 8 期。

④ 朱莹:《建立并实现 CCC 检查员自律机制》,载《认证技术》2012 年第 8 期。

标。[①] 法律制度约束是确保专家责任明晰和责任追究的根本保证,让工厂检查员能够免疫企业给予的利益诱惑并不容易,必须完善其能力评价和激励约束机制,让他们有一定的收入保障,以确保职业的相对稳定性,鼓励他们公正、公平地进行工厂检查和监督审核,相对独立地开展认证活动。同时,一旦发现不法行为,要给予严厉的惩处,促进从业机构和人员向职业化、专业化、高端化方向发展。有观点认为,在提高强制性产品认证的质量强化内部监督方面,认证机构应形成定期考核和不定期抽查的制度,考核检查结果作为检测实验室、工厂检查员年度考核的重要依据。细化考核标准,实行末位淘汰,形成“比学赶超”的良性竞争氛围,严惩违规操作,实行一票否决制,坚决杜绝违规现象的发生。在加强外部监督方面,要规范强制性产品认证制度的执行行为。同时,应保证国家认监委对认证机构和生产企业的监督、认证机构对生产企业的监督,以及消费者对政府的监督等,能够确实贯彻落实到实际工作当中。当前应当重点监督检查产品检测、工厂检查中的弄虚作假和不按规定使用强制性标志的问题,彻底铲除假冒伪劣坑害消费者的土壤。[②]

为加大对虚假认证和不实认证的规制力度和对工厂检查员的管理,在立法层面,应考虑建立专家责任制度。产品质量安全取决于认证质量,生产一线的工厂检查员在质量把关和对企业的能力持续性保持方面承担具体的评价工作,他们的工作质量的好坏、高低和职业精神直接决定着认证有效性的落实,故对他们的监管必须找到有力的抓手。立法中设立专家责任,可树立他们对职业的敬畏,减少职业的流动性,杜绝或减少胡作非为、认证走过场,最大限度地减少“弄虚作假”“花钱买证”。在性质上,专家责任可包括行政处罚责任,比如吊销从业资格、经济性的行政处罚、类似黑名单性质的声誉罚,规定一定期限内的执业禁止,也可包括民事责任,当认证机构因虚假或不实报告承担民事赔偿责任后,可依据与内部工作人员签订的聘用合同和内部责任追究制度,向有重大过错的工作人员追偿。这样就可从行政和民事两个方面,对工厂检查员的行

① [英]休谟:《休谟政治论文选》,张若衡译,商务印书馆1993年版,第27页。

② 王维东、于波等:《提高强制性产品认证有效性举措探讨》,载《检验检疫科学》2007年第Z1期。

为进行很好的约束。当然，若第三人提供虚假材料或有过错，认证机构可依据与委托人签订的业务约定书承担相关赔偿责任后，向委托人追偿。在立法中，专家责任也可考虑刑事优先，即首先考虑其是否构成刑事责任，若排除了刑事责任，则考虑其他责任。同时，在立法中，一方面，应提高强制性产品认证专家的准入门槛，在专业素质、学历、年龄、资历等方面作出严格的限定；另一方面，针对工厂检查员流动性强、不坐班、"散养"的现状，对工厂检查员有必要规定常态性的学习培训制度、业务考核制度、从业负面记录制度等。

在某种意义上，认证公司治理优化是认证有效性、加强工厂检查员责任的组织保障，可由中国认证认可行业协会制定行业规范性自律文件，要求认证机构建立客户风险等级评价和管理制度，鼓励认证机构建立完善内部治理机制、积极的道德风险防控机制、客户投诉管理机制、责任追溯机制，完善内部认证审核质量控制制度，落实三级复核运行机制，建立认证活动例外事项或重大事项的请示报告制度，强化奖惩和自我约束，引导建立有效的培训管理制度、技术评估与信息咨询制度，建立多层次、立体式、规范化的质量保证体系。通过要求认证机构履行上述制度，可加强认证机构对认证风险的防控和工厂检查员的责任意识，从源头上提高认证质量。从合同责任和风险预防的角度，认证机构要与分支机构、分包方签订协议，明确双方的责任；明确公正性委员会的责任；与内部人员及聘用的外部审核员和技术专家签订协议，细化明确相关责任。①

公共权力可以为非国家行为体提供一种约束框架和民主秩序。约束框架可以把非国家行为体的私益追求限定在不损害公益的范围之内，民主秩序则引导非国家行为体扩展其代表范围和巩固其合法性基础。②罗西瑙呼吁建立一种面向新本体论的全球治理，认为新本体论所内含的相关术语应该包括"非政府组织、非国家行为体、无主权行为体、议题网络、政策协调网、社会运动、全球公民社会、跨国联盟、跨国游说团体和知识共同体"，这些术语的大量涌现无疑表达了某种对现行的以国家和政

① 李在卿：《论认证机构管理》，中国质检出版社、中国标准出版社2013年版，第107页。

② 高奇琦：《公共权力与欧盟的软治理》，载《欧洲研究》2011年第3期。

府为本体论的主要表述的不满。[①] 作为处理国家与市场关系的根本的一项改革，规制改革将直接决定着一国的市场是否能够良性地发展。总体而言，中国产品质量安全的政府规制理念也在不断调整，正处在从政府强制到社会强制和自我申明的转轨过程中，在“从产品到企业”“从企业到产品”之间来回逡巡往复，监管方式呈现多部门性、行业性、多层次性和动态性等特征。无论是在政府直接监管中，还是间接规制中，正逐步有诸多第三方认证因素的嵌入。然而，放眼全球，认证制度的实施主体是认证机构，无论是强制性产品认证制度中的指定认证机构，还是自愿性认证制度中的认证机构，在世界法治进程中越发显现独立之第三方的特征，已经或正逐步还原其真正中立的法律主体地位。

在本质上，外在的刚性法律控制并不能替代发自内心的良知和道德约束，只有当所有从事检测认证及市场主体的个体之行为服膺于法律理性和道德信仰，认证才能成为消费安全、风险克服的保护神。经济全球化不但具有经济后果，也深刻影响了各国的法律价值观念，推动全球法律制度的变革。在经济全球化的引领下，法治的视野由地方而及全球，法律的治理模式也经由国家的主权治理转变为全球的协同治理。2012年卫维克·维德瓦（Vivek Wadhwa）在《华盛顿邮报》发表《为什么说现在轮到中国担心制造业了？》一文，预言“人工智能、机器人和数字制造技术”正在改变全球制造业的版图，三者融合则将引发制造业的又一场深刻革命。由此带来的追问是，中国制造业、认证认可行业及相关的政府规制机构如何去应对这种挑战，以适应后现代技术文明带来的变革？

① [美]詹姆士·罗西瑙：《面向本体论的全球治理》，载俞可平主编：《全球化：全球治理》，社会科学文献出版社2003年版，第64页。

参考文献

一、中文类

(一)中文著作

1. 周旺生:《法理探索》,人民出版社2005年版。

2. 付子堂主编:《法理学进阶》,法律出版社2005年版。

3. 张文显:《二十世纪西方法哲学思潮研究》,法律出版社2006年版。

4. 朱福惠:《宪法与制度创新》,法律出版社2000年版。

5. 瞿同祖:《中国法律与中国社会》,中华书局2010年版。

6. 江平:《民法学》,中国政法大学出版社2009年版。

7. 柳经纬主编:《民法总论》,厦门大学出版社2000年版。

8. 李昌麒主编:《经济法——国家干预经济的基本法律形式》,四川人民出版社1999年版。

9. 李昌麒主编:《产品质量法学研究》,四川人民出版社1995年版。

10. 李昌麒主编:《经济法理念研究》,法律出版社2009年版。

11. 李昌麒主编:《中国改革发展成果分享法律机制研究》,人民出版社2011年版。

12. 李昌麒、岳彩申主编:《经济法学》,法律出版社2013年版。

13. 朱崇实主编:《共和国六十年法学论争实录》(经济法卷),厦门大学出版社2009年版。

14. 王保树:《经济法原理》,社会科学文献出版社1999年版。

15. 漆多俊:《经济法基础理论》,武汉大学出版社2000年版。

16. 程信和:《经济法与政府经济管理》,中山大学出版社2001年版。

17. 种明钊主编:《国家干预法治化研究》,法律出版社2009年版。

18. 史济春:《经济法》,中国人民大学出版社2005年版。

19. 岳彩申:《论经济法的形式理性》,法律出版社2004年版。

20. 卢代富:《企业社会责任的经济学与法学分析》,法律出版社2002年版。

21. 许明月主编:《经济法学论点要览》,法律出版社2000年版。

22. 刘大洪:《法经济学视野中的经济法研究》,中国法制出版社2003年版。

23. 卢炯星主编:《产业调节法理论创新与实务问题研究》,厦门大学出版社2011年版。

24. 张怡:《写给法律人的宏观经济学》,法律出版社2004年版。

25. 盛学军:《证券公开规制研究》,法律出版社2004年版。

26. 陈志:《走出市场困境——弱者维权实证研究》,法律出版社2015年版。

27. 应飞虎:《信息失灵的制度克服研究》,法律出版社2004年版。

28. 应飞虎:《信息、权利与交易安全:消费者保护研究》,北京大学出版社2008年版。

29. 张维迎:《博弈论与信息经济学》,上海三联书店、上海人民出版社2004年版。

30. 俞可平:《全球化与国家主权》,社会科学文献出版社2004年版。

31. 吕晓莉:《全球视野中的公共权力与治理——关注非国家权力的发展》,中国世纪出版集团有限公司、中国社科文献出版社2009年版。

32. 季卫东:《法律程序的意义》,中国法制出版社2004年版。

33. 陈乃新:《经济法理性论纲》,中国检察出版社2004年版。

34. 肖江平:《中国经济法学史研究》,人民法院出版社2002年版。

35. 苏力、贺卫方主编:《20世纪的中国:学术与社会法学卷》,山东人民出版社2001年版。

36. 傅殷才、颜鹏飞:《自由经营还是国家干预——西方两大经济思潮概论》,经济科学出版社1995年版。

37. 张志库:《风险社会与人的发展》,人民出版社2015年版。

38. 王巍:《相对主义:从典范、语言和理性的观点看》,清华大学出版社2003年版。

39. 田鹏颖:《社会技术哲学》,人民出版社2005年版。

40. 单飞跃:《经济法理念与范畴的解析》,中国检察出版社2002

年版。

41. 王全兴:《经济法基础理论专题研究》,中国检察出版社 2002 年版。

42. 张世明:《经济法学理论演变研究》,中国民主法制出版社 2002 年版。

43. 邱本:《自由竞争与秩序调控》,中国政法大学出版社 2001 年版。

44. 张守文:《经济法理论的重构》,人民出版社 2004 年版。

45. 张守文:《分配危机与经济法规制》,北京大学出版社 2015 年版。

46. 吴越:《经济宪法学导论》,法律出版社 2007 年版。

47. 张维迎:《博弈论与信息经济学》,格致出版社、上海三联书店、上海人民出版社 2013 年版。

48. 鲁篱:《行业协会经济自治权研究》,法律出版社 2003 年版。

49. 叶明:《经济法实质化研究》,法律出版社 2005 年版。

50. 叶明:《行业协会限制竞争行为的反垄断法规制》,法律出版社 2010 年版。

51. 黄茂钦:《经济法现代性研究》,法律出版社 2006 年版。

52. 胡元聪:《外部性问题解决的经济法进路研究》,法律出版社 2010 年版。

53. 李永成:《经济法人本主义论》,法律出版社 2006 年版。

54. 石金平:《经济法责任研究》,法律出版社 2013 年版。

55. 戴龙:《日本反垄断法研究》,中国政法大学出版社 2014 年版。

56. 蔡磊:《非营利组织基本法律制度研究》,厦门大学出版社 2005 年版。

57. 刘继峰:《竞争法学原理》,中国政法大学出版社 2007 年版。

58. 王泽鉴:《侵权行为法:特殊侵权行为》(第二册),作者自版 2006 年。

59. 孔繁斌:《公共性的再生产》,江苏人民出版社 2008 年版。

60. 谭安奎:《公共性二十讲》,天津人民出版社 2008 年版。

61. 王利明:《侵权责任法研究》,中国人民大学出版社 2010 年版。

62. 杨立新:《侵权责任法》,法律出版社 2012 年版。

63. 钟雯彬:《公共产品法律调整研究》,法律出版社 2008 年版。

64. 王诗宗:《治理理论及其中国适用性》,浙江大学出版社 2009 年版。

65. 徐信贵:《政府公共警告的法律问题研究》,法律出版社 2014 年版。

66. 阳斌:《当代中国公共产品供给机制研究——基于公共治理模式的视角》,中央编译出版社 2012 年版。

67. 王霄燕:《规制与调控——五国经济法历史研究》,新华出版社 2007 年版。

68. 陈富良:《放松规制与强化规制:论转型经济中的政府规制改革》,上海三联书店 2001 年版。

69. 范水兰:《经济法权利研究》,法律出版社 2014 年版。

70. 薛晓源、周战超:《全球化与风险社会》,社会科学文献出版社 2005 年版。

71. 刘宗德:《认证认可制度研究》,中国计量出版社 2009 年版。

72. 李大伟、王斐民主编:《中华人民共和国认证认可条例释义》,中国法制出版社 2003 年版。

73. 刘钝、王扬宗主编:《中国科学与科学革命:李约瑟难题及其相关问题研究论著选》,辽宁教育出版社 2002 年版。

74. 孔祥俊:《商标与不正当竞争法:原理与判例》,法律出版社 2009 年版。

75. 吕来明、熊英:《反不正当竞争法比较研究》,知识产权出版社 2014 年版。

76. 刘春青、鲍建忠主编:《欧盟技术法规——市场准入的依据》,中国计量出版社 2004 年版。

77. 李玫、赵益民主编:《技术性贸易壁垒与我国技术性法规体系的建设》,中国标准出版社 2007 年版。

78. 李春田主编:《标准化概论》,中国人民大学出版社 2010 年版。

79. 周永坤:《规范权力——权力的法理研究》,法律出版社 2006 年版。

80. 孟国碧:《经济全球化时代的主权研究》,吉林人民出版社 2002 年版。

81. 孙南申:《进入 WTO 的中国涉外经济法律制度》,人民法院出版社 2003 年版。

82. 何鹰:《对外贸易中的技术性贸易措施法律问题研究》,法律出版社 2006 年版。

83. 王新平:《企业质量管理体系认证有效性的实证》,知识产权出版社 2010 年版。

84. 洪生伟主编:《质量认证教程》,中国标准出版社 2008 年版。

85. 赵相林、曹俊主编:《国家产品责任法》,中国政法大学出版社 2000 年版。

86. 张海东:《技术性贸易壁垒与中国对外贸易》,对外经济贸易大学出版社 2004 年版。

87. 王俊豪:《政府管制经济学导论》,商务印书馆 2001 年版。

88. 于雷:《市场规制法律问题研究》,北京大学出版社 2003 年版。

89. 宋正海、孙关龙主编:《中国传统文化与现代科学技术》,浙江教育出版社 1999 年版。

90. 侯样祥:《传统与超越——科学与中国传统文化的对话》,江苏人民出版社 2000 年版。

91. 王炯华:《中国传统文化十二讲》,华中理工大学出版社 2001 年版。

92. 陈伟译:《OECD 国家的监管政策——从干预主义到监管治理》,法律出版社 2006 年版。

93. 袁祝杰:《竞争秩序的建构——行政性限制竞争研究》,北京大学出版社 2003 年版。

94. 张昕竹:《中国规制与竞争:理论与政策》,社会科学文献出版社 2000 年版。

95. 张红凤:《西方规制经济学的变迁》,经济科学出版社 2005 年版。

96. 黄亚钧、郁义鸿主编:《微观经济学》,高等教育出版社 2000 年版。

97. 郑鹏程:《行政垄断的法律控制研究》,北京大学出版社 2002 年版。

98. 张千帆:《宪政、法治与经济发展》,北京大学出版社 2004 年版。

99. 胡铭:《质量管理学》,武汉大学出版社 2004 年版。

100. 李在卿:《论认证机构管理》,中国质检出版社 2013 年版。

101. 李大伟、王斐民主编:《中华人民共和国认证认可条例释义》,中国法制出版社 2003 年版。

102. 赵文斌:《质量春秋》,中国质检出版社 2014 年版。

103. 宋华琳、傅蔚冈:《规制研究:食品与药品安全的政府监管》,格致出版社、上海人民出版社 2009 年版。

104. 陈雨生:《我国食品安全认证与追溯耦合监管机制研究》,经济科学出版社 2017 年版。

105. 国家食品药品监督管理总局药品认证管理中心组主编:《质量控制实验室与物料系统/药品 GMP 指南》,中国医药科技出版社 2011 年版。

106. 国家标准化管理委员会编译:《国外标准化法规选编》,中国标准出版社 2005 年版。

107. 国家认证认可监督管理委员会认证认可技术研究所、中国科学技术发展战略研究院编著:《中国认证认可国际化发展研究》,中国标准出版社 2009 年版。

108. 国家认证认可监督管理委员会认证认可技术研究所、国务院发展研究中心发展战略和区域经济研究部编著:《中国认证认可发展战略研究》,中国标准出版社 2010 年版。

109. 国家质量监督检验检疫总局编:《中国质检工作手册　认证认可监管》,中国质检出版社 2012 年版。

110. 国家认证认可监督管理委员会认证认可技术研究所编著:《认证认可结果采信与信息共享研究》,中国标准出版社 2010 年版。

111. 上海质量管理科学研究院编著:《认证认可对国民经济和社会发展的贡献研究》,中国标准出版社 2010 年版。

112. 上海质量管理科学研究院编著:《认证认可对国民经济和社会发展的作用案例荟萃》,中国标准出版社 2007 年版。

113. 中国质量认证中心编:《国际市场准入与认证制度研究:中国电气及汽车产品出口指南》,中国标准出版社 2006 年版。

114. 方圆标志认证集团有限公司编:《认证工作中常见的行政许可

要求》,中国标准出版社 2008 年版。

(二)译著

115.《马克思恩格斯选集》,人民出版社 1972 年版。

116. [法]孟德斯鸠:《论法的精神》,张雁深译,商务印书馆 2002 年版。

117. [英]休谟:《人性论》,关文运译,商务印书馆 1983 年版。

118. [美]理查德·A. 波斯纳:《法理学问题》,苏力译,中国政法大学出版社 1994 年版。

119. [美]布赖恩·比克斯:《法理学:理论与语境》,邱昭继译,法律出版社 2008 年版。

120. [美]E. 博登海默:《法理学:法律哲学与法律方法》,邓正来译,中国政法大学出版社 2004 年版。

121. [美]富勒:《法律的道德性》,郑戈译,商务印书馆 2014 年版。

122. [美]亨廷顿:《变化社会中的政治秩序》,王冠华等译,上海世纪出版集团 2008 年版。

123. [英]亚当·斯密:《国民财富的性质和原因的研究》,郭大力、王亚南译,商务印书馆 1972 年版。

124. [美]道格拉斯·诺斯、罗伯特·托马斯:《西方世界的兴起》,厉以宁、蔡磊译,华夏出版社 1999 年版。

125. [美]乔治·弗雷德里克森:《公共行政的精神》,张成福等译,中国人民大学出版社 2003 年版。

126. [美]朱迪·弗里曼:《合作治理与新行政法》,毕洪海、陈标冲译,商务印书馆 2010 年版。

127. [美]詹姆斯·N. 罗西瑙:《没有政府的治理》,张胜军、刘小林等译,江西人民出版社 2001 年版。

128. [英]迈克·费恩·塔克:《规制中的公共利益》,戴昕译,中国人民大学出版社 2014 年版。

129. [美]斯蒂格勒:《产业组织与政府管制》,潘振民译,上海人民出版社、上海三联书店 1989 年版。

130. [美]约瑟夫·E. 斯蒂格利茨:《政府为什么干预经济——政府在市场经济中的角色》,中国物资出版社 1998 年版。

131. [英]休·柯林斯:《规制合同》,郭小莉译,中国人民大学出版社 2014 年版。

132. [美]理查德·A. 波斯纳:《法律的经济分析》,蒋兆康、林毅夫译,中国大百科全书出版社 1996 年版。

133. [日]植草益:《微观规制经济学》,朱绍文、胡欣欣等译,中国发展出版社 1992 年版。

134. [日]金泽良雄:《经济法概论》,满达人译,中国法制出版社 2005 年版。

135. [美]麦克尼尔:《新社会契约论——关于现代契约关系的探讨》,雷喜宁、潘勤译,中国政法大学出版社 1994 年版。

136. [日]田中英夫、竹内昭夫:《私人在法实现中的作用》,李薇译,法律出版社 2006 年版。

137. [美]丹尼斯·朗:《权力论》,陆震纶、郑明哲译,中国社会科学出版社 2001 年版。

138. [美]大卫·D. 弗里德曼:《经济学语境下的法律规则》,杨欣欣等译,法律出版社 2004 年版。

139. [英]弗里德里希·冯·哈耶克:《法律、立法与自由》,邓正来等译,中国大百科全书出版社 2000 年版。

140. [美]约翰·H. 杰克逊:《GATT/WTO 法理与实践》,张玉卿等译,新华出版社 2002 年版。

141. [英]安东尼·奥格斯:《规制:法律形式与经济学理论》,中国人民大学出版社 2008 年版。

142. [美]丹尼尔·F. 史普博:《管制与市场》,余晖等译,上海三联书店、上海人民出版社 1999 年版。

143. [英]麦考密克、魏因贝格尔:《制度法论》,周叶谦译,中国政法大学出版社 1994 年版。

144. [美]康芒斯:《制度经济学》,于树生译,商务印书馆 1962 年版。

145. [德]柯武刚、史漫飞:《制度经济学——社会秩序与公共政策》,韩朝华译,商务印书馆 2000 年版。

146. [美]A. 爱伦·斯密德:《财产、权力和公共选择——对法和经济学的进一步思考》,黄祖辉、蒋文华等译,上海三联书店、上海人民出版社 1999 年版。

147. [英]哈耶克:《自由秩序原理》,邓正来译,上海三联书店 1997 年版。

148. [英]哈耶克:《通往奴役之路》,王明毅等译,中国社会科学出版社 1997 年版。

149. [德]马克斯·韦伯:《论经济和社会中的法律》,张乃根译,中国大百科全书出版社 1998 年版。

150. [英]戴维·米勒等:《布莱克维尔政治学百科全书》,邓正来等译,中国政法大学出版社 1992 年版。

151. [印度]阿盖什·约瑟夫:《德国制造　国家品牌战略启示录》,赛迪研究院专家组译,中国人民大学出版社 2016 年版。

152. [美]詹姆斯·R. 埃文斯、威廉·M. 林赛:《质量管理与质量控制》,中国人民大学出版社 2010 年版。

153. [德]乌尔里希·贝克:《风险社会》,何博闻译,译林出版社 2004 年版。

154. [美]道格拉斯·C. 诺斯:《制度、制度变迁与经济绩效》,刘守英译,上海三联书店 1994 年版。

155. [美]罗斯柯·庞德:《通过法律的社会控制》,唐前宏等译,商务印书馆 1984 年版。

156. [美]迈克尔·迪屈奇:《交易成本经济学》,王铁生、葛立成译,经济科学出版社 2000 年版。

157. [英]洛克:《政府论》,叶启芳、瞿菊农译,商务印书馆 1964 年版。

158. [美]查尔斯·沃尔夫:《市场与政府》,谢旭等译,中国发展出版社 1994 年版。

159. [德]尤根·哈贝马斯:《公共领域的结构转型》,曹卫东译,学林出版社 1999 年版。

160. [德]沃尔夫冈·费肯杰:《经济法》(第 1 卷),张世明、袁剑、梁君译,中国民主法制出版社 2010 年版。

161. [英]伯特兰·罗素:《权力论:新社会分析》,吴友三译,商务印书馆 1963 年版。

162. [德]罗尔夫・施拖贝尔:《经济宪法与经济行政法》,谢立斌译,商务印书馆 2008 年版。

163. [美]戴维・J. 格伯尔:《二十世纪欧洲的法律与竞争——捍卫普罗米修斯》,冯克利、魏志梅译,中国社会科学出版社 2004 年版。

164. [俄]M. H. 马尔琴科:《国家与法的理论》,徐晓晴译,中国政法大学出版社 2010 年版。

165. [美]塞缪尔・P. 亨廷顿:《文明的冲突与世界秩序的重建》,周琪等译,新华出版社 2010 年版。

166. [美]安・赛德曼、罗伯特・赛德曼:《发展进程中的国家与法律:第三世界问题的解决和制度变革》,冯玉军、俞飞译,法律出版社 2006 年版。

167. [美]约翰・C. 科菲:《看门人机制:市场中介与公司治理》,黄辉、王长河等译,北京大学出版社 2011 年版。

(三)期刊论文

168. 李昌麒、鲁篱:《中国经济法现代化的若干思考》,载《法学研究》1999 年第 3 期。

169. 李昌麒、岳彩申、叶明:《论民法、行政法、经济法的互动机制》,载《法学》2001 年第 5 期。

170. 李昌麒、黄茂钦:《论经济法的时空性》,载《现代法学》2002 年第 5 期。

171. 梁慧星:《中国产品责任法——兼论假冒伪劣之根源和对策》,载《法学》2001 年第 6 期。

172. 程信和:《经济法基本权利范畴论纲》,载《甘肃社会科学》2006 年第 1 期。

173. 程信和:《硬法、软法与经济法》,载《甘肃社会科学》2007 年第 4 期。

174. 程虹:《我国经济增长从速度时代转向质量时代》,载《宏观质量研究》2014 年第 3 期。

175. 程虹、陈昕洲、罗连发:《质量强国战略若干重大问题研究》,载《宏观质量研究》2013 年第 3 期。

176. 徐士英:《中国竞争政策论纲》,载《经济法论丛》2013 年第 2 期。

177. 徐士英:《反垄断法实施面临功能性挑战——兼论竞争政策与产业政策的协调》,载《竞争政策研究》2015 年第 7 期。

178. 盛杰民:《论〈反垄断法〉中的“滥用行政权力”》,载《竞争政策研究》2015 年第 7 期。

179. 林毅夫:《关于制度变迁的经济学理论:诱致性变迁与强制性变迁》,载《财产权利与制度变迁》,上海三联书店、上海人民出版社 1994 年版。

180. 许明月:《侵权救济、救济成本与法律制度的性质——兼论民法与经济法在控制侵权现象方面的功能分工》,载《法学评论》2005 年第 12 期。

181. 王保树:《关于民法、商法、经济法定位与功能的研究方法》,载《现代法学》2008 年第 5 期。

182. 岳彩申:《论严格产品责任的新发展》,载《社会科学研究》2000 年第 5 期。

183. 岳彩申、李永成:《中国经济法学三十年发展报告》,载《经济法论坛》2008 年第 7 卷。

184. 卢代富:《经济法研究应注重回应性和本土性》,载《郑州大学学报》2008 年第 4 期。

185. 卢代富:《经济法对社会整体利益的保护》,载《现代法学》2013 年第 7 期。

186. 庞德:《法律与道德——历史法学派与哲理法学派的视角》,邓正来译,载《法制与社会发展》2005 年第 3 期。

187. 叶卫平:《反垄断法分析模式的中国选择》,载《中国社会科学》2017 年第 3 期。

188. 何翔舟、金潇:《公共治理理论的发展及其中国定位》,载《学术月刊》2014 年第 8 期。

189. 范晶晶:《当今国际市场产品认证制度现实问题及解决路径探析》,载《甘肃社会科学》2014 年第 1 期。

190. 盛学军:《政府监管权的法律定位》,载《社会科学研究》2006 年第1期。

191. 邓纲:《利益集团、技术法规和WTO原则——中美无线局域网标准争端评析》,载《经济法论坛》2005年第6期。

192. 秦鹏:《政府绿色采购:逻辑起点、微观效应与法律制度》,载《社会科学》2007年第7期。

193. 曾文革、党庶枫:《"一带一路"战略下的国际经济规则创新》,载《国际商务研究》2016年第3期。

194. 李友根:《论经济法主体》,载《当代法学》2004年第1期。

195. 张守文:《论促进型经济法》,载《重庆大学学报》(社会科学版)2008年第5期。

196. 应飞虎:《需要干预经济关系论:一种经济法的认知模式》,载《中国法学》2001年第2期。

197. 应飞虎:《为什么需要干预?》,载《法律科学》2005年第2期。

198. 张守文:《论经济法的现代性》,载《中国法学》2000年第5期。

199. 李树:《技术性贸易壁垒的设置与我国政府的行为选择》,载《经济纵横》2003年第11期。

200. 江帆:《经济法的价值理念和基本原则》,载《现代法学》2005年第5期。

201. 叶明、吴太轩:《技术标准化的反垄断法规制研究》,载《法学评论》2013年第3期。

202. 胡光志:《经济法之人性价值》,载《政法论坛》2007年第2期。

203. 单飞跃:《经济法的法权利范畴研究》,载《湘潭大学学报》(哲学社会科学版)1999年第2期。

204. 刘辉、陈志:《论经济法运行的边界——基于法社会学的分析进路》,载《法学评论》2010年第2期。

205. 蒋悟真:《现代经济法的法权结构论纲》,载《法学杂志》2008年第6期。

206. 侯立阳:《我国反垄断不能承受之重——我国反垄断法执法五周年回顾与展望》,载《交大法学》2013年第2期。

207. 徐孟洲、谢增毅:《一部颇具经济法理念的产品质量法》,载《法学家》2001年第5期。

208. 孟雁北:《论我国反不正当竞争法之修订包容、增减与细化》,载《中国工商管理研究》2015 年第 2 期。

209. 孟雁北:《我国反垄断执法机构与政府产业规制部门的关系》,载《中国人民大学学报》2015 年第 2 期。

210. 肖竹:《论竞争法主管机关与产业监管机关的管辖权划分》,载《行政法学研究》2009 年第 2 期。

211. 万君宝、汤超义:《日本质量文化的创新机制研究——兼及日本质量文化的当代困境》,载《华中师范大学学报》(人文社会科学版)2011 年第 7 期。

212. 刘桂清:《反垄断法如何兼容产业政策——适用除外与适用豁免的协调机制分析》,载《学术论坛》2010 年第 3 期。

213. 林晓慧:《私有化还是破除垄断——国企改革的方向选择》,载《文化纵横》2012 年第 4 期。

214. 柳楠、张洁琼:《知识产权与竞争法问题研讨会综述》,载《电子知识产权》2015 年第 11 期。

215. 朱景文:《关于法律和全球化研究的几个有争议的问题》,载《南京社会科学》2010 年第 1 期。

216. 朱景文:《国际标准和中国的法律改革——以贸易、金融和公司治理领域为例》,载《法学家》2003 年第 3 期。

217. 高鸿钧:《文化与法律移植:理论之争与范式重构》,载《环球法律评论》2008 年第 5 期。

218. 郭道晖:《社会权力:法治新模式与新动力》,载《学习与探索》2009 年第 5 期。

219. 胡大武:《征信立法几个重大问题分析——以地方立法为考察对象》,载《上海金融》2011 年第 1 期。

220. 王宝治:《社会权力概念、属性及其作用的辩证思考——基于国家、社会、个人的三元架构》,载《法制与社会发展》2011 年第 4 期。

221. 孟庆瑜:《反思与前瞻:中国经济法主体研究 30 年》,载《云南大学学报》(法学版)2009 年第 1 期。

222. 宋亚辉:《论公共规制中的路径选择》,载《法商研究》2012 年第 3 期。

223. 宋惠昌:《现代社会权力结构新探》,载《政治与法律》1999 年第 1 期。

224. 叶传星:《在私权利、公权力和社会权力的错落处》,载《法学家》2003 年第 3 期。

225. 王寅、齐虹丽:《论产品认证机构民事责任的归责原则——以对第三人责任为视角》,载《学术论坛》2014 年第 1 期。

226. 高国钧:《经济法连带责任研究——以第三方认证机构“不实认证”规制为中心》,载《广东行政学院学报》2015 年第 3 期。

227. 高国钧:《第三方认证权的法律属性与基本特征——基于社会中间层主体理论的分析》,载《河北法学》2015 年第 11 期。

228. 高国钧:《试论我国强制性产品认证制度创新与完善的总体理念、基本原则、立法模式及框架构建——兼谈我国〈标准化法〉的修订思路》,载李昌麒、岳彩申主编:《经济法论坛》(第 17 卷),法律出版社 2016 年版。

229. 杜杨芳、刘欢:《我国信息经济学研究述评》,载《图书馆学研究》2014 年第 6 期。

230. 刘先德、葛红梅、王晓冬:《〈产品监管和市场监督的原则与实践〉解读》,载《中国认证认可》2013 年第 10 期。

231. 王春福:《多元治理模式与政府行为的公正性》,载《理论探讨》2012 年第 2 期。

232. 金碚等:《检验认证的经济学性质及其行业监管——基于对中国检验认证机构的考察》,载《经济管理》2012 年第 1 期。

233. 蔡磊:《论第三部门经济法主体地位的理论机理》,载《云南大学学报》2008 年第 6 期。

234. 施京京:《我国强制性产品认证制度不断完善》,载《中国质量技术监督》2012 年第 4 期。

235. 申海鹏:《浅谈德国模式下的检测认证市场演变》,载《食品安全导刊》2014 年第 11 期。

236. 李唐:《中国传统质量文化的主要特质》,载《宏观质量研究》2015 年第 3 期。

237. 郑蕾、江智茹:《中国信息安全产品认证认可体系的法律问题研究》,载《学术研究》2012 年第 10 期。

238. 严效民、杨煜:《认证认可与政府职能转变:市场失灵和政府失灵视角的分析》,载《电子科技大学学报》(社会科学版)2011 年第 4 期。

239. 丁耀平:《以市场准入推动政府职能转变——从法律角度透视强制性产品认证制度》,载《中国质量技术监督》2014 年第 1 期。

240. 申海鹏:《浅谈德国模式下的检测认证市场演变》,载《食品安全导刊》2014 年第 11 期。

241. 郭朝先、王虹等:《国际检验认证行业发展的基本模式及其启示》,载《中国市场》2011 年第 11 期。

242. 朱玉龙:《产品质量认证机构的连带责任》,载《中国质量认证》2002 年第 9 期。

243. 李贵宝、高本虎:《〈中华人民共和国认证认可条例〉的主要内容及特点》,载《认证与计量》2003 年第 5 期。

244. [英]格里·斯托克:《作为理论的治理:五个论点》,载《国际社会科学杂志》1999 年第 1 期。

245. 韩志红:《试论经济法中民事责任的实现》,载《天津师范大学学报》(社会科学版)2003 年第 6 期。

246. 高世辑、秦海:《从制度变迁的角度看监管体系演进国际经验的一种诠释和中国改革实践的分析》,载吴敬琏、江平主编:《洪范评论第 2 卷第 3 辑》,中国政法大学出版社 2005 年版。

247. 朱新力、宋华琳:《现代行政法学的建构与政府规制研究的兴起》,载《法律科学》2005 年第 5 期。

248. 高秉雄、张江涛:《公共治理:理论缘起与模式变迁》,载《社会主义研究》2010 年第 6 期。

249. 姜茹娇:《技术性贸易壁垒与认证认可国际互认制度》,载《重庆大学学报》2006 年第 5 期。

250. 陈振明:《公共管理创新三题》,载《电子科技大学学报》(社会科学版)2011 年第 2 期。

251. 王晓冬:《国家认监委认证认可标准化工作综述》,载《认证技术》2011 年第 9 期。

252. 王竹、钟琴:《论产品质量检验、认证机构侵权责任——以本次

〈消费者权益保护法〉的修改为中心》,载《东方法学》2013 年第 5 期。

253. 黄家明、方卫东:《交易费用理论:从科斯到威廉姆森》,载《合肥工业大学学报》(社会科学版)2000 年第 1 期。

254. 张继恒:《社会中间层的经济法主体地位析辩——由"三元框架"引发的思考》,载《法制与社会发展》2012 年第 8 期。

255. 杨晶晶:《中国〈标准化法〉与〈俄罗斯联邦技术监督法〉比较研究》,载《科技管理研究》2009 年第 3 期。

256. 郭艳茹:《社会权力结构调整与中国经济转轨的路径选择》,载《经济社会体制比较》2007 年第 3 期。

257. 郭丽:《技术性贸易壁垒与我国技术法规问题研究》,载《辽宁行政学院学报》2010 年第 1 期。

258. 江西省质量技术局:《江西省强制性产品认证行政监管分析及思考》,载《质量探索》2013 年第 8 期。

259. 王荷兰、吴美文等:《我国消防产品认证体制问题与对策研究》,载《中国软科学》2008 年第 10 期。

260. 瓮怡洁:《有机农业:法律规制与政策扶持》,载《华南农业大学学报》2011 年第 3 期。

261. 解卫华、张纪兵等:《美国和加拿大有机农业及国际等效互认的意义》,载《中国农学通报》2011 年第 27 期。

(四)学位论文

262. 郭金发:《论政府在构建中国特色的认证认可制度中的主导作用——以政府信用为视角》,吉林大学行政学院 2010 年博士学位论文。

263. 宋华琳:《行政法视野下的技术标准》,浙江大学法学院 2006 年博士学位论文。

264. 张波:《经济法主体研究》,西南政法大学经济法学院 2008 年博士学位论文。

265. 魏东:《WTO 框架下技术法规、标准和合格评定程序研究》,中国政法大学法学院 2011 年博士学位论文。

266. 路瑶:《中国行政审批权配置研究》,西南政法大学经济法学院 2015 年博士学位论文。

267. 崔金星:《碳监测法律制度研究》,西南政法大学经济法学院

2014 年博士学位论文。

268. 张惠才:《中国食品安全管理体系认证制度研究》,天津大学管理学院 2006 年博士学位论文。

269. 卢敏:《全球化进程中的相互认可机制研究》,厦门大学法学院 2007 年博士学位论文。

270. 徐飞:《日本政府规制政策演进研究》,辽宁大学经济学院 2013 年博士学位论文。

271. 李继军:《中国森林资源认证理论研究》,东北林业大学经济管理学院 2004 年博士学位论文。

(五)其他中文资料

272.《中国共产党第十九次全国代表大会报告》(2017 年 10 月 18 日)。

273.《国家中长期科学和技术发展规划纲要(2006—2020 年)》(国发〔2005〕44 号)。

274.《国务院关于印发实施〈国家中长期科学和技术发展规划纲要(2006—2020 年)〉若干配套政策的通知》(国发〔2006〕6 号)。

275.《国家质检总局"十二五"科技发展规划》,2011 年 5 月。

276.《国家认证认可事业发展"十二五"规划》,2011 年 4 月。

277.《国务院办公厅关于加快发展高技术服务业的指导意见》(国办发〔2011〕58 号)。

278.《国家认监委认证机构履行社会责任指导意见》,2012 年 6 月 21 日。

279.《国务院服务业"十二五"发展规划》(国发〔2012〕62 号)。

280.《中共中央关于制定国民经济和社会发展第十三个五年规划的建议》(中发〔2015〕32 号)。

281.《全面推进我国司法鉴定机构的认证认可工作的通知》(司法通〔2012〕114 号)。

282.《国家认监委共同推动认证认可服务"一带一路"建设的愿景与行动》,2015 年 6 月 9 日。

283.《国务院办公厅关于印发强制性标准整合精简工作方案的通知》(国办发〔2016〕3 号)。

284.《中国认证认可》2010 年第 1 期~2017 年第 12 期。

285.《中国标准化》2010 年第 1 期~2017 年第 12 期。

286.《WTO 经济导刊》2010 年第 1 期~2017 年第 12 期。

287.《认证技术》2010 年第 1 期~2017 年第 12 期。

二、英文类

(一)英文文章

1. Hatanaka, Maki, Carmen Bain, and Lawrence Busch, "Third-Party Certification in the Global Agrifood System", *Food Policy*, Vol. 30, 2005, pp. 354-369.

2. Stiglitz, J. E. and Weiss, A., "Credit Rationing in Markets with Imperfect Information", *American Economic Review*, 1981, 71, pp. 393-410.

3. Reed, Mary, Hutchings Drake, Carly, "Establishing and Licensing New Certification Marks: Suggestions forSpecial Contract Provisions", *Licensing Journal*, No. 8, 2008, pp. 9-15.

4. Almeida, Felipe Pessali, Huascar F. de Paula, Nilson Maciel, "Third-Party Certification in Food Market Chains: Are You Being Served?", *Journal of Economic Issues*, Vol. 44, No. 2, 2010, pp. 479-485.

5. Timothy D. Lytton, " Competitive Third-Party Regulation: How Private Certification Can Overcome Constraints That Frustrate Government Regulation", *Theoretical Inquiries In Law*, Vol. 15, Issue 2, 2014, pp. 39-572.

6. Timothy D. Lytton, "Kosher Certification as a Model of Private Regulation Third-party certification has benefits over both government regulation and unregulated markets", *Regulation Fall*, 2013, pp. 24-27.

7. Hobbs, J. E., Fearne, A., & Spriggs, J., "centive structures for food safety and quality assurance: An international comparison", *Food Control*, 2002, 13, pp. 77-81.

8. Nigel H. Croft, "ISO 9001: 2015 and beyond Preparing for the next 25 years of quality management standards", Accessed December 7, 2017. https://www.iso.org/news/2012/08/Ref1633.html.

9. DanielJ. Gifford, " Law and Techonlogy: Interactions and Relationships", *Minnesota Journal of Law Science & Technology* 8, 2007, p. 32.

10. Mark R. Patterson, "Inventions, Industry Standards, and Intellectual Property", *Berkeley Technology Law Journal*, Vol. 17, 2002.

11. Mark A. Lemley, "Intellectual Property Right and Standard Setting Organizations ", *California Law Review* , 2002.

12. Anderson, S. W. , Daly, J. D. and Johnson, M. F. , "Why Firms Seek ISO 9000 Certification: Regu-latory Compliance or Competitive Advantage? ", *Production and Operations Management* 8, 1999, pp. 28-43.

13. James Deaton, " A theoretical framework for examining the role of third-party certifiers", *Food Control* 15, 2004, pp. 615-619.

14. Azim E, "Technical Regulations and Specialization in International Trade", *Journal of International Economics*, 2008. 76(2), pp. 166-176.

15. Casper, S. and Hancke, B. , "Global Quality Norms with National Production Regimes: ISO9000 Standards in the French and German Car Industries", *Organization Studies*, 1999, 20(6), pp. 961-985.

16. Tanner, B. , " Independent assessment by third-party certification bodies", *Food Control* 11, 2000, pp. 415-417.

17. Ivan Spirydonau, "Improvement of the Relation between Existing Techniques of Product and Food Protecion and Drugs Safety Management", *Open Journal of Social Sciences*, Vol. 4, No. 11, 2016, pp. 43-52.

18. Grete Rusten, "The Structure, Strategy and Geography of Green Certification Services", *Services and the Green Economy*, 2016, pp. 51-73.

19. Anna Lewandowska, Andrzej Noskowiak, Grzegorz Pajchrowski, Joanna Zarebska, " Between full LCA and energy certification methodology—a comparison of six methodological variants of buildings environmental assessment ", *The International Journal of Life Cycle Assessment*, 2014, pp. 9-22.

20. P Andrea, T Jaramillo, "Voluntary certification schemes as tools to promote rural development in Colombia: a case study of good agricultural

pracices in plantain produce", *Wildlife Research*, 2012, 39 (6), pp. 532-539.

21. Johan J. Graafland, "Ecological impacts of the ISO14001 certification of small and medium sized enterprises in Europe and the mediating role of networks", *Journal of Cleaner Production*, 2018, Vol. 174, pp. 273-282.

22. Nazmi Ekren, Ercan Aykut, Bahtiyar Dursun, "CE Approval In Electrical Household Appliances and A Case Study", *Amukkale University Journal of Engineering Sciences*, 2009, No. 1, pp. 25-32.

(二)著作类

23. Carl. F. Cargill, *Information Technology Standardization: Theory, Process, and Organization*, Cambrige, MA: Digital Press, 1989.

24. Shapiro, Carl, Varian H. R., *Information Rules*, Boston, Harvard Business School Press, 1998.

25. JohnGaillard, *Industrial Standardization: its Principles and Application*, New York, H. W. Wilson Co., 1934.

26. Lennart Ritter, W. David Braun & Francis Rawlinson, *European Competition Law: A Practitioner's Guide*, Hague, Kluwer Law International, 2000.

27. Steven D. Anderman, *EC Competition Law and Intellectual Property Right-The Regulation of Innovation*, Oxford, Clarendon Press, 1998.

三、网络资料

1. http://www.wto.org.

2. http://www.iso.org.

3. http://ilac.org.

4. http://www.iaf.nu.

5. http://www.oecd.org.

6. http://www.aqsiq.gov.cn.

7. http://www.europa.eu.int.

8. http://www. cnca. gov. cn.
9. http://tbt. testrust. com.
10. http://www. ccic. com.
11. http://www. sgs. com.
12. http://www. intertek. com.
13. http://www. creditchina. org.

后　　记

本书是在我博士学位论文基础上修改而成。

恍若昨天,依稀记得2000年黄叶尚未飞舞的初秋,在三次考研未果后,我拖着沉重行囊,自长江下游之滨三国时称“马驮沙”小城的乡镇中学,硬站了30多个小时的火车颠簸至成都,歇脚数日,慕名辗转至传说中歌乐山脚下的“法学黄埔”西南政法大学,潜心复习考研。厦门大学硕士研究生毕业后,在富有挑战性、单调的一线执法实践中,尤觉提升学养之迫切。山城奔波求学十载余,终不敢言修得正果。出版拙作,权当对前半生之学习、工作有个交代。

之于强制性产品认证法律制度研究,仍意犹未尽。本论题看似微小,实则不然。就内容而言,涉及国家认可制度、技术标准、市场准入制度、竞争政策、法律实施机制等;就领域而言,涉及经济、科技、文化、社会、环境等;就学科而言,涉及政治学、法学、公共管理学、经济学、社会学、伦理学等;就法学而言,除经济法学之外,还涉及法理学、行政法学、民商法学、刑法、诉讼法、国际经济法学等多个部门法;就经济法而言,不仅涉及总论部分,还涉及市场规制法、消费者权益保护法、反不正当竞争法、反垄断法等。这决定了对其进行综合、系统、深入研究的难度。

认证制度,契合于当下政府简政放权的改革趋势,值得思考的是,如何提高政府规制能力和透明度?如何强化认证活动事中事后监管?如何设计法律责任制度来倒逼认证从业机构的自律?在当前转型中国,尽管政府规制工具有多种选择,比如许可审批、核准、注册、备案、竞争政策、认可约束、信用评级、行政处罚等,但就认证制度而言,主要还应从认证主体的法律责任及实施入手。在某种意义上,担当信用保证功能的认证行业秩序,已成为衡量一个国家、地区市场经济体系发育程度的重要标志。有了制定得好的良法及严格的执法、司法,才可能会有好的经济法秩序。

由于解决外部性、降低行政成本、实现社会共治等特有的功能和价值，认证在全球社会治理中得到普遍的认可和广泛的运用，但基于历史传统、经济发展阶段和法律文化之差异，后发国家与发达国家在产品、服务、体系认证制度供给模式方面正走向趋同，又存有“地方性知识”的殊异，这同样反映在规制模式方面。我国已建立多层级的国家干预，但从运行效果上看，第三方认证功能异化，助长了“劣币追逐良币”效应，整体上降低了社会信用。认证作为解决信息失灵、克服信息不对称的基本手段，须以其真实性为前提，否则认证就会失去其应然的存在价值。如何构建科学的法律制度体系、合乎时宜的竞争政策考量着监管者和法学研究者的智慧。

概括起来，本书研究结论主要有三：其一，认证权是以“权利监督权力”的社会权力，须防止其本身的权力异化；其二，从政府与市场的关系角度，创新与完善强制性产品认证制度的路径选择须考虑三个基本原则，即他治与自治平衡原则、硬法与软法结合原则、认证与许可衔接原则；其三，为防止“脱法”现象，欲加强事中事后监管，立法上亟待进一步完善认证市场准入制度，从信息披露和行为规范性方面进行规制，重构黑名单制度、连带责任及专家责任。侠之大者，为国为民。本书的研究是开放性的，尽管秉持“求真务实、力争创新”和构建我国良性、健康经济法秩序的良好愿望，但囿于学识浅陋，对世界范围内强制性产品认证制度的认识还很肤浅，因而书中对认证权本质、理论基础、立法模式选择、连带责任制度等的看法、论证及相关建议可能还存在不少的疏漏和不当之处，热忱欢迎学界及从事相关实践工作的同人不吝赐教，提出批评意见和宝贵建议。

回顾学旅，首先要衷心感谢恩师岳彩申教授，其求实创新的治学精神和豁达睿智一直感染激励着我。在我读博期间，岳老师不嫌弃学生愚钝，不仅高屋建瓴地培养我的治学方法，而且授以修身之道，宽不失严。我的博士学位论文从选题到框架、修改、完善，无不浸润凝聚着岳老师的心血和汗水，岳老师的指导和教诲将裨益终身。感谢师母袁林教授对我学习、生活的勉励和关心。感谢硕士研究生导师柳经纬教授和郭俊秀教授，柳老师为人谦和，治学严谨，引我入民法学神圣殿堂；郭老师儒雅通达，勤勉精进，其谆谆教诲令我难以忘怀。

其次要感谢博士研究生在读期间给我授课及开题、预答辩的各位师长！他们是李昌麒教授、许明月教授、卢代富教授、刘俊教授、盛学军教授、曾文革教授、张怡教授、唐烈英教授、邓纲教授、江帆教授、杨惠教授、黄茂钦教授、徐以祥教授、胡大武教授、张国林教授、李树教授及法理选修课文正邦教授、付子堂教授、张永和教授、宋玉波教授、周尚君教授等。感谢刘大洪、胡光志、鲁篱、卢炯星、孟庆瑜等校外专家的修改意见。感谢答辩委员会的程信和教授、叶明教授、秦鹏教授、陈志教授等学者的建言和鞭策。

在论文写作过程中，还得到很多专家的支持和帮助，在此一并表示感谢，他们是广州大学应飞虎教授、深圳大学叶卫平教授、段礼乐博士，南京大学宋亚辉教授，中山大学郑琼现教授，海南大学唐茂林教授，广东省委党校朱海波教授，河北师范大学王宝治教授，河北大学马洪超教授，南方医科大学杜仕林教授，工业和信息化部国际经济技术合作中心毛涛所长，国家市场监督管理总局杨伟涛副处长，河北省市场监督管理局赫成刚处长，广东省委组织部赵军副处长，广东海关林志刚副处长，广东中鉴认证有限公司吴山高总经理，方圆标志认证集团有限公司李凡女士，广东省环境保护职业技术学校高工田凯，广州市南沙区陈文铂法官等。感谢广东省市场监督管理局认证监管处卢卫军副处长数次彻夜畅谈认证工作心得，给我带来很多启发和灵感。感谢本书中所引参考文献的作者，没有他们的研究成果，本书难以完成。

感谢崔金星、葛方林、王修祥、宓明君、李喜燕等同窗好友的陪伴。还要感谢帮助和激励我的好友，他们是西南政法大学的曹泮天副教授、杨天江副教授、李满奎副教授、谭贵华副教授、杨青贵研究员、谭先银博士、王宏博士、徐新星博士及北京大学梁忠博士、河海大学闫夏秋博士、重庆大学何江博士、厦门大学查达来博士、西南大学李丹副教授等。

感谢原广东省质量技术监督局党组给予我脱产进修的宝贵机会。感谢原广东省食品药品监督管理局领导和同事对我学业的大力支持，使我有机会切身深入了解我国药品、医疗器械审评认证运行及规制模式，便于开展比较研究，特别是在假期方面给予照顾，能让我集中精力完成学位论文的思考、写作。

感谢法律出版社为本书的面世提供展示的平台，感谢编辑陈妮、马丽娟、贾方武为本书的顺利出版所付出的辛勤劳动！感谢西南政法大学经济法学科点两江法治论坛的全额资助！

感谢我的父母、家人对我学业的理解和大力支持。

最后，亦谨以此书纪念歌乐山下度过的六年倥偬而美好的岁月！

高国钧

2018 年 12 月于羊城象樵

图书在版编目(CIP)数据

强制性产品认证的经济法规制 / 高国钧著. -- 北京: 法律出版社, 2019
ISBN 978-7-5197-3435-0

Ⅰ. ①强… Ⅱ. ①高… Ⅲ. ①产品质量认证—经济法—研究—中国 Ⅳ. ①F273.2②D922.290.4

中国版本图书馆CIP数据核字(2019)第083490号

强制性产品认证的经济法规制
QIANGZHIXING CHANPIN RENZHENG DE JINGJIFA GUIZHI

高国钧 著

策划编辑 陈 妮
责任编辑 马丽娟 贾方武
装帧设计 乔智炜

出版 法律出版社
总发行 中国法律图书有限公司
经销 新华书店
印刷 北京虎彩文化传播有限公司
责任校对 李景美
责任印制 吕亚莉

编辑统筹 法治与经济出版分社
开本 710毫米×1000毫米 1/16
印张 18.75
字数 260千
版本 2019年6月第1版
印次 2019年6月第1次印刷

法律出版社 / 北京市丰台区莲花池西里7号 (100073)
网址 / www.lawpress.com.cn
投稿邮箱 / info@lawpress.com.cn
举报维权邮箱 / jbwq@lawpress.com.cn
销售热线 / 010-83938336
咨询电话 / 010-63939796

中国法律图书有限公司 / 北京市丰台区莲花池西里7号 (100073)
全国各地中法图分、子公司销售电话:
统一销售客服 / 400-660-6393
第一法律书店 / 010-83938334/8335 西安分公司 / 029-85330678 重庆分公司 / 023-67453036
上海分公司 / 021-62071639/1636 深圳分公司 / 0755-83072995

书号: ISBN 978-7-5197-3435-0 **定价:** 78.00元